초등학생을 위한

친절한 한국사 ②

남북국 시대부터 고려 시대까지

친절한 한국사 2
남북국 시대부터 고려 시대까지

초판 1쇄 발행	2023년 2월 10일
초판 2쇄 발행	2023년 12월 15일

지은이	노하선
감　수	윤병훈 황재연
펴낸이	한승수
펴낸곳	하늘을나는교실

편　집	박일귀
마케팅	박건원
디자인	디자인우디, 박소윤

등록번호	제395-2009-000086호
주　소	서울특별시 마포구 동교로 27길 53 지남빌딩 309호
전　화	02 338 0084
팩　스	02 338 0087
E-mail	hvline@naver.com

I S B N	978-89-94757-56-8 (74900)
	978-89-94757-54-4 (세트)

* 이 책에 대한 번역·출판·판매 등의 모든 권한은 하늘을나는교실에 있습니다.
간단한 서평을 제외하고는 하늘을나는교실의 서면 허락 없이 이 책의 내용을
인용·촬영·녹음·재편집하거나 전자문서 등으로 변환할 수 없습니다.

* 책값은 뒤표지에 있습니다.
* 잘못된 책은 구입처에서 교환해 드립니다.

어린이제품안전특별법에 의한 제품 표시
제조자명 하늘을나는교실 | **제조년월** 2022년 6월 | **제조국** 대한민국 | **사용연령** 6세 이상 어린이 |
제품 주소 및 연락처 서울시 마포구 동교로 27길 53 지남빌딩 309호 (02)338-0084

초등학생을 위한
친절한 한국사 ②
남북국 시대부터 고려 시대까지

글 노하선 | 감수 윤병훈·황재연 | 그림 우디크리에이티브스

냉장고에 붙여 놓은 한국사

지금은 잘 안 쓰지만 암기 과목이란 말이 있습니다. 교과목 가운데 외워야 하는 과목을 이르는 말이죠. 시험을 위해 달달 외워야 하니, 억지로 먹는 음식처럼 느꼈을 사람 많았을 거예요. 그 대표적 과목이 한국사였어요.

그렇게 한 공부니 머리에 잘 들어오지도 않고 용케 외웠다 하더라도 얼마 안 가 기억이 가물가물. 연대며 인물들, 사건들이 얽히고설킨 걸 외워서 익히려 하니 그럴 밖에요.

21세기, 아이들에게 한국사는 지금도 그런 과목입니다. 그렇다고 한국사를 제쳐 놓자니 성적보다 중요한 의미가 있어 마음이 놓이질 않죠.

역사는 사회의 기록이고 개인에게 있어 기억과도 같잖아요. 기억을 잃으면 자신에게 일어난 일을 모르니 자신이 누구인지도, 자신과 세상의 관계도 알 수 없죠. 따라서 자기 눈앞에서 벌어지는 일을 이해하지 못할 테고 갑자기 시력을 잃은 사람처럼 한 발자국도 나아가지 못할 거예요.

역사 역시 마찬가지입니다. 자신이 발 딛고 있는 지금의 우리 사회가 지나온 시간들을 모르니, 지금 나타나고 있는 사회 현상을 이해하지 못하고, 앞으로 어떻게 사회가 변할지 도통 알 수가 없겠죠.

대충 남들 따라 사는 게 아니라, 미래를 보고 앞서 나가는 아이로 키우려면 한국사 공부는 꼭 필요합니다.

그래서 고민했습니다. 무작정 외우기 말고, 이해하고 느끼고 상상할 수 있는 한국사 공부, 어떻게 가능할까?

그러다 문득 생각했어요. 아이가 어릴 적 한글을 익히려 집안 사물에 이름 적힌 스티커를 붙여 놓잖아요? 냉장고 문엔 '냉장고', 의자 위엔 '의자', 텔레비전 옆엔 '텔레비전' 이렇게 말이에요. 생활하면서 자연스럽게 한글을 익히게 한 거죠.

그래서 한국사도 그렇게 해 보았습니다. 일상생활 곳곳에 한국사를 붙여 놓는 식이죠. 경주 김씨 파래가 랩을 하면서 김유신을 소환하고, 아이들이 둘러앉아 만두를 빚다 말고 고려의 왕들을 줄줄이 불러냈죠. 또 점심 간식으로 떡볶이, 어묵, 라면 가운데 무얼 먹을까 실랑이하다 후삼국 통일의 장면을 떠올렸어요.

태권소녀 시루를 아내로 맞겠다는 까불이 파래의 엉뚱한 사랑 고백에서는 공민왕과 노국대장공주가 등장하고요. 정조대왕과 마주앉아 소갈비를 구워먹었다는 마토의 얼토당토않은 지난 주말 이야기에서는 정약용이 거중기로 수원화성을 쌓아올립니다.

이렇듯 역사적 인물과 사건이 일상생활을 통해 현실로 친근하게 다가옵니다. 당연히 역사적 상황에 대한 이해가 쉬워지고 이걸 바탕으로 '지금 나라면?', '만약 이렇게 바꾸어 본다면?' 하며 이런저런 상상도 해볼 수 있게 되죠. 암기라는 공부 방식에서는 엄두도 못 내던, 역사적 상상력이 가능해집니다.

이 책을 통해 역사를 공부가 아닌 여행이나 놀이처럼 즐거운 일로 만들어 보세요. 책 속 등장인물들처럼 음식도 함께 만들어 보고 학교 앞 분식집도 가보면 어떨까요? 역사 속 인물들을 떠올리면서 말이죠. 날씨가 좋으면 전철이나 버스를 타고, 살고 있는 지역의 유적지나 박물관을 가보는 것도 좋겠어요. 물론 맛있는 도시락은 기본이겠죠. '역사가 이렇게 재미있는 거였어!' 하고 새삼 놀라실 거예요.

봄날을 만들어준 사람들의 모든 노고에 감사드리며
우더크리에이티브스 노하선

1부 남북국 시대

평화의 시대를 연 통일 신라　12
고구려의 영토를 되찾은 해동성국 발해　52

2부 후삼국 시대

다시 삼국 시대가 시작되다　82
두 번째 통일은 고려의 이름으로　96

3부 고려로 다시 하나가 되다

제대로 민족통일을 이루다　122
고려의 기틀을 다진 사람들　152
거란과 여진의 침입　176
세계 속의 코리아　188
고려시대 사람들의 생활　198

4부
무신 정권과 몽골의 침입

칼로 나라를 지배한 무신들　218
몽골의 침략과 고려의 저항　234

5부
외세를 물리치고 개혁을 시작하다

몽골의 지배를 받다　262
쓰러지는 고려를 다시 세우려는 공민왕　270
무너지는 고려　282

지역아동센터 꿈틀

서울시 강북구 희망동 산173번지에 낡은 단독주택을 개조해 만든 지역아동센터로 아이들의 공부방이자 놀이터이다. 자원봉사 선생님들은 아이들의 부족한 공부나 숙제를 도와주고, 어울려 뛰어놀기도 한다. 꿈틀이란 이름은 아이들의 꿈이 구체적인 모양새를 갖도록 만들어준다는 뜻이기도 하고, 희망이 꿈틀꿈틀댄다는 의미도 가지고 있다.

센터장 민주식

정의감에 불타는 열혈 노총각으로 강도를 맨손으로 때려잡아 경찰서에서 상을 받기도 하였다. 스스로 돈을 마련해 지역아동센터를 열어 어른들의 보살핌이 필요한 아이들을 돌본다. 아이들과 노는 것을 지나치게 좋아해서 종종 면학 분위기를 해치는데 그때마다 빡쌤에게 핀잔을 듣는다. 하지만 그때뿐이다.

똑똑이 목은지

아이큐 150의 천재 소녀로 하나를 가르치면 열을 안다. 초등학교 선생님이 꿈이어서 저학년 아이들을 모아서 가르치기도 한다. 두루두루 아는 게 많은데 특히 한문학자인 할아버지의 영향으로 한자에 도통하다.

빡쌤 고아람

한국대학교 역사학 시간 강사로 우리 역사를 바로 잡겠다는 사명감에 불타는 역사학자이다. 대학 선배인 민주식 센터장의 권유로 지역아동센터 꿈틀에서 아이들에게 한국사를 가르친다. 민주식을 몰래 좋아하지만 그저 잔소리로 관심을 나타낼 뿐이다. 자신의 짝사랑을 들키지 않으려 노력하지만 아이들의 의심을 받고 허둥댄다.

먹보 도마토

삼겹살집 주인이 꿈으로 언제나 무언가를 우물거린다. 먹을 게 없을 땐 음식 먹는 걸 상상하며 시간을 보낼 정도로 먹보이다. 한국사를 공부할 때도 식문화에 특히 관심을 보인다. 많이 먹는 만큼 힘도 세서 센터장 민주식 선생님과 팔씨름을 해서 이길 때가 있을 정도.

1부 남북국 시대

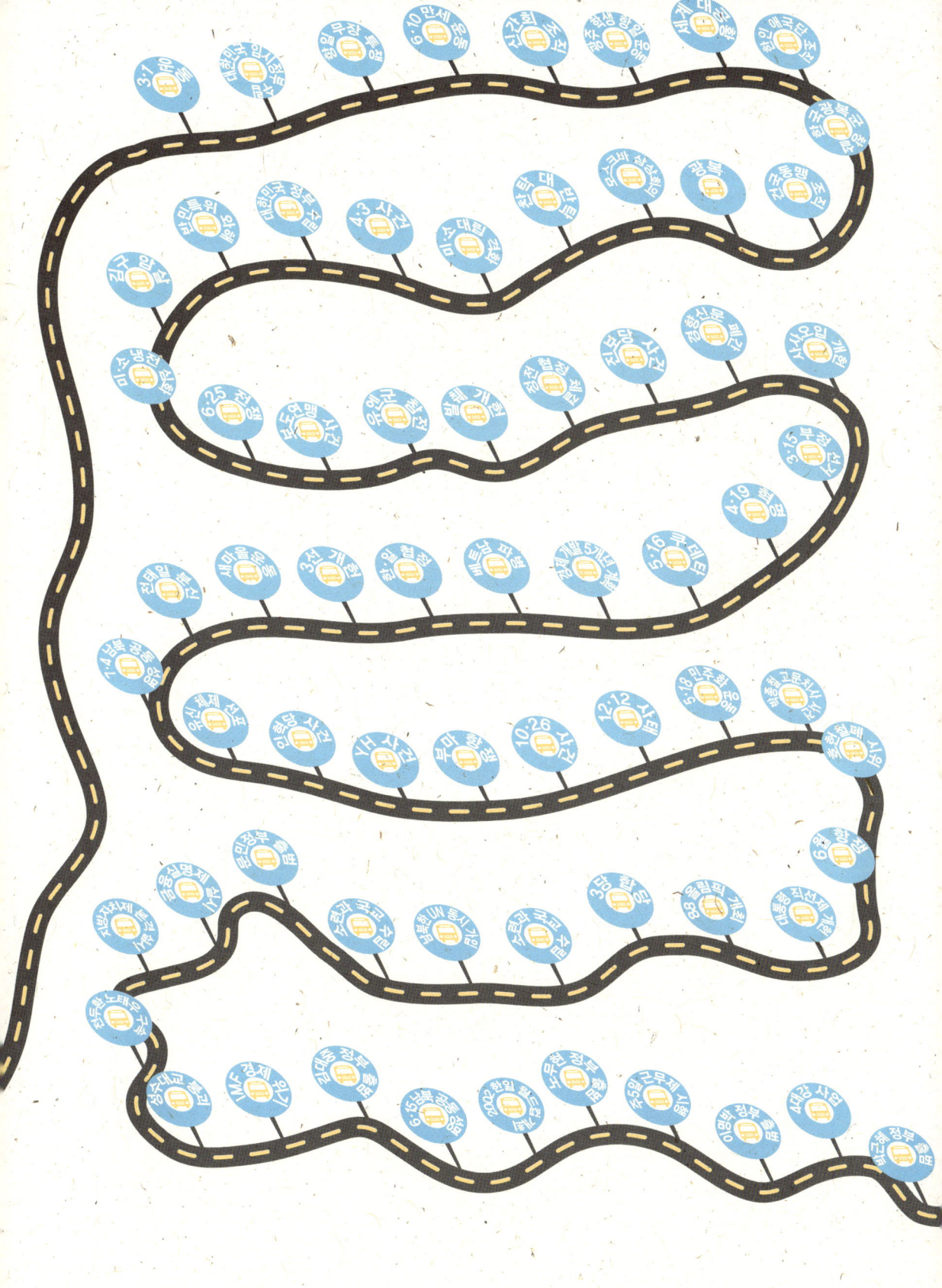

평화의 시대를 연 통일 신라

신라가 삼국을 통일하고 당나라를 쫓아내면서 영원히 계속될 것 같던 전쟁의 시대도 끝났어. 비록 드넓은 고구려의 영토에는 발도 들여놓지 못한 반쪽짜리 통일이었지만 평화는 무엇보다 소중한 것이었지. 신라의 문무왕은 어렵게 연 평화의 시대를 지키기 위해 죽어서 바다에 묻히기를 주저하지 않았어. 또 경덕왕은 불국사를 세워 신라가 부처님의 자비로 내내 평화롭기를 기도했지. 수백 년 동안 언제 어디서 칼과 화살이 날아들지 몰라 불안하게 두리번거려야 했는데 이제는 그럴 필요가 없어졌지. 사람들은 눈을 감고 평화롭게 새가 노래하는 소리를 듣고 부드럽게 뺨을 감싸는 바람을 느꼈어. 마음의 평화는 곧 아름다운 예술 작품을 낳았지. 고구려의 웅장한 정신과 백제의 섬세한 손길과 신라의 소박한 마음이 하나로 합쳐져 우리 민족만의 독특한 문화를 꽃피웠어. 비로소 하나가 된 우리 민족의 흔적을 찾아 통일 신라의 수도 경주로 달려가 보자.

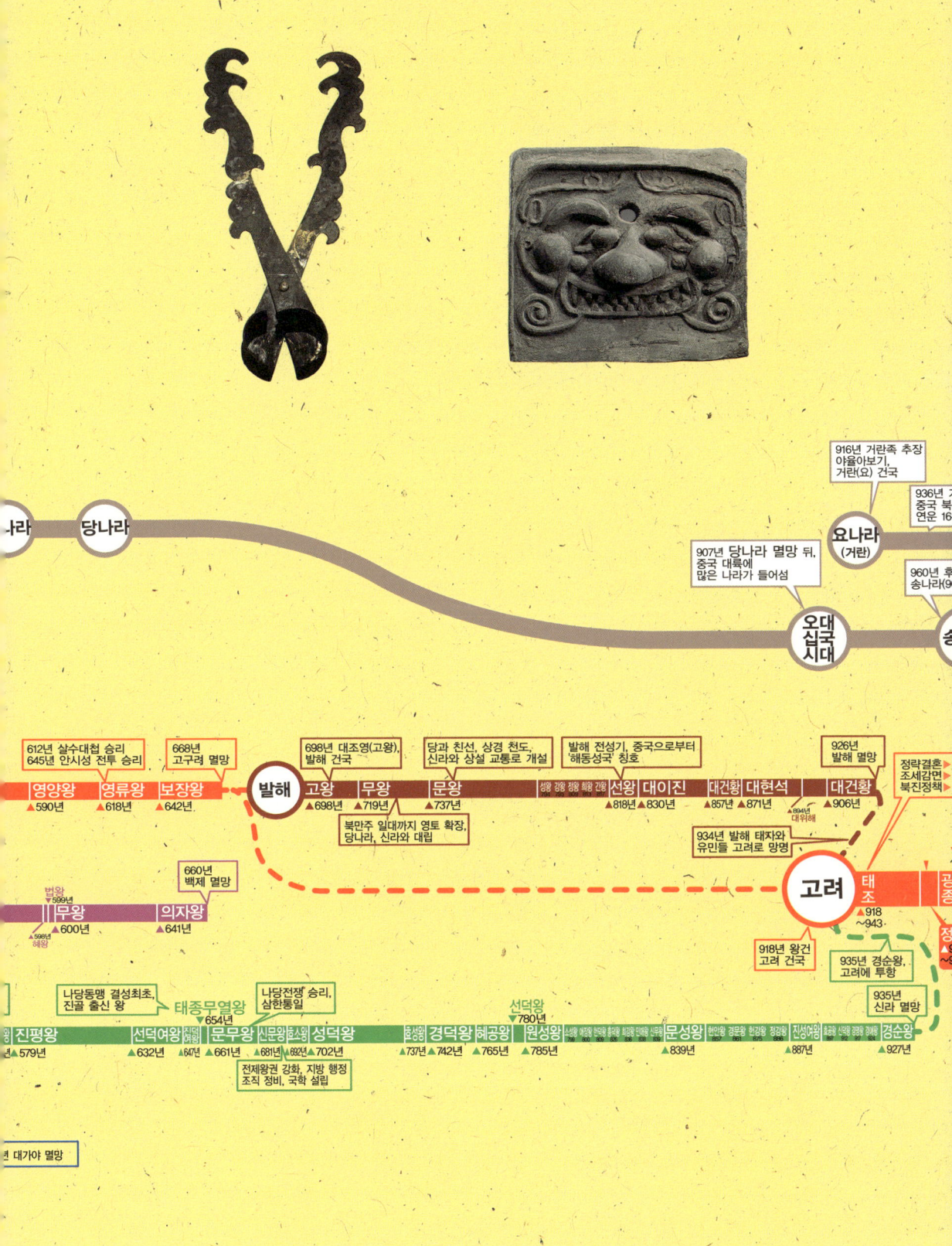

신라가 평화를 꿈꾸다

평소라면 꿈틀에서 국어 수업이 있는 토요일, 빡쌤의 부탁으로 국어 선생님이 시간을 비워 주었다. 토요일에 경주로 1박 2일 현장 수업을 가기로 했기 때문이다. 아이들이 여행 복장을 하고 하나둘씩 모여들었다. 빡쌤, 캡틴 민주식 선생님, 아이들이 모두 모였는데 마리의 모습이 보이지 않았다.

"늦게 출발하면 고속도로가 막힐 텐데 마리는 왜 안 오는 거지?"

캡틴 민주식 선생님이 시계를 들여다보며 말했다.

"마리, 어제부터 무슨 걱정이 있는 것 같던데요?"

시루가 말했다.

"어 그래? 집에 무슨 일이 있나?"

빡쌤이 걱정을 하며 서성이는데 마리가 허겁지겁 뛰어왔다. 어린이용 선글라스를 끼고 밀짚모자를 쓰고 해변 패션을 하고 나타난 것이다.

"마리 너 멋 내느라고 늦었구나?"

"너 때문에 출발을 못 하고 있었잖니. 어서 차에 타자."

민주식 선생님은 9인승 승합차를 몰아 늦을세라 힘껏 달렸다. 중부 내륙 고속도로를 쌩쌩 달리자 아이들은 소풍 가는 마음으로 한껏 들떠서 노래를 부르고 재잘거렸다.

"마리야. 차 안인데 선글라스는 그만 벗지 그래?"

"아, 안 돼요. 제 패션의 완성은 이 선글라스인걸요?"

이때 마리 뒤에 앉은 파래가 마리의 선글라스를 슬쩍 벗겼다.

"약 오르지롱."

마리가 갑자기 모자를 벗어 얼굴을 가렸다.

"내가 눈부시게 해 주마."

장난기가 발동하면 그칠 줄 모르는 파래가 모자마저 마리의 얼굴에서 떼어 냈다.

"악, 눈이 사라졌다!"

시루가 소리 질렀다.

마리의 눈이 퉁퉁 부어 눈을 뜰 수 없을 정도로 작아져 있었다.

"마리야 너 왜 그러니? 무슨 일 있었어?"

빡쌤이 걱정이 되어 물었다.

"이 수영복 때문이에요. 엄마한테 꽃무늬 수영복을 사 달랬는데 안 사 주시는 거예요. 그래서 밤새 울다가 잠이 들었는데 아침에 눈을 떠 보니 어디선가 구해다 놓으셨더라고요."

"마리야, 우리는 지금 한국사 현장 수업을 가는 거지 놀러 가는 게 아니란다. 겨우 1박 2일인데 바닷가에 가서 수영할 시간이 어디 있니?"

"전 현장 수업도 가고 바닷가도 갈 거예요. 안 그러면 이 수영복도 서운해서 울 테니까요."

마리가 당장이라도 울듯이 울먹이며 말했다.

"알았다, 알았어. 하지만 현장 수업을 위해 바닷가는 가겠지만 수영은 못한다."

아이들은 바닷가라는 말에 환호성을 질렀지만 마리는 속상한 나머지 입을 삐죽거렸다.

1부 남북국 시대

통일 신라의 나라 지킴이 문무대왕릉과 만파식적

"와, 바다다!"

승합차가 감포 바닷가에 서자 아이들이 소리를 지르며 우르르 내렸다.

"애들아, 뛰지만 말고 문무 대왕릉을 찾아보렴."

빡쌤은 바다로 퐁당 뛰어들 듯 달려가는 아이들을 뒤쫓아 갔다.

"나중에요."

아이들은 푸른 바닷물을 보며 신나서 뛰어다녔다.

빡쌤은 할 수 없이 호루라기를 불어 아이들을 불러 모았다.

"바다에 오니까 즐겁지?"

"네!"

"하지만 문무 대왕릉은 나중에 찾을 수 없어. 왜냐하면 여기에 있거든."

"저 앞에 있는 바위요!"

똑똑이 은지가 말했다.

"바닷속에서 솟은 바위가 어떻게 무덤이겠어. 똑똑이 은지도 바보 같을 때가 있구나?"

마토가 말도 안 된다는 듯 말하자 빡쌤이 말했다.

"아니 은지가 맞았어. 저게 바로 바닷속에 있는 수중릉인 문무 대왕릉이란다."

"쌤, 왜 바닷속에 무덤을 만들었어요?"

"문무왕은 백제를 멸망시킨 태종 무열왕에 이어 고구려를 멸망시키고 당나라를 몰아내 통일을 이룬 왕이야. 살아생전에 나라를 위해 많은 일을 했지만 죽은 다음에도 나라를 위해 일을 하고 싶어 했어."

경주 문무 대왕릉
대왕암이라고도 불러. 해변에서 약 200미터 정도 떨어진 바다에 있는 큰 바위야. 문무왕은 죽어서도 동해로 침입하는 왜구를 막겠다고 했는데 이 유언에 따라 이 바위 속에 묻혔어.

"쌤, 죽은 사람이 어떻게 나라를 위해 일을 해요?"

"내가 죽으면 화장을 해서 동해 바다에 묻어라. 그러면 내가 용이 되어 동해로 쳐들어오는 왜구를 막겠다."

빡쌤이 엄숙하게 말하자 눈치 빠른 시루가 먼저 알아채고 말했다.

"쌤, 지금 방금 문무왕 흉내 내신 거 맞죠?"

"그래. 문무왕이 남긴 유언을 내가 말해 본 거야."

"쌤, 문무왕의 유언을 받들어 문무 대왕릉을 만든 사람은 누구인가요?"

"그야 문무왕의 아들 신문왕이지. 신문왕은 부처의 힘으로 왜구를 막겠다는 아버지의 뜻을 이어받아 문무 대왕릉 근처에 문무왕이 짓던 감은사라는

경주 감은사지 동서 삼층 석탑
감은사지에 있는 쌍둥이 석탑이야. 감은사는 문무왕이 왜구를 물리치기 위해 짓기 시작한 절인데 아들인 신문왕이 완성했지. 지금은 감은사가 사라지고 터에 두 탑만 남아 있단다.

절도 완성했어. 감은사 금당 밑에는 용이 드나들 수 있는 구멍을 만들어 놓았지."

"쌤, 얼른 감은사로 가요."

"앗, 미안! 감은사는 지금 삼층 석탑 두 개와 절터만 남아 있어. 내일 아침 일찍 석굴암과 불국사에 갔다가 집으로 돌아가려면 지금 숙소로 돌아가야 한단다."

빡쌤이 이렇게 말하고 승합차에 올라타자 아이들은 못내 아쉬운 듯 툴툴거

렸다. 아이들이 내키지 않는 걸음으로 터덜터덜 걸어가자 민주식 선생님이 아이들을 불렀다.

"얘들아, 기왕 바닷가에 왔으니 바닷물에 발이라도 담그고 갈까?"

"네!"

민주식 선생님은 아이들이 놀자고 할 때 막는 일이 없었다. 오히려 먼저 놀자고 할 때도 있었다.

빡쌤은 일정대로 움직이길 바랐지만, 행복한 얼굴로 바닷가를 뛰어다니는 아이들을 보곤 생각을 바꿨다. 빡쌤도 아이들을 따라 양말을 벗고 바닷가를 뛰어다녔다.

"쌤, 이것 좀 보세요. 이 대나무 참 굵고 길죠. 장대높이뛰기를 해도 될 정도예요."

시루가 어디선가 기다란 대나무 자루를 가져와서 빡쌤에게 보였다.

"선박에서 쓰다 버린 대나무 깃대구나."

아이들도 호기심에 어느샌가 빡쌤 주변으로 모여들었다.

"시루 너 혹시 내가 문무왕의 만파식적 이야기를 할 줄 알고 이 대나무 가져왔니?"

시루는 대답 없이 그저 생글생글 웃기만 했다.

"마파식객이 뭐에요? 마파두부를 좋아하는 식객 얘긴가요?"

마토가 바닷가에서 주운 물미역을 우적우적 씹어 먹으며 말했다.

"마토 넌 모든 단어를 먹는 것과 관련 지어 말하는 재주가 있구나. 마파식객이 아니라 만파식적이야! '만 개의 거친 파도를 호수처럼 잔잔하게 만드는 피리' 라는 뜻이지."

"우아! 그렇게 신기한 피리가 있어요?"

"동해에 사는 용이 신문왕에게 대나무를 선물했어. 신문왕은 그 대나무로 피리를 만들어 불었지. 그러자 세상의 모든 근심이 사라졌대."

"그 피리가 지금도 있으면 좋겠어요. 엄마 아빠한테 들려 드리려고요. 맨날 걱정 근심이 가득하시거든요."

시루가 어려운 살림살이에 힘들어하는 부모님을 생각하며 말했다.

"그랬구나. 그런 피리가 있으면 정말 좋겠지만 아쉽게도 이건 지어낸 이야기야. 이 이야기의 속뜻은 정복 전쟁으로 어지러웠던 삼국 시대가 끝나고 전쟁 없는 평화로운 시대에 살게 되었다는 거야. 이렇게 평화를 찾았으니 출신을 따지지 말고 열심히 살라는 거지. 그래서 신문왕은 왕권을 강화하는 한편 여러 제도를 새롭게 정비했는데, 전국을 아홉 개의 주로 나누고 다섯 개의 작은 서울을 두어 백제, 고구려 사람들을 살게 했어. 지금까지는 적국으로 싸웠지만 이제 신라라는 나라에서 함께 잘 살자고 그들을 껴안았지."

이야기를 끝낼 무렵 날이 어둑어둑해졌다. 꿈틀 일행은 숙소로 가기 위해 모두 서둘러 승합차에 올라탔다.

오르고자 해도 오를 수 없는 장벽, 골품 제도

"다 왔다. 짐 풀고 저녁 먹자!"

밥 먹자는 소리에 차에서 곯아떨어져 있던 아이들의 눈이 순식간에 쌩쌩해졌다. 그중 가장 눈이 빛난 아이는 당연히 먹보 마토였다. 숙소인 민주식 선생님의 이모 집으로 아이들이 도착했을 땐 이미 저녁이 준비되어 있었다.

"와, 고기 반찬이다!"

점심에 휴게소에서 우동을 먹은 뒤 아무것도 먹지 못한 아이들은 고기 반찬이 더없이 반가웠다. 아이들은 마파람에 게 눈 감추듯 상 위의 음식들을 모두 먹어 치웠다.

"쌤, 소고기 반찬 정말 맛있어요."

마토가 말에 민주식 선생님의 얼굴이 장난스럽게 변했다.

"어? 이거 실망인걸. 천하에 먹보 마토가 말고기를 모르다니."

민주식 선생님의 말에 아이들은 갑자기 괴성을 질러 댔다.

"웩!"

"선배 자꾸 애들한테 쓸데없는 소리 할 거면 나가요."

빡쌤에게 등을 밀린 민주식 선생님은 무엇이 좋은지 허허 하며 방을 나갔다.

"말고기란 말 농담이야. 예부터 말은 먹기 위해서가 아니라 버스나 자전거처럼 교통수단으로 쓰기 위해 키웠단다."

"쌤, 저도 신라 시대에 태어났다면 경주 시내를 말 타고 다녔을 것 같아요. 다그닥 다그닥!"

파래가 말 타는 시늉을 했다.

"옛날에는 아무나 말을 탈 수 없었어. 특히 신라에서는 골품제의 등급에 따라 가질 수 있는 말의 마릿수를 제한했지."

"쌤, 골품제가 뭐예요?"

"골품 제도란 골과 품으로 나누어진 신라의 신분 제도를 말해. 골은 왕이 될 수 있는 귀족인 성골과 왕이 될 수 없는 귀족인 진골로 나뉘었지. 품은 높은 순으로 6두품부터 1두품까지 있었는데 품 역시 올라갈 수 있는 벼슬이 정해져 있었어. 그래서 아무리 능력이 뛰어나도 원하는 자리에 오를 수 없었지."

"꼼짝도 못 하게 신분을 정해 놓으면 정말 답답했겠어요."

"맞아. 특히나 6두품의 불만이 많았어. 최치원이 그 대표적인 예야. 최치원은 당나라로 유학해 열여덟 살이라는 어린 나이에 빈공과에 합격할 정도로 뛰어난 천재였어. 신라로 돌아와 뜻을 펼치려 했지만 신분제 때문에 불가능했지. 또 정성을 다해 왕에게 올린 상소문조차 받아들여지지 않았단다."

"그렇다면 최치원은 자신이 똑똑한 게 오히려 원망스러웠겠어요."

은지가 말했다.

"아마도 그랬겠지? 내 맘대로 못하는 건 말의 마릿수나 벼슬뿐이 아니었어. 옷, 그릇, 집 등 생활에 필요한 모든 것에 기준을 정해 두고 그 기준을 함부로 넘지 못하게 했어."

"쌤, 그럼 이 선글라스는 몇 두품까지 낄 수 있었죠?"

마리가 자기가 출발할 때 쓰고 온 선글라스를 내밀었다. 아이들은 마리의 퉁퉁 부었던 얼굴이 생각나서 깔깔대고 웃었다.

"이젠 눈이 좀 보이는구나. 신라 시대엔 선글라스가 없어서 그런 기준조차 없었겠지. 만약 신라 시대로 선글라스를 들고 간다면 가장 높은 골품인 성골만 낄 수 있지 않았을까? 그 시대엔 하나뿐인 아주 신기하고 귀한 물건이었을 테니까."

파래가 마리 손에서 선글라스를 빼앗아 썼다.

"그럼 제가 끼면 되겠네요. 전 김유신 장군의 후손이니까요."

"김유신 장군은 진골이었어. 선글라스를 쓸 수 없는 신분이지."

파래는 선글라스를 마리에게 돌려주었다. 그러고는 다시 말 타는 시늉을 했다.

"난 역시 말이나 타야겠어. 전장을 누비는 장군에게 선글라스는 사치지."

통일 신라의 전성기를 알려면 불교문화를 보자

부처님의 나라를 표현한 불국사

빡쌤, 민주식 선생님, 꿈틀 아이들은 아침을 먹고 승합차에 올랐다. 숙소가 있는 경주 시내를 나와 4번 국도를 따라 보문 단지를 지나가다 보니 금세 불국사 앞에 닿았다.

"쌤, 새벽까지 놀았더니 너무 졸려요."

마토는 앞자리 의자에 머리를 박고 꼼짝도 안 했다. 그러자 다른 아이들도 차 안에서 기지개만 펼 뿐 일어날 생각을 하지 않았다.

"토함산에서 일출을 보는 건 너희들이 늦잠을 자서 물 건너갔지만 불국사와 석굴암, 안압지는 보고 가야지. 얼른 일어나!"

지난밤 아이들은 난생처음 떠난 여행에 신이 나서 새벽 1시까지 잠도 안 자고 놀았다. 다음 날 일정을 위해 억지로 잠을 재웠는데 아니나 다를까 계획에 차질이 생겨 버린 것이다. 아이들이 꼼짝을 않자 민주식 선생님이 시동을 걸면서 말했다.

"현장 학습을 할 생각이 없는 것 같으니 서울로 돌아가야겠네?"

아이들은 언제 그랬냐는 듯 벌떡 일어났다. 아이들이 승합차 문을 열고 뛰어나가는 모습에 민주식 선생님은 씩 웃었다.

"쌤, 저는 신라의 수도 경주 하면 경주빵밖에 안 떠오르거든요. 그런데 엄마는 경주 하면 불국사와 석굴암이 떠오르신대요. 그 이유가 뭘까요?"

마토가 아침 먹은 지 얼마나 지났다고 손가락을 빨며 물었다. 불국사보다 경주빵 먹으러 가자는 소리였다.

불국사
김대성이 만든 신라의 가장 대표적인 사찰이야. 불국사에 가면 다보탑과 석가탑, 백운교과 청운교 등을 볼 수 있어. 석굴암과 함께 유네스코 세계 문화유산으로 지정되기도 했지.

"글쎄, 경주빵 먹는 것보다 중요한 게 있단 말씀 아닐까?"

"경주빵처럼 맛있는 것보다 불국사가 중요한 이유가 도대체 뭐죠?"

"그건 한 글자로 대답할 수 있지. '미'!"

"'미'라니요? 도레미 할 때 그 미요?"

"아니 아름다울 미(美)! 불국사와 석굴암은 신라 건축의 아름다움 중 가장 높은 단계를 보여 주기 때문이지."

빡쌤과 마토가 얘기를 주고받는 사이 앞서 걷던 아이들이 뒤돌아보며 소리 쳤다.

"쌤, 빨리 오세요."

빡쌤과 마토는 서둘러 일행을 뒤따라갔다. 잠시 뒤 둘은 불국사의 청운교와 백운교 앞에 선 아이들 뒤로 섰다.

"쌤, 불국사를 봐도 별 감흥이 없는데요?"

파래가 뒤돌아보며 빡쌤에게 말했다.

"그래? 공부를 하면 좀 달라질걸?"

쌤이 이렇게 말하자 마리가 말했다.

"맞아요. 아는 만큼 보인다는 말도 있잖아요."

아이들이 "오!" 하는 함성을 지르자 빡쌤이 말했다.

"신라의 문화재에는 절이나 불상, 탑, 범종 등 불교와 관련된 것이 많아. 불교문화가 활짝 꽃피었을 때 신라는 전성기를 맞이하고 있었지. 지금 보고 있는 이 불국사는 통일 신라의 전성기인 경덕왕 때 만들어진 절이야."

"쌤, 통일 신라의 전성기와 불교문화의 전성기가 같다면 신라를 알기 위해선 불국사를 보면 되겠네요."

민주식 선생님이 갑자기 끼어들어 손을 들고 학생처럼 질문했다.

"선배 장난치지 말아요."

빡쌤이 눈을 흘겼다.

"나도 한국사 공부 좀 하려는데 장난이라니. 쌤, 그러지 말고 늙은 학생도 받아 주세요."

민주식 선생님이 두 손을 모으고 간절히 말하자 아이들은 서로 마주 보며 킥킥거렸다. 빡쌤은 할 수 없다는 듯 고개를 흔들었다.

"대신 수업에 방해가 되면 바로 쫓아낼 거예요."

"네!"

민주식 선생님은 마치 초등학생이 된 것처럼 크게 대답했다. 그러자 아이들이 일제히 웃음을 터뜨렸다.

"불국사는 석굴암과 함께 1995년 유네스코 세계 문화유산으로 지정되었어. 세계가 신라의 불국사와 석굴암의 아름다움을 인정한 것이지. 불국사는 한마디로 불교의 이상 세계를 표현한 사원인데 '불국' 이란 말도 부처님의 나라라는 뜻이야. 불국사를 지은 건 신라가 부처님의 나라처럼 평화롭기를 바라서였을 거야. 불국사에 들어가기 위해서는 청운교와 백운교를 건너야 해."

"쌤, 불국사 앞에는 다리가 없는데요. 청운교와 백운교를 건너야 한다니 이상해요."

"자하문* 앞에 계단이 보이지? 그게 바로 청운교 백운교란다. 지금은 계단일 뿐이지만 옛날에는 청운교와 백운교 밑으로 물이 흐르고 있었지."

"와, 정말요? 계단 밑으로 물이 흘렀다는 건 상상도 못하겠어요."

"못하긴 왜 못해? 상상하는 힘이 없다면 남들 생각을 그대로 따라갈 수밖에 없고 불국사와 같이 독창적이고 아름다운 문화를 꽃피우기 어렵게 되지. 그러니 지금이라도 상상해 보렴."

"네, 알겠어요. 쌤, 그럼 왼쪽에 있는 계단 밑으로도 물이 흘렀겠네요?"

"안양문 앞의 칠보교와 연화교 말이구나! 그랬지. 물이 흘렀고말고. 저 다리를 건너면 극락전이 우릴 맞이할 거야."

빡쌤은 눈을 감고 물이 흐르는 모습을 상상했다. 그러자 민주식 선생님은 아이들에게 찡긋 눈짓을 보냈다.

"우리 먼저 가자!"

민주식 선생님은 아이들과 살금살금 그 자리를 벗어났다.

*자하문
부처님을 모신 대웅전 영역으로 들어가는 문을 말해. '자하' 는 부처님 몸에서 나오는 자줏빛 금색 안개를 뜻한단다.

평화의 시대를 연 통일 신라

불국사 3층 석탑
석가탑이라고도 불려. 화려한 다보탑과 달리 단순하면서도 단아한 멋이 있지. 한국의 가장 표준적인 석탑으로 알려져 있어.

    빡쌤이 눈을 다시 떴을 땐 이미 혼자만 남아 있었다. 빡쌤은 머리를 긁적이며 대웅전 앞마당으로 갔다. 그곳엔 먼저 온 아이들이 다보탑 주위에 둘러서 있었다. 파래는 십 원짜리에 새겨진 탑을 직접 보는 것이 감개무량했다. 다보탑도 모른다고 놀림받은 기억이 새삼스러웠다.

    빡쌤은 아이들을 불러 석가탑과 다보탑 중간에 세우고 바라보게 했다.

    "정면으로 보이는 건물이 대웅전이야. 대웅전 앞 오른쪽에 보이는 게 다보탑인데 화려한 아름다움이 있어. 반면 왼쪽에 보이는 석가탑은 단아한 아름다움이 있지. 특히 석가탑에서는 세계에서 가장 오래된 목판 인쇄물인 무구정광대다라니경이 발견되어 의미가 한층 더 깊어."

    빡쌤이 태블릿 컴퓨터를 열어 무구정광대다라니경 사진을 보여 주자 아이들이 감탄했다.

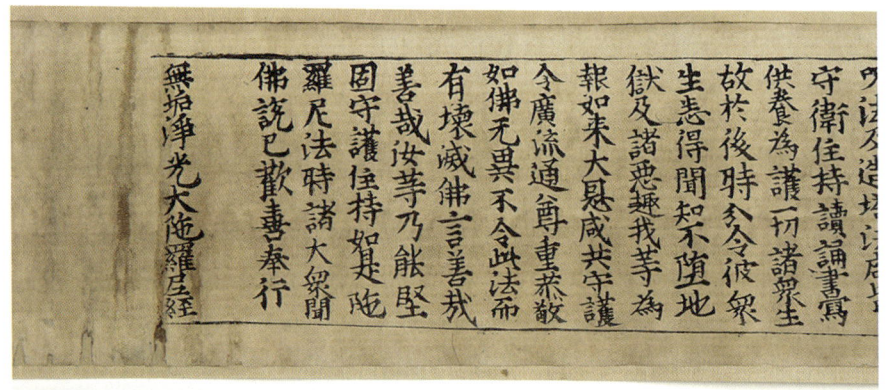

무구정광대다라니경
석가탑 안에서 발견된 불경이야. 세계에서 가장 오래된 목판 인쇄물로 알려져 있어. 우리 조상들의 뛰어난 인쇄술이 자랑스럽지 않니?

"우아! 이 어려운 한자들을 다 나무에 새겨 인쇄했다니 정말 놀라워요."

"부처님의 말씀인 불경을 새겨 넣은 거란다."

"쌤, 키보드로 입력하면 바로 출력되는 시대가 올 걸 알았다면 한 자 한 자 파내기 위해 나무와 씨름하진 않았겠죠?"

마리가 이렇게 이야기하자 빡쌤이 말했다.

"만약 목판에 새겨 인쇄하던 시대가 없었다면 키보드로 입력해 출력하는 시대도 오지 않았을 거야. 과거가 없으면 현재도 없지. 그게 역사란다. 자, 그럼 또 다른 역사를 배우러 석굴암으로 출발!"

"출발!"

돌로 쌓아 만든 아름다운 인공 석굴, 석굴암

승합차를 타고 도로를 7킬로미터 정도 달려 석굴암 입구 주차장에 도착했

을 땐 벌써 점심 시간이었다. 그래서인지 불국사처럼 붐비지 않고 한적한 편이었다. 일행은 산길을 10여 분 걸어 석굴암에 도착했다.

"얘들아 잘 봐! 이 석굴암은 돌로 쌓아 만든 인공 석굴이야."

"쌤, 인공 석굴이 무슨 뜻이에요?"

"흔히 석굴이라면 바위를 뚫거나 파내 만드는 게 보통인데, 인공 석굴은 사람이 직접 수백 개의 돌을 적당한 크기로 일일이 자르고 서로 어긋나지 않게 정확히 잘 짜 맞추어 만든 거야. 이런 석굴암의 구조는 인도나 중국에서는 볼 수 없는 석굴암만의 독특한 특징이야."

"쌤, 저것 좀 보세요. 부처님이 앉아 있는 방 앞에 유리 막이 쳐져 있어요."

석굴암
김대성이 불국사와 함께 만든 사찰이야. 경주 토함산에 있는 인공 석굴로 가운데 본존불과 둘레의 보살상들은 신라 예술의 최고 경지를 보여 준단다.

"중앙에 모신 부처님인 본존불을 말하는구나. 본존불이 훼손되지 않게 잘 보존하기 위해 유리 막으로 막아 놓은 거야. 본존불을 모신 방은 주실인데 방 모양이 원형이야. 주실 앞에 인왕상, 사천왕상 등을 조각해 놓은 방은 전실인데 방 모양이 네모나지."

"쌤, 왜 방이 두 개로 되어 있어요?"

"주실은 부처님을 모시는 공간, 전실은 기도 드리는 공간, 이렇게 둘로 나눠 놓은 거야. 작은 공간 안에 절이 갖추어야 할 것이 모두 들어 있어."

"우아, 그럼 전 여기 앉아서 기도 드릴래요."

불교 신자인 은지가 무릎을 꿇고 앉아 본존불을 바라보며 손을 모았다.

"김대성이 저 자리에 앉았다면 전생의 부모님을 위해 기도 드렸을 거야."

"쌤, 김대성이 누군데요?"

"석굴암과 불국사를 지은 사람. 김대성은 전생의 부모를 위해 석굴암을 지었고, 현생의 부모를 위해 불국사를 지었다고 알려져 있지."

"불국사와 석굴암을 순전히 자신의 부모님을 위해서 지었다고요?"

"꼭 그렇지는 않아. 불국사는 김대성이 완공하지 못하고 죽자 경덕왕이 완공했고, 석굴암도 경덕왕의 명을 받아 짓기 시작했다고 해. 이건 《삼국유사》에 기록되어 있는 내용이야. 개인이 아니라 나라가 나서서 지은 절이라는 얘기지."

"그렇다면 개인뿐 아니라 나라가 평안하기를 바라는 마음도 들어 있겠네요."

"그래 맞아. 그리고 경덕왕 얘기는 아까도 했지? 경덕왕 때 신라가 전성기를 맞이했다고."

"네."

평화의 시대를 연 통일 신라

"경덕왕 때 불국사, 석굴암, 성덕 대왕 신종(경덕왕 때 만들기 시작해 혜공왕 때 완성함) 같은 많은 불교 문화유산이 나왔던 건 우연이 아니야. 삼국 통일 뒤 신라 문화만 고집한 게 아니라 고구려 문화와 백제 문화를 받아들였어. 당나라와 교류하기 시작하면서부터는 당나라의 문화까지 더했지."

"그럼 백성들 모두 신라의 전성기 문화를 누릴 수 있었나요?"

"과연 그랬을까? 문화는 귀족들만 누렸을 뿐 일반 백성들은 소외되었지. 귀족들만의 전성기라고나 할까? 그럼 신라의 귀족들이 얼마나 호화롭고 사치스러웠는지 알아보기 위해 안압지로 가 볼까?"

통일 신라 사람들은 어떻게 살았을까?

왕과 귀족들만의 음식, 얼음

점심 시간이 지났는데도 밥을 먹지 못하자 마토가 경주빵을 꼭 먹어야 한다고 주장해 경주역으로 승합차를 몰았다. 경주빵을 차 안에서 대충 먹고 경주역 앞에서 7번 국도를 타고 울산 쪽으로 1.5킬로미터가량 승합차를 몰아 안압지 주차장에 도착했다. 맞은편에 신라 궁궐터 반월성이 보이자 빡쌤이 말했다.

"저기 맞은편에 있는 반달 모양의 성터가 반월성이야. 궁전은 하나도 남아 있지 않지만 조선 시대에 만들어진 석빙고가 있지."

"쌤, 석빙고가 뭐죠?"

"석빙고란 얼음을 보관하는 창고야."

"쌤, 신라 시대에는 석빙고가 없었나요?"

"신라 시대에도 물론 있었지. 지증왕 때부터 석빙고에 얼음을 보관하고 필요할 때마다 꺼내 썼어. 그런데 얼음을 보관하거나 꺼낼 때는 제사를 지냈지. 그만큼 얼음은 귀한 거였단다. 그리고 겨울이 따뜻해 얼음이 얼지 않을 때도 제사를 지냈지."

"지금처럼 아무나 얼음과자를 먹는 걸 신라 사람들이 봤다면 깜짝 놀라겠네요."

마토가 경주빵을 입안 가득 물고 말했다.

"깜짝 놀라는 정도가 아니라 놀라서 뒤로 자빠질걸? 얼음은 귀족이나 왕족들만 먹었어. 일반 백성들은 구경조차 하기 어려웠지."

귀족들의 호화로운 생활이 엿보이는 안압지

이야기를 주고받는 사이 누각과 호수가 보이는 안압지에 도착했다.

"와, 호수 참 넓다."

마리가 가슴을 쫙 펴고 숨을 크게 들이쉬며 말했다.

"이 호수는 자연 호수가 아니라 사람이 인위적으로 만든 인공 호수야. 이 호수의 넓이만 봐도 통일 신라의 왕이나 귀족들이 얼마나 풍족하고 사치스럽게 살았는지 알 수 있지."

"쌤, 그럼 안압지는 왕과 귀족들을 위해 만든 건가요?"

"당연하지. 일반 백성들이야 죽어라 땅만 팠겠지."

아이들이 두리번거리자 시루가 물었다.

"그럼 이곳에서 왕과 귀족들은 무엇을 했죠?"

"왕이 신하들에게 잔치를 베풀거나 손님을 맞이했어. 호수가 넓고 화려해 풍류를 즐기기에 좋았지. 《삼국사기》에 보면 '궁 안에 못을 파고 섬을 만들고 꽃을 심고 기이한 짐승들을 길렀다.' 라고 기록되어 있어. 이 주사위를 보렴."

빡쌤은 가방 안에서 14면 주사위를 꺼내 보여 주었다.

"어? 주사위가 여섯 면이 아니네요. 한자도 쓰여 있고."

"이건 잔치할 때 쓰던 놀이 기구야. 주사위를 굴려 벌칙을 정했지."

"어떤 벌칙인데요?"

"술 석 잔 연달아 마시기, 얼굴 간질여도 무표정으로 있기, 술 다 마시고 크게 웃기, 여러 사람이 코 때리기 등이 있어."

"오, 재미있겠다. 우리도 한번 해 봐요."

파래가 주사위를 달라고 빡쌤에게 손을 내밀었다.

"좋아! 집으로 돌아갈 때 차 안에서 하기로 하고. 일단 이걸 보렴."

빡쌤은 태블릿 컴퓨터 화면을 올려 아이들에게 유물을 보여 주었다.

"금동초심지 가위, 보상화무늬전, 귀면와, 금존삼존판불, 주철 빗, 금동 대접이야. 이것들을 비롯해 3만여 점의 유물이 이곳에서 발견되었어."

"와, 금동 대접에 밥을 먹고 금동으로 만든 가위로 초 심지를 잘랐다니 정말 호화롭게 생활했나 봐요."

14면체 주사위 주령구
신라 귀족들이 가지고 놀던 일종의 장난감이야. 14면체에 각각 여러 가지 벌칙이 새겨져 있어.

경주 월지 금동초심지 가위

금동 대접

보상화무늬전

귀면와

백성들의 고달픈 삶을 엿볼 수 있는 에밀레종과 민정 문서

"반면 일반 백성들의 생활은 힘들고 고달팠어. 이 에밀레종을 보렴."

빡쌤이 태블릿 컴퓨터 화면에서 에밀레종을 보여 주자 시루가 사진 밑에 쓰인 글자를 보고 재빨리 말했다.

"쌤, 에밀레종이 아니라 '성덕 대왕 신종'이라고 되어 있는데요?"

"너보고 시루라고 부를 뿐만 아니라 츄리닝이라고도 하잖아. 그것과 마찬가지로 에밀레종의 이름은 여러 개야. 봉덕사종이라고도 부르지."

"쌤, 츄리닝 얘기하니까 바로 이해가 가요."

파래가 시루가 입은 옷을 보며 끽끽 웃었다.

"에밀레종은 아름다운 소리를 내기 위해 아기를 넣어 만들었다는 전설이 있어. 종소리에서 '에밀레 에밀레' 하고 엄마를 찾는 듯한 소리가 난다고 해서 에밀레종이라는 이름

성덕 대왕 신종(에밀레종)
신라의 경덕왕이 아버지 성덕왕의 업적을 기리기 위해 만든 종이야. 종을 만들 때 아기를 넣어 만들어 '에밀레'라는 소리가 난다는 전설이 얽혀 있지.

이 붙은 거지."

"쌤, 너무 무서운 이야기예요. 종을 만들 때 아기를 넣었다니……."

"아기를 넣었다는 건 어디까지나 전설일 뿐 사실은 아니야. 종의 성분을 조사했을 때 사람 뼈에 있는 인 성분이 발견되지 않았거든."

"그럼 왜 그런 전설이 생긴 거죠?"

"백성들의 생활이 너무나 힘들고 고통스러웠기 때문이지. 부처님에게 공양하고자 했던 아기 엄마가 아무것도 없자 자기 목숨과도 같은 아기를 바쳐야 했을 정도로 말이지."

"쌤, 왕이나 귀족들만 호화로운 생활을 하고 백성들은 에밀레종의 아기 엄마처럼 굶주린 이유가 뭐죠?"

빡쌤은 태블릿 컴퓨터 화면에 신라의 민정 문서를 띄워 놓고 말했다.

"이 문서가 뭔지 아니?"

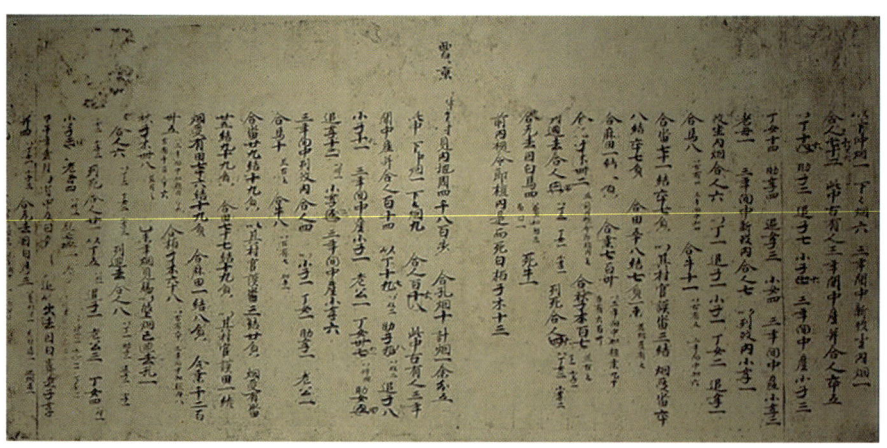

신라 민정 문서
백성들에게 세금을 거두기 위해 만든 토지 문서야. 촌락의 토지 크기, 인구수, 소와 말의 수, 토산물 등을 모두 기록해 놓았어.

"신라 민정 문서라고 쓰여 있는데요?"

이번에도 눈이 빠른 시루가 냉큼 대답했다.

"그래. 이 민정 문서에는 마을 이름, 마을 사람 수, 농사짓는 땅의 넓이, 가축 수, 뽕나무 수, 잣나무 수 등이 자세히 적혀 있어."

"이야, 누가 기록했는지 몰라도 무지하게 꼼꼼하다."

까불이 파래가 놀랍다는 듯 말했다.

"이렇게 꼼꼼하게 기록한 이유는 백성들에게 쌀 한 톨, 뽕나무 열매 한 알까지 물 샐 틈 없이 세금으로 거둬들이기 위해서야. 세금은 곡식뿐만 아니라 몸으로도 때워야 했어. 에밀레종을 만들 때도 백성들은 나랏일이라며 농사일도 제쳐 두고 봉덕사로 불려 갔을 거야."

평민에서 노비가 된 사람들

"농사도 못 짓게 사람들을 불러다 부리면 백성들은 뭘 먹고 살아요?"

"《삼국사기》에 기록된 효녀 지은 설화를 보면 그 답이 나와. 연권의 딸 지은은 홀어머니를 모시고 살았어. 효심이 깊었던 지은은 어머니를 모시기 위해 서른두 살이 되도록 시집을 가지 않고 남의 집 일을 해 주면서 근근이 먹고 살았지. 그런데 살림이 어려워지자 부잣집의 몸종이 되어 어머니를 봉양하게 되었어. 이 사실을 알게 된 어머니는 대성통곡을 했고 지은도 함께 울었지."

"쌤, 이야기가 너무 슬퍼요."

마리가 눈물을 닦아 내며 말하자 은지는 심각한 표정으로 이렇게 말했다.

"쌤, 몸종이 되었다면 평민에서 노비로 신분이 떨어졌다는 얘기네요?"

"그래. 이야기 속 지은 말고도 실제로 가난해서 노비가 되는 경우가 많았

어. 귀족들이 기와집에서 쌀밥을 먹고 배를 두드리며 살 때, 일반 백성들은 초가집에서 굶주리며 배를 움켜쥐고 살았지."

백성들도 원효를 따라서 나무아미타불을 외우다

"얼씨구 씨구 들어간다, 절씨구 씨구 들어간다, 작년에 왔던 각설이 죽지도 않고 또 왔네."

파래가 박을 두들기며 아이들 주위를 돌아다녔다.

"갑자기 왜 각설이 타령을 부르고 난리야?"

시루가 핀잔을 주자 파래는 한술 더 떠서 박을 시루 귀에 대고 두드리며 각설이 타령을 불러 댔다.

"가난한 신라 백성 코스프레다, 어쩔래?"

시루가 싫은 표정을 지을수록 파래는 신이 나는지 큰소리로 말했다.

"가만, 너 그 박은 어디서 난 거니?"

"이거요? 불국사 약수터에서 물 먹고 나서 깜빡하고 들고 온 거에요."

"여러 사람이 먹으라고 둔 걸 들고 오면 어떻게 하니? 너도 참!"

빡쌤이 파래를 야단치다 말고 박을 한참 동안 들여다보았다.

"쌤, 왜 그러세요?"

"원효 대사가 박을 치면서 노래를 부르고 춤을 추면서 불교를 전파했던 거 아니?"

"정말요? 스님이 파래처럼 그렇게 경망스러웠다고요?"

"들어 봐. 원효는 왕과 귀족 중심으로 믿었던 불교를 일반 평민에게까지 보급했던 스님이야. 원효는 어느 날 한 광대가 춤추고 노래 부르며 놀던 큰 박

을 하나 얻었어. 그 모양을 본떠 박을 하나 만들고 이름을 '무애'라고 했지. 스님 옷을 벗고 세속의 옷차림을 한 원효는 무애를 가지고 무애 춤을 추면서 노래도 불렀지."

"쌤, 무슨 노래를 불렀어요?"

"어려운 불경을 쉬운 말로 풀어 노래로 만들어 불렀어. 누구나 '나무아미타불'을 외우면 극락에 갈 수 있다고 설교했지. 백성들은 원효를 따라서 나무아미타불을 외웠고 온 신라 땅에 부처를 모르는 사람이 없게 되었어."

"오, 연예인 같다!"

"원효 대사의 스승님은 누구였어요?"

"원효 대사에게는 스승님이 없었어. 당나라 현장 스님에게 불교를 배우기 위해 의상 스님과 함께 유학을 가려다가 동굴에서 깨달음을 얻고 돌아왔거든."

"어떤 깨달음이었는데요?"

"원효와 의상은 당나라로 가던 중 날이 저물어 동굴에서 하룻밤을 보냈어. 원효는 잠자리 옆에서 해골에 고인 썩은 물을 발견하고는 '웩 웩' 하고 구역질을 했지. 전날 밤 목이 말라 손에 잡히는 대로 물을 마셨거든. 그것도 아주 달게 말이야. '똑같은 물을 두고 달게 느꼈다가 구역질 나게 느꼈다가 하다니. 물은 그대로인데 달라진 건 내 마음일 뿐.' 이렇게 해

원효 대사 영정
원효 대사는 왕과 귀족들만 믿던 불교를 일반 평민에게 대중화하는 데 힘썼던 스님이야.

골에 고인 썩은 물을 마시고 깨달음을 얻은 거야."

"스승님도 없이 혼자 깨달음을 얻었다니 원효 스님은 천재였나 봐요."

"혼자서 하는 공부의 진수를 보여 준 셈이지. 원효가 남긴 책만 해도 100권이 넘고, 그가 쓴 책은 중국 승려들이 즐겨 찾을 정도였어."

"중국으로 스승님을 만나러 가려다가 오히려 중국 사람들의 스승님이 되었네요."

은지가 먼저 존경의 박수를 치자 아이들도 따라서 박수를 쳤다.

국제적으로 교류한 나라, 신라

"자, 이제 집으로 돌아갈 시간이다. 모두들 차에 타자."

빡쌤이 시계를 들여다보며 외쳤다.

"아! 기왕 경주에 온 거 조금만 더 있다 가요."

시루가 무작정 조르자 빡쌤이 말했다.

"쌤도 그러고 싶지만 너희가 내일 제시간에 일어나 학교에 가려면 지금 출발해야 해."

"쌤, 국립 경주 박물관에만 들렀다 가요."

은지가 학구열에 불타는 눈으로 바라보자 빡쌤은 더는 안 된다는 말을 할 수가 없었다. 이때 민주식 선생님이 구원 투수로 나섰다.

"쌤, 경주는 살아 있는 신라 박물관이잖아요. 유네스코에서도 그걸 인정해 지난 2000년에 경주를 '역사 유적 지구'라 부르고 세계 문화유산으로 등재한 거고요. 경주를 모두 다 돌아볼 순 없지만 동궁과 월지에서 가까운 국립

경주 박물관만 들렀다 가도 늦지 않겠죠?"

민주식 선생님까지 나서니 빡쌤은 두 손 두 발 다 들어 버렸다.

"좋아! 국립 경주 박물관을 들어가 보는 것만으로도 신라의 역사와 문화를 이해하는 데 큰 도움이 되는 건 사실이니까."

국립 경주 박물관 앞에 도착하자 아이들은 지치지도 않는지 더 쌩쌩해진 모습이었다. 야외 전시관에 떡하니 놓여 있는 실물의 에밀레종을 보고 아이들은 놀라움을 금치 못했다. 그리고 신라 역사관, 신라 미술관, 월지관, 특별 전시관을 돌아보며 신라인의 숨결을 느꼈다.

특히 신라 역사관 제2 전시실에 들어섰을 때 아이들은 눈이 부시다며 탄성을 질렀다.

"와, 이게 다 뭐야. 천마총 금제관모, 서봉총 금관, 천마총 나무모양 관꾸미개, 천마총 금관, 천마총 금허리띠…… 신라는 황금의 나라였나 봐요."

"여길 봐! 누가 팥빙수 먹고 안 치웠나 봐."

두세 발 앞서 관람하던 마토가 소리치자 모두 마토 곁으로 모여들었다.

"팥빙수 그릇이 아니라 주스 잔 같은데?"

마리의 말에 빡쌤이 웃으면서 설명했다.

"이건 지금 우리가 쓰는 팥빙수 그릇도 아니고 주스 잔도 아니란다. 신라 고분 천마총에서 출토된 유리잔이야. 로마 유리그릇과 비슷한 모양이어서 신라가 로마에서 제작된 것을 수

서봉총 금관
서봉총에서 출토된 금관이야. 신라에서는 금으로 화려한 장식물을 많이 만들었단다.

천마총에서 출토된 유리잔
신라 고분인 천마총에서 유리잔이 출토되었어. 신라에서 만든 건 아니고 비단길이나 바닷길을 통해 멀리 서역에서 가져온 유물로 추정하고 있지.

"입해 썼다고 미루어 짐작하고 있어."

"쌤, 어떻게 수입했어요? 신라 시대에도 택배가 있었나요?"

"그랬을 리가 있나. 경주는 인구 100만에 금으로 입힌 집들이 즐비했어. 길은 바둑판 모양으로 넓고 반듯하게 나 있었고. 또 아주아주 번화한 도시라 시장이 여러 개 섰어. 그래서 신라 사람들은 물론이고 중국, 일본, 멀리 서역*의 상인들까지 드나들었지. '금성 시장으로 가서 우리 물건을 팔고 금성의 귀한 물건을 사 오자.' 이러면서 말이지."

"금성 시장이라뇨?"

"응, 경주는 고려 때 이름이고 통일 신라 땐 금성이라고 불렀거든."

"쌤, 경주, 아니 금성은 당시에 엄청 큰 국제적인 도시였네요?"

"맞아!"

꿈틀 일행이 신라 역사관 제3 전시실로 들어서자 눈에 띄는 것이 있었다. 이차돈 순교비였다. 아이들은 쪼르르 달려갔다. 태블릿 컴퓨터로만 보던 순교비를 실물로 보니 흥분을 감추지 못했다. 그때 맨 앞에 섰던 마리가 '꺅!' 하고 놀라워하며 소리를 질렀다.

"쌤, 여기 좀 보세요! 금으로 된 검에 보석을 촘촘히 박아 놓았어요."

*서역
중국 서쪽에 있던 여러 나라를 통틀어 이르는 말이야.

"아, 이건 계림로 14호분에서 출토된 보검인데 금으로 된 검이 아니라 철로 만든 철검이란다. 이 검이 황금검이라고 마리가 착각한 건 검을 넣는 검집에 금판 장식을 했기 때문일 거야. 장식을 한 기하학무늬 속엔 석류석, 유리, 금가루를 박아 놓아 정말 화려하지."

"쌤, 신라 사람들이 직접 만들었나요?"

"아니, 이 보검은 신라에서 출토된 여느 검들과는 다른 구조로 되어 있어. 아마도 중앙아시아에서 만든 것으로 추측하고 있지."

"중앙아시아 사람들이 금성으로 이걸 팔러 왔었다는 얘기네요?"

"그렇지."

"신라가 서역과 교류했다는 걸 보여 주는 물건이 또 있나요?"

"있지. 괘릉 남쪽에 세워 놓은 무인상의 얼굴도 서역인 모습을 하고 있어."

"괘릉이 누구 무덤이기에 그런 무인상을 세워 놓았어요?"

"원성왕의 무덤이야. 석상에 서역인을 새겨 넣을 정도면 서역인의 얼굴이 낯설지 않았다는 거지. 그 정도로 서역인의 왕래가 잦았다는 걸 알 수 있어."

"쌤, 금성처럼 번화한 국제도시가 만들어지기까지 신라는 어떤 노력을 했나요?"

빡쌤은 은지의 물음에 무엇인가 곤란한 문제에 부딪힌 듯 대답을 하지 않은 채 생각에 잠겼다.

"왜 그러세요?"

"얘들아, 어떻게 하지? 이 대답을 하기 위해선 완도에 가야

경주 계림로 보검
경주 계림로 공사 때 미추 왕릉 지구에서 발굴된 보검이야. 신라의 다른 칼과는 다른 이색적인 장식 때문에 서역에서 수입된 것으로 추정하고 있어.

하거든. 그렇게 되면 집으로 돌아갈 때 민주식 선생님이 깜깜한 밤에 운전을 해야 하는데…….”

빡쌤이 민주식 선생님의 눈치를 보면서 말했다.

"쌤, 완도는 왜요?”

“국제도시는 어느 날 갑자기 뚝딱 만들어진 게 아니야. 나라와 나라 사이에 무역이 바탕이 되어야 해. 이런 노력을 한 대표적인 사람이 바로 완도에 청해진을 설치하고 국제 무역을 주도한 장보고거든.”

“나중에 시간을 내는 것이 쉽지 않으니 이번에 완도도 가자. 대신 오늘도 이모 집에서 묵고 내일 완도로 출발하는 걸로.”

민주식 선생님의 말에 모두 환호했다.

경주 원성 왕릉 석상
경주 원성 왕릉의 무인 석상은 눈망울이 부리부리하고 콧날이 크고 오뚝해 서역인을 표현한 것으로 추정하고 있어.

장보고, 국제 해상 무역을 주도하다

다음 날, 꿈틀 공부방 일행은 몇 시간을 달려 완도군 장도에 도착했는데 시간이 많이 늦었다. 이틀 동안 돌아다닌 탓에 늦잠을 자 버린 것이다. 장도로 나무 다리를 걸어서 들어갔다. 나무 다리 중간에 서서 보니 멀리서 청해진 어린이 공원 안에 설치된 장보고 동상이 조그맣게 보였다.

신라 왕경도
신라의 수도 경주는 우리가 상상하는 것보다 훨씬 더 세계적인 규모의 국제도시였어. 그만큼 여러 나라와 국제 무역이 활발하게 이루어지는 도시였던 거야.

"쌤, 저 멀리 보이는 작은 동상, 장보고 맞죠?"

"작다니 다가가서 보면 높이가 30미터가 넘는데? 중국 산둥반도 적산포에 있는 법화원에도 커다란 동상이 있는데 저것보다는 작아."

"법화원이요?"

"법화원은 장보고가 세운 절 이름이야. 당시 법화원 부근엔 신라 사람들이 모여 사는 신라방도 있었는데 법화원은 이 사람들이 정신적으로 의지할 수 있는 곳이었어."

"쌤, 장보고는 절을 세울 정도로 돈을 많이 벌었나 봐요."

"응, 장보고는 엄청난 재력을 자랑하는 상인이면서 군인이기도 했어."

"상인이면서 군인이요?"

장도 청해진 유적
장보고는 완도 지역에 청해진이라는 기지를 세우고 신라의 바다를 지키며 해상 무역을 주도했어. 말 그대로 '바다의 왕자' 였지. 사진은 장군의 섬이라 불리는 '장도'의 청해진 유적이야.

"응, 장보고는 일찌감치 당나라로 건너가 무관으로 활약했어. 그러다 해적에게 잡혀 온 신라 사람들이 노비로 팔리는 걸 보고 완도로 돌아왔지. 신라 흥덕왕을 찾아가 1만 명의 군사를 얻어 지금 우리가 서 있는 이곳에 청해진을 설치했어. 장보고는 당의 해적들을 무찔렀을 뿐 아니라 당나라, 왜, 신라를 연결하는 국제 해상 무역을 주도한 거야."

빡쌤이 이야기를 마치자 벌써 날이 어둑어둑해지기 시작했다.

"얘들아, 날이 어두워져서 더 이상 안 되겠다. 이곳 완도 청해진 유적지에서 발굴된 것은 성문, 성벽, 사당, 우물, 해안의 목책 등이야. 여기서 출토된 유물은 장보고 기념관에 전시되어 있어. 그런데 관람 시간이 저녁 6시까지라

평화의 시대를 연 통일 신라

문 닫은 지 벌써 두 시간이나 지나 버렸네. 그러니 적을 막기 위해 만들어 놓은 해안가 목책만 보고 돌아가자. 목책은 이곳이 장보고가 청해진을 설치한 곳이라는 걸 처음으로 세상에 알려 준 귀중한 유물이거든."

빡쌤은 서쪽 해안가로 아이들을 데려갔다. 시루가 고개를 사방으로 돌려보며 말했다.

"쌤, 여긴 목책은커녕 아무것도 안 보이는데요?"

"지금은 갯벌 속에 묻혀 버렸지만 자세히 보면 그 흔적이 남아 있어. 여길 보렴."

빡쌤이 쭈그리고 앉아 손가락으로 가리킨 곳엔 아주 낮은 키의 통나무 목

장보고 무역선
장보고가 활동한 시기에 사용한 무역선을 복원한 모형이야. 우리나라 가까운 바다에서 발굴된 선박과 고대 문헌 자료를 종합해 고증을 거쳐 복원했다고 해.

책이 보일 듯 말 듯 남아 있었다.

"앗 쌤! 정말 목책의 흔적이 남아 있네요."

"쌤, 너무 초라해 보여요. 이곳이 당나라 해적을 모두 다 막아 낸 요새이자 국제 해상 무역의 중심지였다는 게 믿어지지 않아요."

"장보고가 귀족들에게 암살된 이후 완도는 폐허가 된 채 아무도 살지 않았으니 초라할 수밖에."

"장보고가 암살되었어요?"

"장보고는 신무왕을 왕위에 오르게 한 공을 내세워 자기 딸을 신무왕에 이어 왕위에 오른 문성왕의 아내로 만들려고 했어. 이 사실을 알아챈 귀족들은 귀족도 아닌 천한 섬사람이 왕의 장인이 되게 할 순 없다고 분노하며 자객을 보내 암살한 거지."

"쌤, 해적을 다 무찔렀던 용맹스런 군인인 장보고가 어떻게 그렇게 쉽게 암살을 당했죠?"

"귀족들이 꾀를 내어 장보고의 옛 부하인 염장을 끌어들였어. 장보고는 염장이 반가운 나머지 함께 술을 먹다 취해 쉽게 피살당한 거야. 장보고의 죽음과 함께 그가 주도한 해상 무역도 시들해졌지."

아이들은 장보고의 갑작스런 죽음이 허무하고 안타까워 말을 잇지 못했다.

  은지의 한국사 노트

✤ 통일 신라 초기의 불교는 왕과 귀족들의 종교였으나 나중에 대중에 널리 퍼졌다. ☐☐ 대사는 '누구나 나무아미타불을 외우면 극락에 갈 수 있다'는 말을 하며 일반 백성들에게까지 불교를 퍼뜨린 것이다.

원효

✤ 통일 신라의 대표적인 불교 문화재로 ☐☐☐와 ☐☐☐이 있는데 유네스코는 이 두 문화재의 아름다움을 인정하고 ☐☐ ☐☐☐☐으로 등재하였다. ☐☐☐에서 ☐☐ 은 부처님의 나라라는 뜻을 지닌 사원으로 불교의 이상 세계를 표현했다. ☐☐☐은 돌로 쌓아 만든 인공 석굴로 된 사원이며 본존불을 모신 주실과 기도를 드리는 부실로 이루어져 있다.

불국사, 석굴암, 세계 문화유산, 불국사, 석굴암

✤ ☐☐☐는 당나라로 건너가 군인이 되었다가 완도로 돌아와 ☐☐☐을 설치해 해적을 소탕했다. 또한 당, 일본 등과의 무역으로 해상권을 장악했다.

장보고, 청해진

✤ 신라의 신분 제도인 ☐☐☐에 대해 사람들의 불만이 많았는데, 특히 ☐☐☐의 불만이 심했다. 아무리 능력이 뛰어나도 높은 관직에 오를 수 없었기 때문이다. 따라서 이들은 높은 관직은 포기하고 승려나 학자가 되어 새로운 세상을 꿈꾸는 사람이 많았다.

골품제, 6두품

고구려의 영토를 되찾은 해동성국 발해

당나라는 고구려를 멸망시키고 그 땅에 안동도호부를 세워 고구려인을 지배하려 했어. 그러나 당나라에 무너진 고구려 성은 원래 있던 고구려 성의 절반도 안 되었어. 나머지는 여전히 고구려인들이 지켜 나갔지. 또 누구의 지배도 받아들이지 않는 굳건한 고구려인의 저항으로 안동도호부는 별 역할을 하지 못했어. 고구려 장군 출신 대조영은 그런 고구려인들의 힘을 모아 나라를 세웠지. 그 나라가 바로 발해야. 발해는 나라를 세운 지 얼마 지나지 않아 고구려의 옛 영토를 모두 되찾고 한 걸음 더 나가 고구려 옛 땅의 두 배가 넘게 영토를 넓혔어. 또 사방으로 교역의 길을 열어 부강한 나라를 만들었지. 신라가 가야와 고구려, 백제를 무너뜨리고 통일을 이루었다고 해서 통일 신라만이 우리 민족의 역사로 생각한다면, 한반도 북쪽 지방에서 만주 벌판을 모두 차지하고 해동성국으로 불린 또 다른 우리 민족의 역사를 버리는 것과 같아. 이제는 다른 나라의 땅이 되었지만 그 역사마저 다른 나라에

빼앗기면 안 되겠지. 고구려를 자랑스러운 역사로 기억한다면 발해 역시 그렇게 마음에 새겨야 해. 그래야 우리 역사를 한반도 중남부에 찌그러져 있는 작은 나라로 깎아내리려는 다른 나라들의 음모를 깨뜨릴 수 있어. 차가운 만주 벌판의 바람을 가르며 말을 달리던 우리 민족의 조상들을 만나러 발해로 떠나 보자.

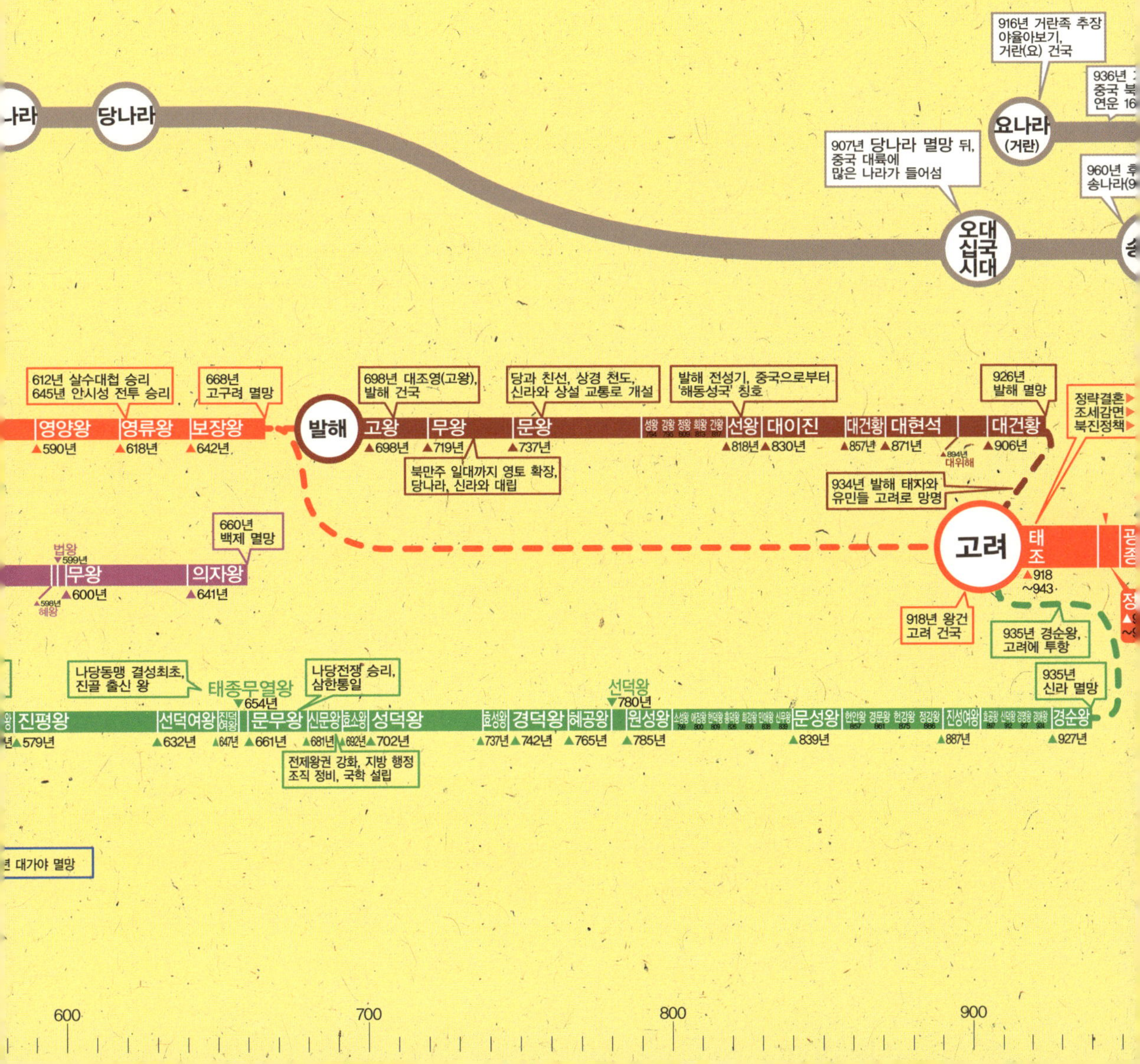

- 916년 거란족 추장 야율아보기, 거란(요) 건국
- 936년 중국 북연운 16
- 907년 당나라 멸망 뒤, 중국 대륙에 많은 나라가 들어섬
- 960년 후 송나라(9

당나라 / 오대십국시대 / 요나라(거란)

- 612년 살수대첩 승리
- 645년 안시성 전투 승리
- 668년 고구려 멸망
- 698년 대조영(고왕), 발해 건국
- 당과 친선, 상경 천도, 신라와 상설 교통로 개설
- 발해 전성기, 중국으로부터 '해동성국' 칭호
- 926년 발해 멸망
- 정략결혼 조세감면 북진정책

영양왕 590년 / 영류왕 618년 / 보장왕 642년 / 발해 / 고왕 ▲698년 / 무왕 ▲719년 / 문왕 ▲737년 / 성왕 강왕 정왕 희왕 간왕 / 선왕 ▲818년 / 대이진 ▲830년 / 대건황 ▲857년 / 대현석 ▲871년 / 대건황 ▲894년 대위해 ▲906년

- 북만주 일대까지 영토 확장, 당나라, 신라와 대립
- 934년 발해 태자와 유민을 고려로 망명

- 660년 백제 멸망

법왕 599년 / 무왕 ▲600년 / 의자왕 ▲641년
▲598년 혜왕

고려 / 태조 ▲918~943 / 공

- 918년 왕건 고려 건국
- 935년 경순왕, 고려에 투항
- 935년 신라 멸망

- 나당동맹 결성최초, 진골 출신 왕
- 태종무열왕 654년
- 나당전쟁 승리, 삼국통일
- 선덕왕 780년

진평왕 579년 / 선덕여왕 632년 / 진덕여왕 647년 / 문무왕 661년 / 신문왕 681년 / 효소왕 692년 / 성덕왕 702년 / 효성왕 경덕왕 737년 / 혜공왕 742년 / 선덕왕 / 원성왕 785년 / 소성왕 애장왕 헌덕왕 흥덕왕 희강왕 민애왕 신무왕 / 문성왕 839년 / 헌안왕 경문왕 헌강왕 정강왕 / 진성여왕 887년 / 효공왕 신덕왕 경명왕 경애왕 / 경순왕 927년

- 전제왕권 강화, 지방 행정 조직 정비, 국학 설립

대가야 멸망

600 / 700 / 800 / 900

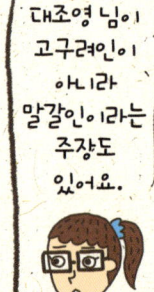

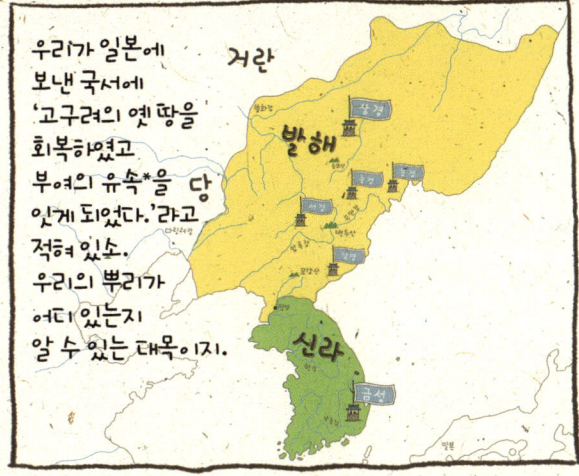

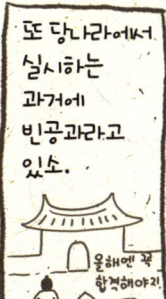

발해의 건국으로 남북국 시대가 열리다

"야호! 여기 내 자리!"

마토가 빡쌤 옆자리를 차지하고는 기뻐서 소리를 질렀다.

"헉헉, 아빠 심부름만 다녀오지 않았어도 저긴 내 자리인데 아깝다."

꿈틀 안으로 두 번째로 들어온 시루가 아쉬워하며 말했다. 다른 아이들도 이어서 들어오고 빡쌤도 뒤를 이어 들어왔다.

"오호! 마토 제법인걸. 달리기 실력이 늘었나 보네."

마토가 자신의 옆자리에 앉은 걸 보면서 빡쌤이 말했다.

"제가 아빠 심부름 다녀오는 사이에 마토가 먼저 온 거예요. 마토의 달리기 실력이 늘어서가 아니라고요."

"으응, 그랬구나. 사연이야 어찌됐든 마토에게 축하해 줘야겠는걸."

"쌤, 감사해요."

마토는 세상을 다 얻은 듯 흐뭇한 표정을 지어 보였다.

"오늘은 발해를 공부할 거야."

"쌤, 통일 신라와 함께 발해를 배우는 이유는 뭐죠?"

"삼국을 통일한 뒤 신라의 영토는 대동강 남쪽에 그쳤어. 옛 고구려 땅에는 발도 못 들였지. 나라를 잃은 대부분의 고구려 사람들은 당나라로 강제로 끌려가서 살게 되었어. 발해는 당나라에 끌려갔던 고구려 사람들이 세운 나라야. 통일 신라와 발해는 남북으로 자리 잡게 되었는데, 이때를 남북국시대라 불러."

"쌤, 그러면 통일 신라 시대라고 부르면 안 되고 남북국 시대라고 불러야 하겠네요?"

고구려의 영토를 회복한 해동성국 발해

동모산 전경
대조영은 지금의 중국 지린 성 동모산 기슭에 진나라를 건국했고, 나중에 나라 이름을 발해로 바꿨어. 고구려가 멸망한 지 불과 30년 만에 고구려를 계승한 나라가 세워진 거지.

"그렇지. 통일 신라 시대라고 부른다면, 신라 북쪽에 고구려 사람들이 세운 발해가 있었다는 사실을 무시해 버리는 거니까."

"쌤, 그럼 발해는 어떻게 건국되었어요?"

"당나라로 끌려간 고구려인 중에 대조영이라는 사람이 있었어. 대조영은 당나라 요서 지방 영주에 살고 있었는데 당시 영주 땅은 강제 이민자의 땅으로 거란족, 말갈족, 고구려 유민 등이 모여 살고 있었지. 그중 거란족이 반란을 일으켰어. 그 틈을 타 대조영과 그의 아버지 걸걸중상은 고구려 유민과 말갈족을 이끌고 영주를 탈출해 동쪽으로 이동했어. 요동 지방에 이르렀을 때 뒤쫓아 온 당나라 군사들에게 아버지를 잃었지만 대조영은 무리를 이끌고

천문령에서 당나라 군사를 무찌르고 계속 동쪽으로 향했지. 그러다가 발길을 멈춘 곳은 동모산이었어. 698년, 대조영은 이곳에서 새 나라를 세웠는데 나라 이름을 '진'이라고 했어. '발해'라고 부른 건 당나라가 대조영을 '발해군왕'이라고 부르면서부터야."

"쌤, 동모산이 어디예요?"

"여기를 봐! 동모산은 현재 중국 길림성 돈화현에 위치한 곳으로 옛 고구려 땅이야. 그러니까 발해는 고구려 사람이 고구려 옛 땅을 찾아와 세운 나라라고 할 수 있지."

빡쌤이 태블릿 컴퓨터로 동모산의 현재 사진을 보여 주며 말했다.

고구려 옛 땅을 회복하고 해동성국을 이루다

"쌤, 그럼 고구려와 발해는 이름만 다를 뿐 같은 나라인가요?"

"그렇진 않고 발해는 고구려 옛 땅을 회복하고 계승하여 발전한 나라라고나 할까? 특히 유적을 보면 알 수 있지. 온돌은 우리 고유의 난방 방식인데, 상경성의 궁궐터에서 나온 온돌이 고구려 유적지에서도 발견되었어. 그리고 무덤, 수막새, 부처상, 돌사자상 등의 유물도 고구려와 비슷한 점이 많아. 발해가 일본에 보내는 외교 문서에도 스스로를 고구려라 칭하고 있는데, 이걸로 미루어 보아 발해는 고구려를 계승하여 세운 나라임을 알 수 있지."

"그럼 고구려 옛 땅은 발해가 모두 되찾았나요?"

"대조영을 이은 무왕은 고구려의 광개토 대왕, 장수왕 같은 정복 왕으로 옛 고구려 땅을 대부분 되찾았어. 선왕 때 이르러서는 발해 건국 이후 가장 넓은

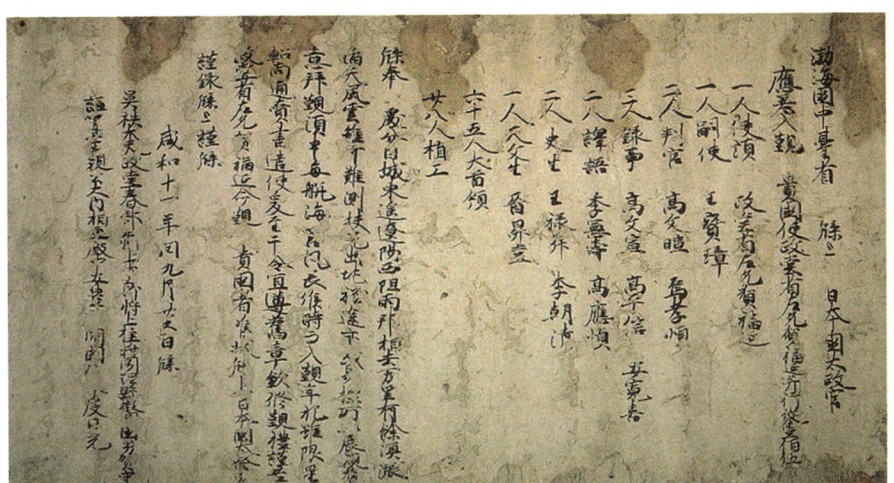

발해가 일본에 보낸 외교 문서
이 외교 문서에 발해는 스스로 고구려라고 말하고 발해의 왕을 고구려 국왕이라고 표현하고 있어. 이는 발해가 고구려를 계승했다는 증거가 되지.

고구려의 온돌(위)과 발해의 온돌(아래)
온돌은 중국에는 없는 우리나라만의 독특한 난방 방식이야. 발굴된 발해의 온돌 유적이 고구려 양식과 유사해 문화적으로 고구려를 계승했다는 사실을 알 수 있어.

고구려 수막새(왼쪽)와 발해 수막새(오른쪽)
수막새는 기와지붕 끝에 붙이는 장식을 말해. 그런데 고구려 수막새와 발해 수막새의 문양이 아주 비슷하다는 것을 알 수 있어.

땅을 차지했는데 옛 고구려 땅보다 더 넓었지. 당나라가 나중에 해동성국이라고 부를 정도로 발해는 막강한 나라가 되었어."

"해동성국이 무슨 뜻이죠?"

" '바다 동쪽에 위치한 성대하게 발전한 나라' 라는 뜻이야."

"그럼 고구려를 무너뜨린 당나라나 신라와는 사이가 안 좋았겠네요?"

"무왕은 일본과 가까이 하면서 당나라와 대립했어. 신라가 크게 성장한 발해에 부담감을 느끼며 당나라 쪽으로 가까워지자 발해는 신라와 서로 좋은 관계를 맺지는 않았지. 반면, 무왕의 뒤를 이은 문왕은 나라의 안정을 위해 당나라와의 싸움을 멈추고 친한 관계를 유지했지. 그러면서 당나라의 문화를 받아들여 고구려 문화와 함께 발해만의 문화를 발전시켰어. 여기서 그치지 않고 주변 여러 나라들과 교류하며 문화의 꽃을 활짝 피웠단다. 뿐만 아니라 관계가 좋지 않은 걸로만 알고 있던 신라와도 동해안을 따라 교류의 길을 열어 두었어. 이 길을 통해 사신과 상인 들이 왕래했단다. 여길 보렴."

발해 상경 성터
발해는 수도를 여러 번 옮긴 뒤에 마지막으로 상경에 자리를 잡았어. 상경성은 가로로 여섯 개의 길, 세로로 세 개의 길을 만들어 바둑판식으로 건축했지.

빡쌤은 손수 그려 온 발해 교역로가 그려진 지도를 펴들면서 말했다.

"발해는 이웃 나라들과 교류도 활발하게 했어. 이 지도를 보렴."

"오, 쌤이 직접 그리셨어요? 색깔이 예쁜데요?"

빡쌤은 아이들의 반응이 싫지 않은 듯 씩 웃으며 말했다.

"여길 봐. 수도인 상경을 중심으로 여섯 개의 길이 만들어져 있지?"

"쌤, 발해의 수도는 동모산이잖아요."

"맞아. 하지만 발해는 신라의 경주처럼 처음 수도가 마지막까지 가지는 않았어. 수도를 여러 번 옮긴 뒤 마지막으로 상경에 터를 잡았지."

"그럼 상경도 경주처럼 국제적인 도시였나요?"

정효공주 무덤에 그려진 벽화
발해 문왕의 딸 정효공주 무덤에서는 벽화가 발굴되었어. 당시 발해 사람들의 옷차림과 생활상을 엿볼 수 있는 귀중한 자료야.

"상경을 중심으로 길이 사방으로 뻗어 나가 상경이 교통의 중심지 역할을 한 거야. 사방으로 뻗어 나간 여러 길을 통해 국제 무역으로 주고받은 물품들이 상경으로 모여들었을 거야."

고구려를 계승하고 당나라, 말갈 문화를 더하다

"얘들아, 여기 정효공주 무덤 벽화를 보렴."
빡쌤은 정효공주 무덤 벽화를 태블릿 컴퓨터 화면으로 보여 주었다.

발해 돌사자
정혜공주 무덤에서 출토된 돌사자상이야. 매우 힘차고 생동감 있어 고구려의 강한 기상이 느껴지는 듯해.

"쌤, 정효공주가 누구길래 무덤 안에 음악을 연주하는 악사와 무사들을 세워 놓았어요?"

"정효공주는 문왕의 넷째 딸이야. 눈에 넣어도 아프지 않을 예쁜 딸이 먼저 죽었으니 죽은 뒤에도 행복하라고 정성스레 벽화를 그려 넣었겠지. 정효공주의 무덤 내부는 벽돌을 쌓아 만들었고 천장은 긴 돌을 엇갈려 계단 모양으로 쌓았어. 무덤 내부는 당나라 문화를 받아들인 것이고 천장은 고구려 문화를 받아들인 것이야."

"한 무덤 안에 두 나라 문화가 섞여 있네요. 쌤, 이런 사례가 또 있어요?"

"발해 수도 상경성은 당나라 수도 장안성을 본떠 만들었지만 상경성 터에서 발견된 온돌은

문자가 새겨진 발해 기와
발해의 기와에는 독특한 문자 무늬가 새겨져 있어. 이것은 발해에서만 발굴되는 고유한 양식의 유물이야.

고구려의 것과 같아."

"쌤, 발해 고유의 문화를 엿볼 수 있는 유물도 있나요?"

"있지. 발해의 기와에는 독특한 문자 무늬가 있어. 이 문자 무늬 기와는 발해에서만 출토되는 고유한 유물이야."

"발해는 고구려 사람과 말갈족이 함께 살았으니 말갈 문화도 발견되었겠네요?"

"땅을 파서 관 없이 시신을 직접 묻는 움무덤이 발견되었지."

"아, 정말 다양한 문화가 섞여 있었군요."

"그래. 정리해 보면, 발해는 고구려를 계승하여 세운 나라인 만큼 고구려 문화를 바탕으로 삼았어. 발해 고유의 문화에 말갈 문화도 받아들이고 당나라 문화까지 더해 여러 나라의 문화가 섞인 독특한 문화를 이루었지."

발해 사람들이 사용한 토기들
발해 유적에서 다양한 토기들이 발굴되었어. 이 토기들을 통해 발해 사람들은 어떤 모습으로 생활했을지 짐작해 볼 수 있지.

발해 사람들은 어떻게 살았을까?

"발해 사람들은 무엇을 먹고 살았을까? 발해 성터에서는 불에 탄 잡곡의 낟알이 많이 발굴되었어. 이것으로 발해 사람들이 쌀보다는 잡곡을 주로 먹고 살았다는 사실을 알 수 있지. 실제로 발해는 추운 곳에 위치해 있어 논농사를 짓기에 적합하지 않았어. 그래서 콩, 보리, 메밀, 수수 등 다양한 작물을 심어 밭농사를 많이 지은 거야. 각종 농기구와 저장 창고도 발견되었단다. 잡곡 외에 해산물도 먹었지. 음식을 담을 때 구름 모양의 자배기 등 다양한 형태의 그릇을 사용했어. 그리고 가축을 길러 단백질 공급원으로 삼았지.

발해 사람들은 어떤 집에서 살았을까? 귀족은 화려하게 장식한 기와로 지붕을 얹은 집에서 살았고 평민은 땅 위나 반지하로 집을 짓고 살았어.

옷은 어떻게 입었을까? 귀족은 고구려와 당 문화의 영향을 받은 옷을 입었어. 여자들은 머리에 비녀와 빗을 꽂아 장식하고 장신구로 몸을 꾸몄지. 정효 공주 무덤 벽화에 나오는 무사와 악사들은 남장을 한 여자인데 당시 남장을 하는 것이 유행했던 것 같아.

발해 사람도 신라 사람처럼 불교를 믿었어. 함화 4년 명 비상, 이불병좌상, 불교를 상징하는 꽃을 새겨 넣은 연꽃무늬 기와와 벽돌, 발해 석등 등을 통해 발해의 불교문화를 엿볼 수 있지.

발해 이불병좌상
이불병좌상이라는 건 두 명의 부처가 함께 앉아 있는 불상이라는 뜻이야. 이것도 고구려의 영향을 받은 불상 양식이야.

발해가 멸망하면서 만주 땅을 잃다

"전성기에 해동성국이라는 말을 들을 정도로 번영을 누렸던 발해는 926년에 갑자기 멸망했어."

"갑자기 왜요?"

"당나라가 멸망하자 이때다 싶었는지 거란이 그동안 키운 힘을 밖으로 확 뻗치기 시작한 거야. 숨겨 왔던 발톱을 드러낸 야수처럼 발해를 공격해 순식간에 멸망시킨 거지."

"쌤, 막강한 발해를 그것도 순식간에 멸망시킬 정도면 힘이 엄청나게 강했겠네요?"

"꼭 그렇지만도 않아. 거란 사람이 쓴 역사책을 살펴보면 거란이 발해와 싸우지도 않고 이겼다고 적혀 있거든."

"싸우지도 않고 이겼다면 설마 고구려가 멸망했을 때처럼요?"

시루가 안타까움에 말을 잇지 못하자 빡쌤이 시루의 말을 탁구공처럼 곧바로 받아 말했다.

"그래. 연개소문의 아들 남건과 남생이 최고 권력자 자리를 두고 싸웠던 것처럼, 발해 사람들도 권력에 눈이 멀어 서로 싸웠지. 결국 수도였던 상경성은 종이로 만든 성보다 쉽게 무너졌어."

"쌤, 혹시 발해 사람 중 말갈족이 왕이 되려고 치고 올라와 서로 다툰 게 아니었을까요?"

발해 석등
상경의 절터에 남아 있는 발해의 석등이야. 높이가 무려 6미터가 넘고 연꽃무늬가 새겨져 있어. 발해 석등에는 고구려 미술 특유의 강건함과 웅장함이 드러난단다.

은지가 자못 진지한 표정으로 말했다.

"적은 수의 고구려 사람이 많은 수의 말갈족을 다스렸으니 말갈족의 불만이 많았을 테고 그랬다면 어쩌면 은지의 말처럼 됐을지도 모르지. 하지만 그런 기록은 남아 있지 않으니 추측으로 그쳐야 하겠지?"

"쌤, 그럼 발해의 영토와 나라를 잃은 발해 사람들은 어떻게 되었어요?"

"발해의 영토인 만주 땅은 발해의 멸망과 함께 더 이상 우리나라 영토에 포함되지 않았어. 많은 발해 유민들은 고려로 갔지. 발해 사람이 곧 고구려 사람이니 고구려의 뒤를 이은 고려로 가는 게 당연한 일이었을 거야."

"고구려나 발해의 역사도 만주 벌판에서 먼지처럼 사라진 게 아니라 같은 한민족의 나라인 고려로 이어진 셈이군요."

"그렇지. 고조선에서 삼국으로, 남북국으로, 고려로, 조선으로 그리고 지금의 우리로 이어지고 있지."

"쌤, 발해의 영토를 잃어버렸어도 발해의 역사는 우리 역사 맞는 거죠?"

"당연하지. 동북공정이라고 해서 지금의 중국 국경 안에서 일어난 역사는 고조선이든 고구려든 발해든 몽땅 자기들 역사라고 우기는 중국을 제대로 비판할 수 있으려면 역사 공부를 열심히 해야겠지?"

✿ ☐☐☐이 동모산에서 발해를 세우자 북쪽에는 발해, 남쪽에는 신라가 자리 잡은 ☐☐ ☐☐가 열렸다.
대조영, 남북국 시대

✿ 발해의 주민은 소수의 ☐☐☐인 지배층과 다수의 ☐☐인 피지배층으로 구성되었다.
고구려, 말갈

✿ 발해는 ☐☐ 때 옛 고구려의 대부분을 차지하고 나중에 ☐☐☐☐이라 불릴 정도로 전성기를 맞이했다.
선왕, 해동성국

✿ 발해의 불상, 무덤, 온돌, 석등은 ☐☐☐ 양식과 비슷하고 일본에 보내는 외교 문서에 발해의 왕을 ☐☐☐왕이라 칭한 것으로 보아 발해가 ☐☐☐를 계승한 나라라는 의식을 가지고 있었음을 알 수 있다.
고구려, 고구려, 고구려

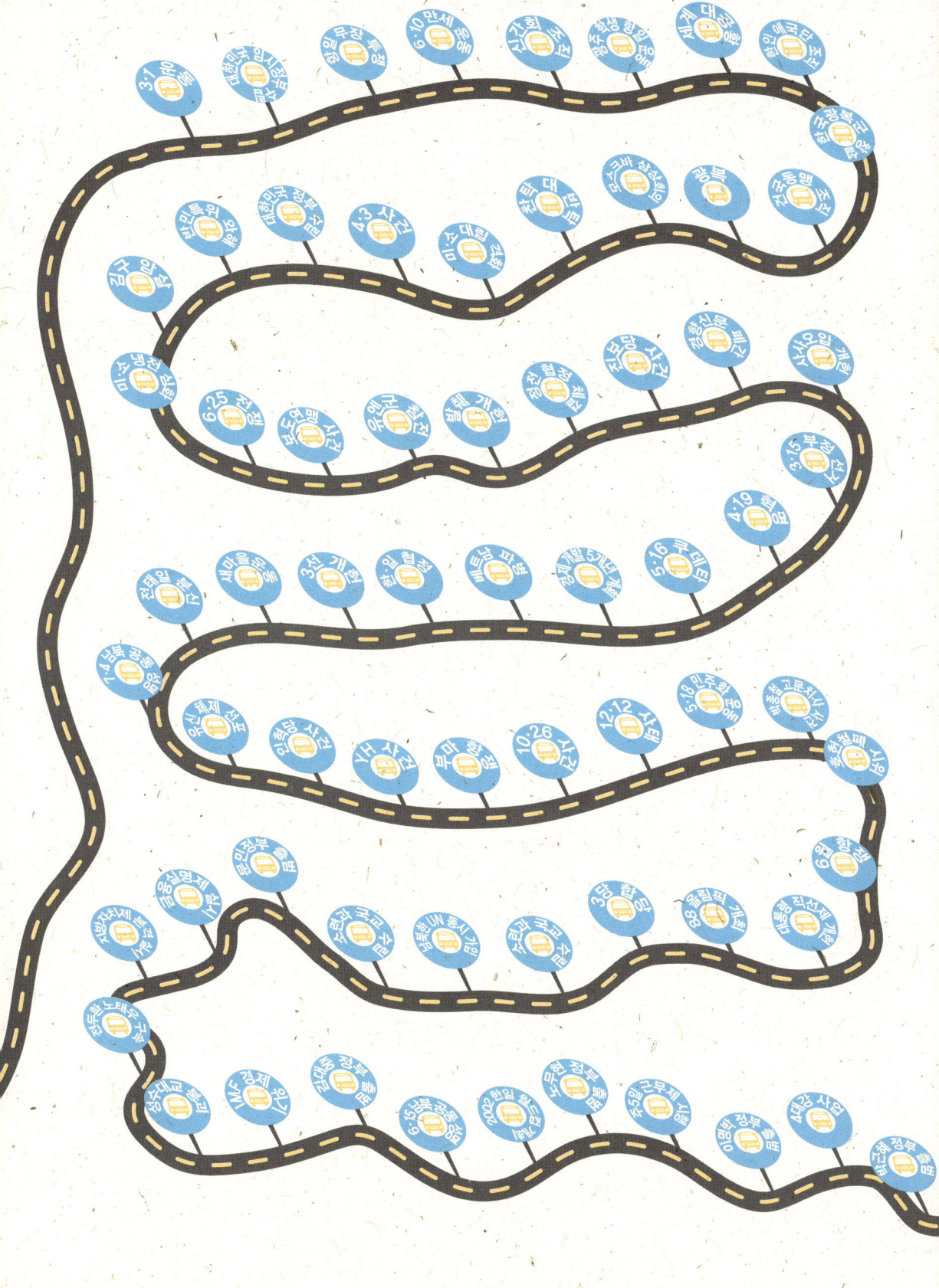

꿈틀에 들어온 빡쌤은 깜짝 놀랐다. 다른 때 같으면 소리를 지르며 꿈틀 안을 내달렸을 아이들이 앉은뱅이 탁자에 가만히 둘러앉아 있었기 때문이다.

"무슨 얘기를 그렇게 열심히 하니?"

빡쌤의 물음에 파래가 후끈 달아오른 토론 때문에 붉어진 얼굴로 말했다.

"통일에 대한 얘기요."

"통일?"

빡쌤은 파래의 말에 감동하고 말았다.

"이 녀석들, 내 가르침이 헛되지 않았구나!"

아이들은 눈물까지 글썽이는 빡쌤의 얼굴을 보며 고개를 갸웃거렸다.

"선생님, 왜 그러세요? 뭐 잘못 드셨어요?"

"기특해서 그렇지. 훌쩍. 너희가 기특해서."

"우리가 왜 기특해요?"

"말썽만 부리는 철부지인 줄만 알았는데, 우리 민족의 통일을 걱정하다니. 역사 공부가 헛되지 않았어. 암, 지나간 과거에서 교훈을 찾아 현재를 정확히 보고 미래를 고민하는 것이야말로 진정한 역사 공부지."

빡쌤은 감동 어린 얼굴로 아이들의 얼굴을 하나하나 바라보았다.

"도대체 무슨 말씀을 하시는 건지……?"

아이들은 '이 선생님이 뭔가 단단히 착각했구나.' 하는 표정으로 고개를 절레절레 흔들었다.

"너희들, 지난번 신라의 삼국 통일을 되새기며 남북한 통일에 관해 얘기하

던 거 아니었어?"

"아닌데요."

"통일이라며?"

"오늘 오후 간식 때 먹을 음식을 통일하려는 거였어요."

마토가 출출한지 배를 쓰다듬으며 말했다.

"아까 꿈셰프가 우리에게 오늘 간식으로 먹고 싶은 거 말하라고 하셨어요. 그런데 우리가 제각각 다른 걸 말하니까 한 가지로 통일하라고 하셨어요."

은지가 이전 상황을 간단히 정리해서 말했다.

빡쌤은 얼굴이 확 달아올랐다. 통일이라는 단어 하나에 눈물까지 흘리며 '오버' 했으니 쥐구멍이라도 들어가고 싶은 심정이었다.

'그럼 그렇지. 내가 이 녀석들을 너무 긍정적으로 보았어.'

빡쌤은 부끄러운 마음을 애써 감추려 재빨리 눈물 자국을 소매로 닦았다. 그리고는 아무렇지도 않은 듯이 활짝 웃으며 설레발을 쳤다.

"어머나, 그래? 오늘 메뉴가 뭔데? 아우, 나도 배고프다. 나도 가르쳐 주라, 얘들아."

빡쌤의 간드러진 말투에 아이들은 소름이 돋는지 연신 팔을 문질렀다.

"쌤, 그만하세요. 간식 못 먹게 만드실 참이에요?"

"다섯 명이 다섯 가지 음식을 말했다가 지금 최종적으로 두 가지를 놓고 하나만 정하려 하고 있어요. 마토와 파래는 라면, 저와 시루와 마리는 떡볶이."

이번에도 은지가 상황을 간략히 보고했다.

"마리는 아직 아니지."

라면을 먹고 싶은 파래와 마토가 펄쩍 뛰었다.

"마리는 아직 결정을 못 했니?"

빡쌤은 오늘 간식이 궁금해 아이들의 메뉴 전쟁에 슬쩍 발을 들여놓았다. 자기도 조금 출출하던 참이었다.

"전 어묵을 먹고 싶은데. 어묵 먹고 싶은 사람은 저 혼자라서……."

마리가 말끝을 흐리자 시루가 득달같이 달려들었다.

"그래서 떡볶이 먹기로 했잖아? 떡볶이에 어묵 듬뿍 넣어서 말이야."

파래도 가만있지 않았다.

"마리가 결정한 건 아니잖아. 너희 둘이 여자끼리 뭉치자며 마리를 끌어들인 거지."

마토 역시 공격에 나섰다.

"맞아. 라면에 어묵 넣어 끓이면 얼마나 맛있는데. 그리고 어묵 하면 국물 아니냐? 떡볶이에 어묵을 넣으면 국물은 포기해야 하는 거라고. 너 분식집에서 어묵 먹을 때 국물 안 먹는 바보짓을 하는 건 아니지?"

마리는 '바보짓'이란 말에 발끈했다.

"어묵 먹을 때 국물 안 먹는 사람이 어디 있어?"

마토가 회심의 표정을 지으며 마리를 자기네 쪽으로 끌어들였다.

"거봐, 우리 어묵 라면 맛있게 먹자. 나중엔 국물에 밥도 말아 먹고."

마리가 라면 패거리 쪽으로 쏠리자 시루가 재빨리 마토와 마리 사이를 가로막았다.

"마리 너 학교 수업 끝나고 분식점 갈 때 쟤네랑 갈래 우리랑 갈래? 너 국물 하나 때문에 분식 패밀리를 배신할 거야?"

라면파와 떡볶이파는 각각 마리의 왼팔과 오른팔을 붙잡고 자기 쪽으로 끌었다. 마리는 중간에서 어느 쪽도 고르지 못하고 괴로운 표정만 지었다. 빡쌤

이 나서지 않으면 안 될 상황이었다.

"그만!"

빡쌤은 우선 마리의 팔을 두 패거리에게서 떼어 놓았다.

"너희들 자꾸 이러면 실망한다. 역사 공부하면서 자기들 욕심만 채우려 싸우다가 어떻게 되는지 배우지 못했어?"

그제야 아이들은 조금 진정되었다.

"그럼 자기가 먹고 싶은 걸 포기하고 다른 사람이 먹고 싶은 걸 억지로 먹어야 해요?"

파래가 분이 안 풀리는지 시루를 흘끔거리며 투덜거렸다.

"왜 메뉴를 딱 정해 놓고 그것만 생각해?"

"그럼 어떻게 해요?"

"이야기를 해서 모두에게 좋은 걸 찾아야지."

"아까부터 계속 얘기했어요. 쟤네가 자기주장만 해서 그렇지."

시루가 손을 허리에 얹고 파래와 마토를 흘겨보았다.

"너희야말로 너희 주장만 했으면서 뭐!"

평소엔 순둥이인 마토지만 먹는 문제에서는 물러서고 싶지 않았다.

"잘 생각해 봐. 너희는 이미 모두 만족할 방법을 찾아가고 있어."

"저희가요?"

아이들은 믿을 수 없다는 표정을 지었다.

"어묵을 먹고 싶다는 마리에게 어떤 제안을 했지?"

"떡볶이에 어묵을 넣어 먹자고요."

"저희는 어묵 라면을 먹자고 했어요."

"그럼 마리는 친구들이 말한 게 어땠어?"

"둘 다 맛있을 거 같았어요. 하지만 둘 중 하나를 고르기는 힘들었어요."

"봐. 너희 다섯이 제각각 다른 음식을 원했다가 라면, 떡볶이, 어묵 이렇게 세 가지로 의견 차이를 좁혔지. 또 다시 어묵 떡볶이, 어묵 라면 두 가지로 좁혔고 말이야. 이 과정에서 너희는 맛이 아니라 오직 마리를 끌어들이기 위한 목적으로 떡볶이와 라면에 어묵을 넣겠다고 한 건 아닐 거야."

"당연하죠. 자기가 먹고 싶은 걸 먹으려고 맛없는 방법을 찾는 사람은 없어요. 어묵에 떡볶이 국물이 배면 정말 맛있거든요."

"어묵에서 우러나온 생선 맛이 라면 국물을 더욱 맛있게 만들어 줘요. 면발과 함께 어묵을 먹는 재미도 쏠쏠하고요."

"그것 봐. 생각하고 이야기하니까 뭔가 새로운 아이디어가 떠오르잖아."

"하지만 라면에 고추장을 풀어 먹을 순 없잖아요?"

"떡을 라면 수프에 버무려 먹는 건 생각만 해도 끔찍해."

"그건 라면은 이래야 하고 떡볶이는 이래야 해라고, 생각을 정해 놓으니까 그렇지. 고정된 생각을 버려 봐. 라면과 떡볶이가 맛있게 하나가 될 방법이 없을까?"

그때 마토가 뭔가 떠올랐는지 감격에 겨워 울부짖었다.

"오오오오!"

놀란 아이들이 일제히 마토를 쳐다보았다.

"왜 그래?"

마토는 괴성을 멈추고 고개를 푹 숙였다. 꿈틀 안이 조용해졌다. 잠시 뒤 마토가 고개를 천천히 들더니 낮지만 진지한 목소리로 말했다.

"라볶이."

마토의 말에 아이들은 서로를 번갈아 쳐다보았다. 각자 생각하던 음식들이

마토의 말 한마디에 하나의 음식으로 통일되었다. 어묵, 라면, 떡볶이가 가진 고유한 맛을 잃지 않으면서도 그 모든 것의 맛을 한 단계 다른 차원으로 높이는 음식이었다.

오, 라볶이!

아이들은 통일된 음식의 맛을 떠올리며 감동의 혓바닥을 날름거렸다.

"통일했니?"

주방에서 나온 꿈셰프의 질문에 아이들은 한목소리로 외쳤다.

"라볶이 해 주세요!"

아이들은 주방에서 달그락거리는 소리를 행복하게 들으며 탁자에 둘러앉았다.

"오늘은 우리 역사에서 어느 나라를 배우기로 했지?"

"고려요."

"그래. 그런데 그 전에 다시 통일 이야기를 시작해야겠구나."

"라볶이로 통일했는데 또 무슨 통일을 해요?"

"신라 왕조가 고려 왕조로 바뀌기 전에 신라는 다시 세 나라로 갈라져. 신라, 백제, 고구려로 말이야."

"그럼 다시 삼국 시대가 된 거예요?"

"응. 이때를 이전의 삼국 시대와 구분하여 후삼국 시대라고 불러."

"신라의 통일에 한계가 있다더니 결국 완전한 통일을 이루진 못했나 봐요? 다시 통일 이전으로 갈라진 걸 보면."

은지가 안경을 올려 쓰며 날카로운 질문을 던졌다.

"통일은 되었지만 사람들은 여전히 고구려 사람, 백제 사람으로 살았나 봐

요? 자신들을 신라 사람으로 여기지 않고."

공부에는 통 관심이 없는 파래가 제법 그럴싸한 말을 했다. 아이들은 놀란 눈으로 파래를 보았다. 파래는 브이 자를 그리며 어깨를 으쓱했다.

"신라의 통일은 라면과 떡과 어묵을 그저 섞어 놓았을 뿐 라볶이라는 새로운 음식으로 통일되지 못한 것이군요?"

머리에 온통 라볶이 생각만 가득한 마토도 한마디 했다.

"하하하, 좀 엉뚱하긴 하지만 크게 틀린 말도 아니구나. 다들 아주 훌륭하게 추리했어. 그럼 고려가 세워지기 전 후삼국 시대에는 어떤 일들이 벌어졌는지 한번 이야기해 볼까?"

"네!"

다시 삼국 시대가 시작되다

통일 신라 말, 사치와 향락을 위해 귀족들은 백성들을 쥐어짰어. 고통받는 백성들의 신음 소리가 온 나라에 가득했지. 나라가 어지러워지자 지방에서 힘을 갖고 있던 사람들이 저마다 자기가 어지러운 세상을 바로잡고 신라를 갈아엎겠다고 나섰어.

그 가운데 두드러진 힘을 가진 사람이 둘 있었는데 하나는 궁예였고 하나는 견훤이었지. 권력 싸움의 희생자가 된 신라의 왕자 출신 궁예는 세상을 바꾸겠다는 뜻을 같이하는 사람들을 모아 고구려의 뒤를 잇겠다고 나섰어. 한편 신라의 지방 장수였던 견훤은 백제를 다시 세우겠다며 떨쳐 일어났지.

궁예는 고구려의 후예임을 내세우며 나라 이름을 '후고구려'라 했고 견훤은 백제의 후예라며 나라 이름을 '후백제'라고 했어. 이제 한반도는 신라, 후고구려, 후백제 세 나라가 다시 각축을 벌이는 형국이 되었지. 다시 삼국 시대가 된 거야.

이 세 나라 가운데 누가 다른 나라들을 누르고 한반도의 주인이 되었을까? 짧지만 치열하게 대격전이 벌어진 후삼국 시대로 가 보자.

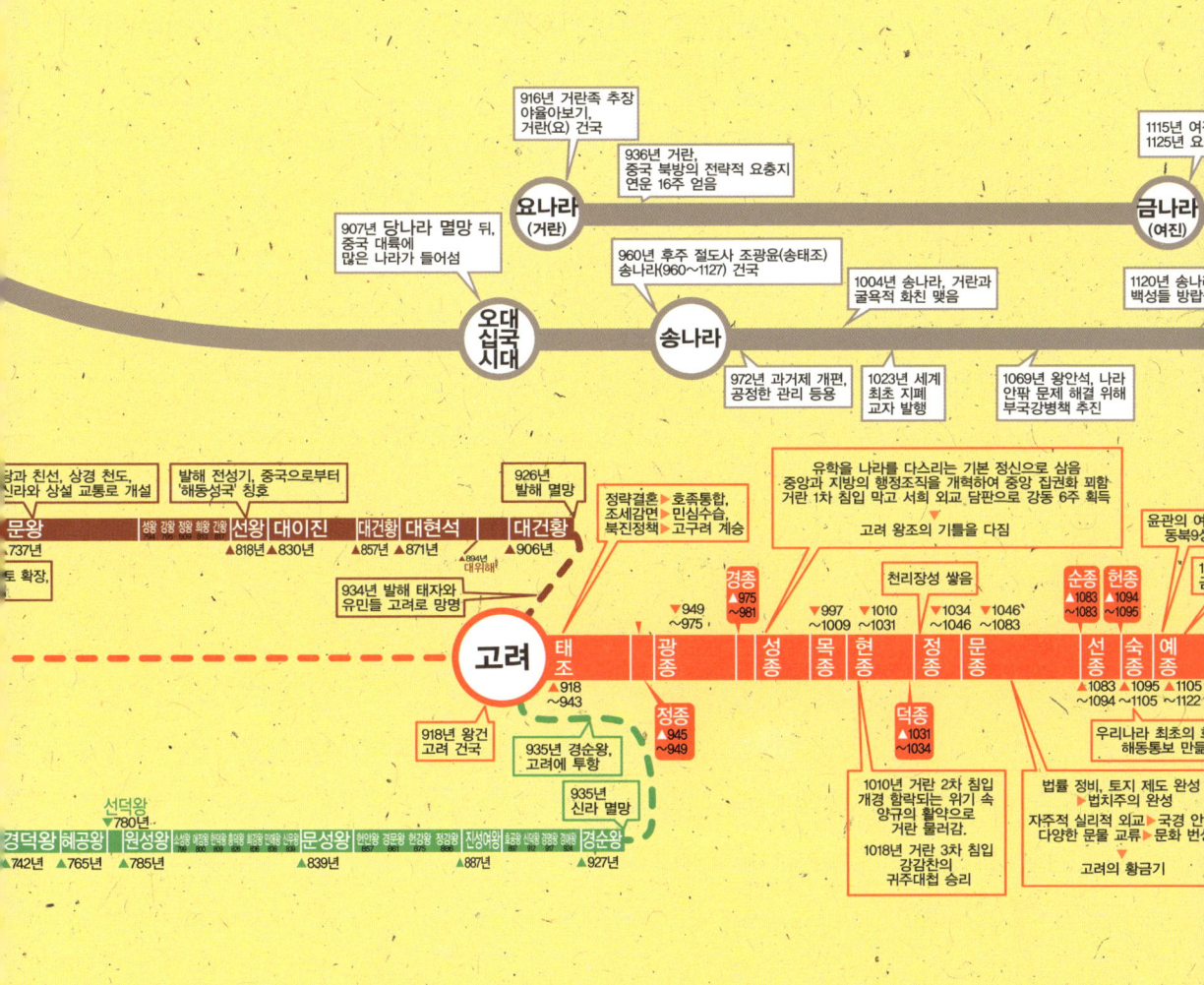

신라, 왕위 다툼으로 나라가 혼란에 빠지다

"파래의 말처럼 통일을 이루었다고는 하지만 백제인과 고구려인 누구도 신라인과 같은 권리를 누리진 못했어. 차별을 받으며 스스로 신라의 백성이길 바라는 백제인과 고구려인은 없었을 거야. 소수의 백제인과 고구려인이 관직에 오르긴 했지만 형편없이 낮은 지위에 만족해야 했지."

"그럼 원래 신라인들의 삶은 나아졌겠죠? 넓어진 영토와 많은 농민이 더 많은 곡식을 거두어들였을 테니 말이에요."

"신라는 골품제라는 아주 폐쇄적인 신분 제도가 지배하는 나라야. 통일이 되었다고는 하지만 소수의 귀족에게만 특권이 집중되었지. 귀족이 아닌 사람들의 삶은 통일 전이나 후나 달라진 게 없었단다."

"그래도 전쟁이 끝나고 평화로운 세상이 되었으니 그것만 해도 살기 좋아진 거 아니에요?"

"다른 나라와의 싸움은 끝났지만 사실 더 고통스러운 전쟁이 신라 안에서 벌어졌어. 그것은 먹고살기 위한 전쟁이었지. 주변으로부터 위협이 사라지자 귀족들은 사치와 향락에 빠져들었어. 기와로 지붕을 올려 집을 짓고 벽을 금으로 입혔어. 또 당나라에서 들여온 비단옷을 입고, 서역의 양탄자를 깔고 살았지. 옛날에는 아주 비싼 유리로 만든 병을 쓰기도 했단다. 할 수 있는 온갖 사치는 다 부린 거지. 거기에 쓰일 비용이 다 어디서 났을까?"

"후유! 뻔하죠, 뭐. 백성들한테서 빼앗았겠죠."

은지가 귀족의 횡포에 고통받는 백성들을 생각하며 한숨을 푹 내쉬었다.

"귀족은 농민의 땅을 빼앗아 드넓은 토지를 차지했어. 땅을 잃은 농민은 귀족의 노비가 되는 것 말고는 살아갈 방법이 없었어. 먹을 것이 없어 귀족에게

노비로 자식을 파는 일까지 벌어졌지. 나라의 모든 백성이 귀족의 노비가 될 지경이었어. 3,000명이나 되는 노비를 소유한 귀족이 있을 정도였으니까."

"아무리 노비라 해도 사람을 소유한다고 말하는 건 좀 듣기 불편해요. 가축도 아니고."

마리가 얼굴을 찌푸리며 말했다.

"당시 노비는 가축보다 나은 게 없었어. 사고팔 뿐만 아니라 굶어 죽지 않을 정도로 아주 적은 끼니를 먹이고, 날마다 죽기 직전까지 일하는 데 부려 먹었어. 또 마음에 안 들면 때리고 죽이기까지 했지."

"으, 끔찍해."

아이들은 귀족들의 잔인함에 치를 떨었다.

"그럼에도 귀족의 집에 스스로 노비로 들어갈 정도라면, 농민으로 산다는 게 지옥보다 더 힘들었다는 거지."

"귀족의 횡포가 그 지경이면 나라에서는 뭔가를 해야 하지 않아요? 세금을 내서 나라의 곳간을 채우고, 나라에서 건축할 때 노동을 하고, 또 전쟁에 나가 싸우는 게 사실 다 농민인데. 그들을 그냥 두고 보면 안 되잖아요."

은지가 분노를 참지 못하고 말했다.

"그렇지. 백성이 나라에서 요구하는 여러 힘든 일을 받아들이는 것은, 자신과 그의 가족의 안전을 나라에서 지켜 준다는 믿음이 있기 때문이지. 그러나 당시 신라의 왕은 그럴 생각이 전혀 없었어. 왕 자리를 차지해 백성의 피땀으로 사치스러운 부귀영화를 누릴 궁리만 했지. 진골 귀족은 왕이 되어 재산과 권력을 더 소유하려고 서로 죽고 죽이며 싸웠어. 왕이 되어도 얼마 안 가 죽임을 당하거나 쫓겨났지. 백성은 안중에도 없었던 거야. 자기 땅에서 농사를 지은 수확물로 세금을 내던 농민들이 몰락하자 나라의 곳간도 비어 갔어."

"그쯤 되면 정신을 차려서 백성을 돌보아야겠다는 생각이 들었을 것 같은데요. 이전에 있던 나라들이 망한 이유가 지배 세력의 분열과 백성의 몰락이란 걸 알 테니까요."

"탐욕에 눈이 멀면 아무것도 보이지 않는 게 인간이야. 신라 정부는 세금을 낼 농민의 수가 줄어 나라 곳간이 비어 가자, 겨우겨우 살아남은 농민들에게 더 많은 세금을 거둬 곳간을 채웠어. 귀족들은 온갖 사치품을 사들이고 사병*을 키울 돈을 만들기 위해 수단과 방법을 가리지 않고 백성의 피땀 어린 수확물을 빼앗았지."

"헐! 미쳤나 봐."

*사병
권세를 가진 개인이 사사로이 길러서 부리는 병사를 말해.

경주 안압지 전경
이 커다란 연못은 신라 문무왕이 만들었어. 신라의 왕들은 이곳에서 귀족들과 온갖 귀한 음식을 차려 놓고 놀고 먹었지. 원래 이름은 월지였는데 신라가 망한 뒤 안압지라고 불렸어. 폐허가 된 연못가에 기러기와 오리들만 떠다니는 걸 보고 붙인 이름이래.

"그때 백성들의 소원이 무엇이었는지 알겠니?"

"배불리 먹는 거요?"

배고픔은 절대 참지 못하는 마토가 말했다.

"아니. 백성들은 자신들의 소망을 담아 이렇게 주문을 외웠어. '나무망국 찰니나제' 이렇게 말이야."

"선생님, 그게 대체 무슨 말이에요? 꼭 외계어 같아요."

파래가 고개를 갸웃거렸다.

"나무 어쩌고 하는 걸 보니, 절에서 하는 '나무아미타불' 그런 건가요?"

시루가 스님처럼 손바닥을 모으고 꾸벅 절을 하자 빡쌤이 엄지를 척 올렸다.

"맞아. 불교에서 스님이나 신도들이 간절한 소망을 담아 읊는 기원의 말이 '나무아미타불 관세음보살'이지. 여기서 '나무'란 말은 보통 기도문의 앞에 나오는 말로 '돌아가서 의지한다'는 것이고, '아미타불'은 신분을 가리지 않고 구원해 주는 부처이고, '관세음보살'은 사람들의 고통을 씻어 주는 어머니 같은 보살이야. 즉, 부처님께 '고통으로부터 구원해 달라'는 소망을 말하는 거지."

"그럼, '나무망국 찰니나제'도 그런 구원에 대한 소망인가요?"

"아니, 그건 희망이 아니라 저주의 주문이야."

"어, 무서워. 도대체 어떤 저주의 말이에요?"

저주라는 말에 아이들은 공포 영화의 무서운 장면을 본 듯 부르르 떨었다.

"'나무망국 찰니나제'는 '신라야, 망해라!'라는 뜻이야."

"나라도 그런 나라라면 망하길 바랐을 거야. 이게 나라야?"

시루가 분개하며 주먹을 불끈 쥐고 일어났다. 시루처럼 일어나지는 않았지만, 모두가 같은 마음이었다.

합천 해인사 길상탑
신라가 망할 무렵 만들어진 탑이야. 탑 안에서 발견된 벽돌판에는 신라 말 백성들의 참혹한 삶이 기록되어 있어.

"맞아, 백성들에게 신라는 더 이상 나라가 아니었어. 왕에게 백성들을 지배할 정당성을 부여한 불교도 더는 위안이 될 수 없었지. 불교는 기도하고 견디면 언젠가 부처님이 모든 고통에서 벗어나게 해 준다고 믿은 마지막 희망의 끈이었어. 그러나 간절한 소망의 주문을 저주의 주문으로 바꿔 되뇌는 순간 백성들의 마음속에 남아 있던 작은 희망의 불빛도 사라졌어. 백성들은 한을 품고 산으로 숨어들었고 먹고살기 위해 도적이 되었어. 논과 밭에 남아 버티던 농민들도 세금 내기를 거부하고 봉기를 일으켰어. 농민군은 단결과 투쟁의 의지를 나타내기 위해 붉은색 바지를 입고 신라 수도 서부까지 쳐들어가기도 했지. 이들을 붉은 바지 농민군이라고 해. 또 사벌주(지금의 경상남도 상주시)에서는 원종과 애노 같은 농민들도 봉기*를 일으켰어."

*봉기
여러 사람이 벌떼처럼 떼 지어 일어나는 상황을 가리키는 말이야.

"이렇게 나라가 혼란스러워져도 신라 왕은 혼란을 수습할 힘이 없었어. 그저 수도인 서라벌만 겨우 지키는 수준이었지. 농민 봉기가 신라 전역으로 번지자 지방으로 밀려나 있던 귀족이나 촌의 우두머리, 지방을 지키던 군인들은 스스로 성을 쌓고 군사를 모아 그 지역을 다스렸어. 그들은 신라를 멸망시키고 새로운 나라를 세우자며 농민군을 자기편으로 끌어들여 세력을 키웠지. 자신을 성주나 장군 등으로 부르던 그들은 그 지역에서 세금을 거두고 군사를 거느리며 왕과 같은 힘을 가지게 되었어. 그들을 호족이라고 부른단다."

호족이 등장해 나라를 세우다

"이때 힘센 호족 중에는 새로운 나라를 세우는 사람도 있었지. 전라도 지역에서는 견훤이 백제를 세우고, 강원도 철원 지역에서는 궁예가 고구려를 세웠어. 그런데 신라의 삼국 통일 전에 있던 고구려, 백제와 구분해야 하니까 후고구려, 후백제 이렇게 부르도록 하자. 위만이 정권을 잡은 조선과 구분하기 위해 그 전에 있던 조선을 고조선이라고 했듯이 말이야."

"그럼 후백제를 세운 견훤은 백제 출신이었나요?"

"아니. 견훤은 경상북도 상주에 사는 농민의 아들로 신라의 하급 장교였어. 신라 출신인 거지."

"그런데 왜 신라 출신이 나라를 세우고 백제라고 했지요?"

"견훤이 나라를 세우고 도읍을 정한 곳은 완산주, 즉 지금의 전주야. 그곳은 옛 백제의 땅이었지. 견훤은 백제 지역 사람들의 지지를 얻기 위해 나라 이름을 후백제라고 한 거야. 그 뒤 전라도, 충청도, 경상도 서쪽 지역까지 영

나무망국 찰니나제는 무슨 뜻이에요?

주문의 전체 문장은 다음과 같아.

나무망국 찰니나제 판니판니소판니 우우삼아간 부이사바하
(南無亡國 刹尼那帝 判尼判尼蘇判尼 于于三阿干 鳧伊娑婆詞)

여기서 '나무'는 기원하는 말의 시작에 자리하는 말이고, '망국'은 나라가 망한다는 말, '찰니나제'는 여왕(진성 여왕)을, '판니판니소판니'는 여왕의 삼촌이자 애인인 소판(신라의 세 번째 관등) 위홍을, '우우삼아간'은 여왕의 측근 세 명을, '부이'는 여왕의 유모인 부호 부인을 가리켜. 그리고 '사바하'는 기원의 글의 끝에 나오는 말로 '반드시 이루어지길 바란다'라는 뜻이지.
 즉, 이 주문은 '진성 여왕과 측근들로 난장판이 된 나라를 반드시 망하게 해 주세요'라는 글이란다.
 여기서 등장하는 진성 여왕은 신라 제51대 왕이야. 선덕 여왕, 진덕 여왕에 이어 신라의 세 번째 여왕이지.
 진성 여왕의 아버지는 경문왕인데 경문왕에 대해선 재미있는 이야기가 전해져. 경문왕은 왕이 된 뒤 자꾸 귀가 커졌대. 당나귀처럼 귀가 큰 것이 부끄러웠던 경문왕은 늘 귀까지 가릴 수 있는 두건을 쓰고 다녔어. 왕의 귀가 당나귀 귀인 걸 아는 사람은 두건 만드는 기술자 한 명뿐이었지. 기술자는 경문왕의 귀가 당나귀 같다는 걸 말하고 싶었지만 그랬다간 목이 달아날 판이었어. 하고 싶은 말을 못 하다 보니 기술자는 답답해서 병이 났어. 죽을 때가 된 기술자는 마지막으로 대나무 숲으로 가서 큰소리로 외치고 죽었지.
 "임금님 귀는 당나귀!" 이렇게 말이야.

그 뒤 바람 부는 날이면 대나무 숲에서 '임금님 귀는 당나귀 귀…….. 임금님 귀는 당나귀 귀…….' 하는 소리가 들려왔다는 거야.

당황한 경문왕은 대나무를 모조리 베어 버리고 산수유나무를 심게 했지.

그러자 그 소리는 말투만 조금 바뀔 뿐 계속 들려왔어.

이 이야기는 귀만 컸지 백성의 소리에 귀를 기울이지 않은 경문왕을 풍자해 퍼진 이야기 같아.

경문왕은 벼락을 맞아 무너진 황룡사 탑을 다시 세우려 3년이 넘게 백성을 부려 먹었거든. 그런데 하필 그때가 흉년과 전염병으로 백성들이 죽어 나가던 시기였어. 백성들의 고통에 귀를 기울이지 않은 경문왕에 맞서 백성들은 반란을 일으켰고 경문왕은 그런 반란군을 잔인하게 짓밟았지. 반란은 진압되었지만, 백성들의 가슴 속에선 신라 왕조에 대한 분노가 가라앉지 않았어.

경문왕이 죽고 헌강왕(경문왕의 첫째 아들)이 왕위에 올랐다 10여 년 만에 죽고 정강왕(경문왕의 둘째 아들)은 왕위에 오른 지 1년 만에 죽었어. 이제 왕위를 이을 남자가 없자 경문왕의 딸이 왕위를 이었는데 바로 진성 여왕이었어.

진성 여왕이 왕위에 오른 때는 귀족들이 위로는 왕권을 노리고 아래로는 백성들을 착취하며 탐욕을 채우는 것이 극에 달한 시절이야. 백성들의 고통은 이루 말로 표현 못 할 정도였지. 왕위에 오른 진성 여왕은 삼촌이자 애인인 위홍과 여왕의 측근들, 유모 부호 부인과 어울려 방탕한 생활로 나라를 엉망으로 만들어 놓았어.

'나무망국 찰니나제 판니판니소판니 우우삼아간 부이사바하'는 바로 이런 상황에서 나온 백성들의 절망과 분노의 저주였던 거야.

토를 넓혔어."

"그럼 궁예는 고구려 사람인가요?"

"궁예야말로 진짜 신라 출신이야. 신라 왕자였거든!"

"신라 왕자라면 귀족인데 왜 반란을 일으켜요?"

"사연이 길단다. 궁예는 제47대 헌안왕과 이름 없는 궁녀 사이에서 태어났어. 당시 신라 왕실은 복잡한 권력 싸움 속에 있었지. 궁예처럼 어머니의 신분이 낮은 아이가 멀쩡히 버텨낼 수 있는 곳이 아니었어.

귀족들은 왕족의 피를 더럽힌 궁예를 죽이자고 했고 헌안왕은 이를 허락했어. 왕의 명령을 받은 병사가 궁예를 죽이러 오자 궁예의 유모가 어렵게 궁예를 구해 달아났어. 그 과정에서 한쪽 눈을 다친 궁예는 평생 애꾸눈으로 살아야 했지. 유모의 손에 몰래 키워진 궁예는 나중에 자신의 출생 비밀을

견훤산성
견훤이 군사를 모으고 힘을 길렀다는 산성으로 안쪽은 제법 넓고 평평한 땅과 샘물이 있어. 경상북도 상주에 있는데 기와나 토기 조각이 발견되고 있어.

들고 절로 들어가 승려가 되었어. 언제 신라 왕실에서 자신을 죽일지 몰라서 였지.

 그러다 반란을 일으킨 양길 밑으로 들어갔어. 자신을 버리고 죽이려 한 신라에 복수할 기회가 온 거야. 뛰어난 지도력을 지닌 궁예는 곧 반란군의 중심이 되었고 나중엔 양길을 몰아내고 우두머리가 되었어. 궁예는 신라의 중부와 북부 지방을 차지하고 송악*(지금의 개성)에 도읍을 정하고 후고구려를 세웠단다.

 궁예가 자신이 세운 나라의 이름을 고구려라고 정한 것도 옛 고구려 지역 사람들의 지지를 얻기 위해서였어. 그가 도읍을 정한 송악도 옛 고구려의 영토였고. 그 뒤 철원으로 도읍을 옮기고 경기도, 충청도, 강원도 일부까지 영토를 차지했어."

"사람들의 마음은 여전히 자신들의 옛 나라에 있었나 봐요?"

"신라의 통일은 결국 땅만 빼앗은 거군요."

"라면에 떡볶이 떡과 어묵, 고추장만 넣고 끓여 이도 저도 아닌 라면을 만든 셈이네요. 통일을 했으면 나라를 새롭게 단장해서 이전과는 다른 나라를 만들어야 했을 텐데. 각 재료의 특징을 잘 살려 새로운 음식인 라볶이를 만들 듯이 말이죠."

마토가 맛있는 라볶이 냄새가 나는 주방 쪽을 흘깃거리며 말했다.

"라볶이처럼 각기 다른 재료들을 섞어 새로운 나라를 세운 건 고려야. 이제 그 이야기를 시작할 때가 되었구나. 송악의 호족인 왕륭과 그의 아들 왕건! 이들 부자는 스스로 궁예에게 찾아가 신하가 되고 싶다고 했지. 궁예의 부하가 된 왕건은 수많은 전투에서 큰 활약을 했어."

> ***송악**
> 송악은 왕건의 고향이었어. 그 때문에 왕건이 나라를 세우는 데 유리했지. 송악은 고려 시대 내내 도읍지였단다.

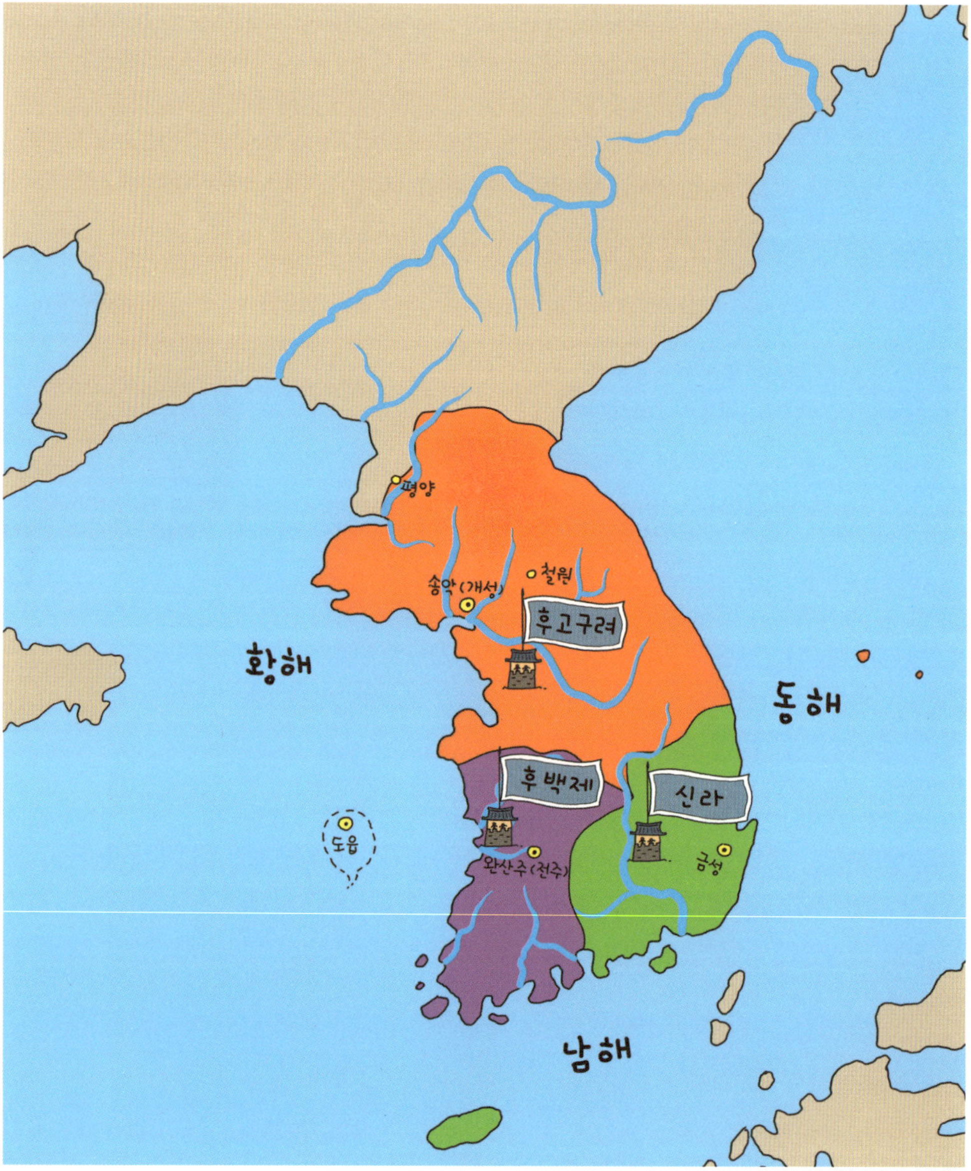

2부 후삼국 시대

후삼국 시대

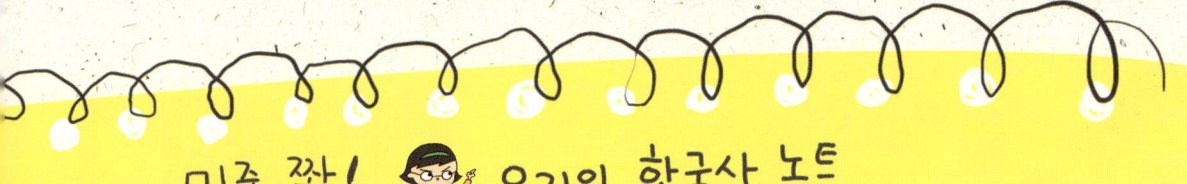

✿ 신라에는 ☐☐☐라는 아주 엄격한 신분 제도가 있어서 인재를 뽑고 나라를 발전시키는 데 큰 장애가 되었다.

골품제

✿ ☐☐는 가축처럼 취급되어 사고팔기도 한 가장 낮은 신분으로 아주 비참한 삶을 살아야 했다.

노비

✿ 신라 수도 경주에 있던 큰 연못으로 왕과 귀족들이 잔치를 벌였다. 원래는 달빛이 비치는 연못이란 뜻의 ☐☐라고 불렸는데, 신라가 망한 뒤 기러기와 오리떼만 떠다녔다고 해서 ☐☐☐라고 불렸다.

월지, 안압지

✿ ☐☐ 여왕은 통일 신라 말 백성을 고통의 도가니에 몰아넣었다.

진성

✿ 지방에 세력을 두고 성주나 장군으로 불리며 왕처럼 그 지역을 지배한 사람을 ☐☐이라고 부른다.

호족

✿ 통일 신라 말 전라도, 충청도, 경상도 서쪽 지역에 후백제를 세운 사람은 ☐☐이고, 경기도, 충청도, 강원도 지역에 후고구려를 세운 사람은 ☐☐이다.

견훤, 궁예

두 번째 통일은 고려의 이름으로

후삼국의 치열한 싸움의 결과는 어떻게 되었을까? 궁예가 이겼을까, 아니면 견훤이 이겼을까, 아니면 다시 신라가 삼국을 통일했을까?

답은 셋 다 아니야. 굳이 승자를 말하자면 후고구려인데 궁예는 아니었지. 후고구려가 최후의 승자인데 궁예는 아니라니, 고개를 갸웃거리는 친구들도 있을 거야.

후삼국 시대 최후의 승자는 궁예의 부하였던 송악 호족 왕건이었어. 왕건은 강압과 폭력으로 신임을 잃은 궁예를 밀어내고 후고구려의 우두머리가 되어 후삼국을 통일했어.

왕건은 삼국을 통일할 세력을 모으기 위해 인간적으로 사람들을 대하고 자기편으로 받아들였어. 나아가 힘 있는 사람들과 정략 결혼을 통해 가족 관계를 맺었지. 그래서 왕건은 아내가 수십 명에 이르렀고 자식들도 그만큼 많았어.

전쟁 중에는 이 모든 세력이 새로운 나라를 세우는 데 큰 힘이 되었어. 그럼 나라를 세운 다음엔 어떻게 되었을까?

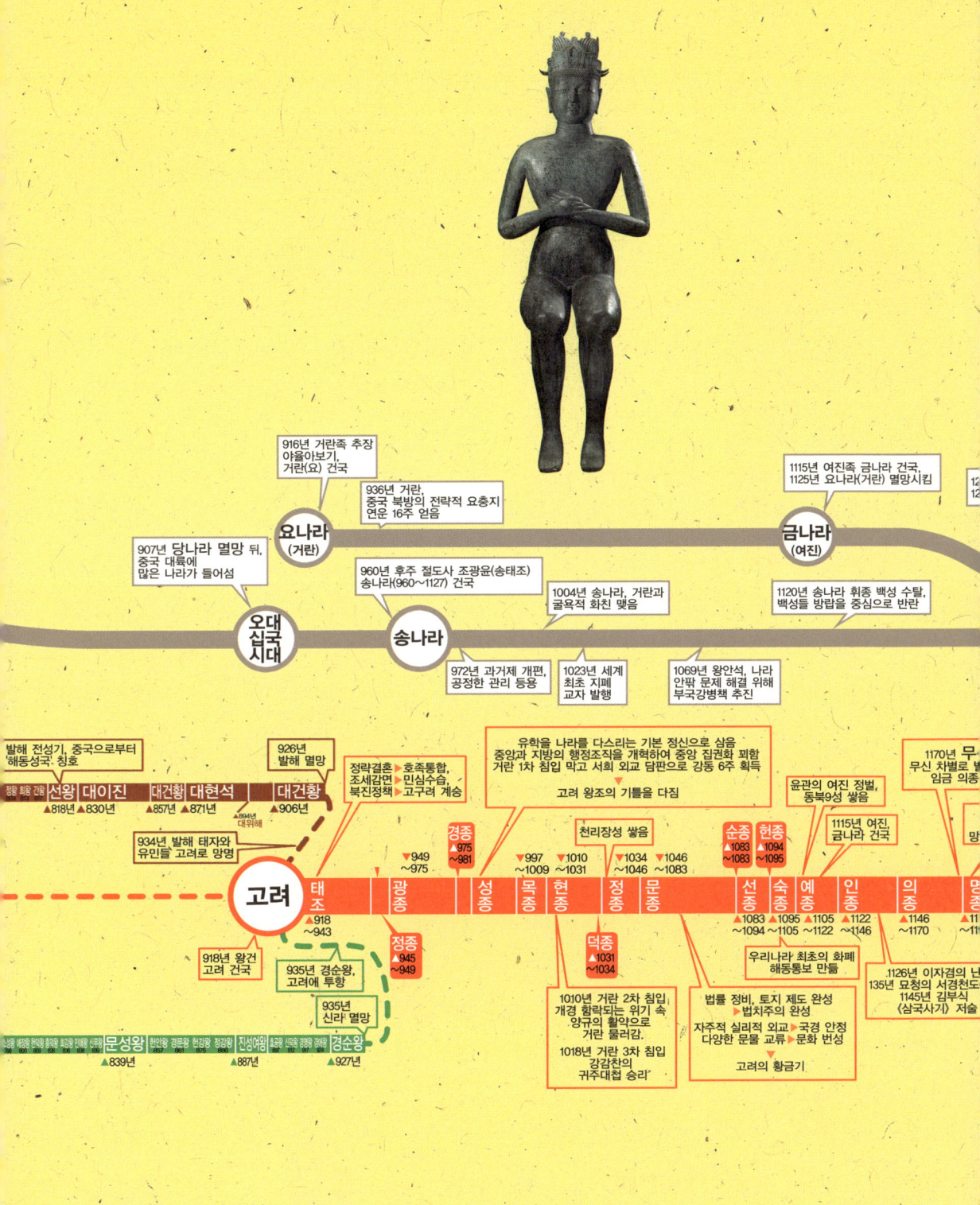

왕건, 궁예를 내쫓고 고려를 세우다

"궁예는 영토를 넓히고 힘이 강해지자 아무도 넘볼 수 없는 절대적인 힘을 갖길 바랐어. 궁예에게는 호족이 자기보다 힘이 강해지는 것은 있을 수 없는 일이었지. 그래서 호족의 힘이 남아 있는 송악을 떠나 도읍을 철원으로 옮기고 나라 이름도 태봉*으로 바꾸었어. 그리고 자신을 미륵**이라고 하며 사람들이 자신을 부처로 여기길 바랐어. 또 사람의 마음을 읽는 능력이 있다고 하며 조금이라도 의심이 가는 사람이 있으면 마음대로 죽였지. 심지어 부인 강 씨와 두 아들을 죽이는 잔인한 일까지 벌였어.

생명의 위협을 느낀 호족들은 자연스레 궁예의 반대 세력이

*태봉
서로 뜻을 같이하여 편히 사는 세상이란 뜻이야.

**미륵
불교에서 다음 세상에 나타날 미래의 부처를 미륵이라고 해. 이 미륵이 세상에 나타나 세상을 구한다는 믿음을 미륵 신앙이라고 하지.

궁예의 왕궁터
궁예는 송악에서 철원으로 도읍을 옮기고 나라 이름을 태봉으로 바꿨어. 이곳이 바로 태봉의 왕궁터야.

되어 갔지. 그러던 중 송악 호족인 왕건을 따르던 홍유, 배현경, 신숭겸, 복지겸 등이 궁예를 몰아내고 918년 왕건을 새 왕으로 세웠어. 결국, 궁예는 궁궐에서 쫓겨났고 왕건은 나라 이름을 '고려'라고 했어. 이듬해에는 수도를 송악으로 옮겼단다."

왕건, 신라를 공격하는 견훤과 싸우다

"견훤은 나라를 세운 뒤 영토를 넓히면서 기세가 등등해졌어. 하루는 신라에 기세 좋게 쳐들어가 경주를 습격했지. 궁지에 빠진 신라 경애왕은 왕건에게 구원을 요청했어. 그러나 구원병이 오기도 전에 견훤은 경주를 함락해 버렸지. 견훤이 경애왕에게 스스로 목숨을 끊게 한 뒤 경순왕을 왕위에 앉혔어. 왕건이 서라벌로 왔을 땐 이미 모든 게 끝난 다음이었지.

왕건은 견훤이 공산(지금의 경상북도 팔공산)을 지날 것을 알아냈어. 미리 가서 숨어 있다 기습할 작전을 세웠지. 그런데 왕건의 계획을 눈치챈 견훤이 오히려 군사를 공산에 매복시켰다가 왕건을 공격한 거야.

왕건은 후백제군에게 포위당해 사로잡힐 위기에 빠졌어.

왕건의 동상
왕건의 능에서 발견된 동상이야. 발굴될 당시 얇은 비단이 붙어 있던 걸로 보아 비단 옷을 입혀 놓았던 것 같아. 허리엔 띠도 두르고 말이지.

팔공산
왕건은 팔공산에서 견훤의 후백제군에 사로잡힐 위기에 처했지만, 충성스러운 부하 신숭겸 덕분에 간신히 목숨을 구할 수 있었어.

 이때 부하 신숭겸이 왕건의 갑옷과 투구를 쓰고 왕건인 척하고 후백제군을 유인했어. 후백제군이 가짜 왕건에게 몰리는 덕분에 왕건은 간신히 목숨을 구할 수 있었지. 그러나 신숭겸은 후백제군에게 목이 잘려 죽었단다."
 "신숭겸은 왕건을 왕으로 세운 사람 중 하나잖아요. 목숨까지 걸고 왕건을 지킨 걸 보면 왕건에 대한 충성심이 대단했나 봐요."
 "이건 단순히 충성심만으로는 설명하기 힘든 부분이야. 아무리 충성을 맹세해도 위급한 상황이 오면 자기 먼저 생각하는 게 사람의 본능이거든. 평소 왕건은 넓은 포용력으로 신하들을 믿고 감싸 안았어. 신하들은 자신을 믿어

주는 왕건을 인간적으로 믿고 따랐지. 바로 이 포용력이 다른 왕들은 갖지 못한 왕건만의 장점이었어. 왕건은 자기 신하들뿐만 아니라 자신의 세력 안으로 들어오지 않은 호족에게도 너그러웠어. 비록 탐욕으로 백성을 도탄에 빠지게 했지만 신라 왕실도 함부로 대하지 않았지. 왕건의 포용력은 후삼국을 통일하고 고려를 세우는 데도 큰 힘이 되었어. 그의 포용력이 공산 전투 뒤 어떤 역할을 하는지 볼까?

공산 전투 때 자신의 잘못된 판단으로 많은 군사와 아끼던 장군을 잃은 왕건은 다시는 실수를 되풀이하지 않기 위해 철저히 준비했어. 그러던 중 견훤이 고창(지금의 경상북도 안동)을 차지하기 위해 군대를 움직였지. 고창은 경상도 동북 지역의 요충지였어.

당시 경상도 지역은 서라벌 일대를 빼고는 대부분 고려나 후백제의 영향 아래 있었지만, 고창은 아직 신라 편에 있었어. 만약 이 지역을 견훤이 차지하면 고려의 턱밑까지 후백제가 치고 들어올 수 있는 상황이었지. 그러나 승승장구하는 후백제군을 막기는 쉽지 않았어.

그때 평소 왕건의 포용력에 좋은 감정이 있었던 재암성(지금의 경상북도 청송 진보) 장군 선필이 왕건에게 귀순했어. 그 지역 지리를 잘 알고 백성들의 지지를 받던 선필의 합류는 고려군에게는 천군만마와 같았겠지.

게다가 고창 성주와 신라 왕족 출신 지역인이 이끄는 신라군이 고려군에 합류했어. 상대를 힘으로 누르려는 견훤이 고창 지역을 차지하게 두느니 평소 포용력으로 사람을 대하는 왕건에게 힘을 보태는 게 낫다고 판단한 거지.

여기저기서 힘을 받은 왕건은 결국 후백제와 맞붙은 고창 전투에서 크게 승리했어. 많은 사람이 왕건에게 힘을 보태자 신라에 가까운 호족들도 속속 왕건의 편에 섰어. 심지어 백제 쪽 호족들도 흔들리기 시작했고 견훤의 측근

인 장군 공직도 왕건에게 항복했지. 이를 계기로 왕건은 후삼국을 통일하는 데 속도를 낼 수 있었단다."

왕건, 후삼국을 통일하다

"고창 전투 뒤 견훤은 고려와의 싸움에서 계속 패했어. 그러다 보니 견훤의 지배력도 예전 같지 않았지. 또 나이도 일흔 살에 가까웠던 견훤은 넷째 아들 금강에게 왕위를 물려주려 했어.

안동 차전놀이
안동 차전놀이는 고려와 후백제가 벌인 고창 전투에서 유래되었다고 해. 고려 병사들과 안동 사람들이 장군을 지게에 태우고 승리를 축하하는 장면을 연출한 거래.

이에 불만을 품은 견훤의 맏아들 신검이 다른 두 동생과 반란을 일으켜 권력을 잡았어. 아버지 견훤은 금산사에 가둬 버리고 금강을 처형했어. 견훤은 크게 노했지만 어쩔 수 없었어. 나이가 많이 들어 체력이 약해진 데다 견훤의 지배력에서 벗어난 신하들이 모두 새로이 왕이 된 신검의 편에 섰거든.

견훤은 고려 영토인 나주로 도망친 뒤 왕건이 머무는 송악으로 가서 왕건에게 항복해. 왕건은 오갈 데 없는 견훤을 무시하기는커녕 아버지처럼 존경한다는 뜻에서 상보라고 부르며 극진히 대접하지.

이 소식을 들은 신라 경순왕은 더 이상 나라를 지탱할 힘이 없으니 왕건에게 항복하자고 귀족들에게 말해. 귀족 가운데는 다른 방법이 없다는 걸 알고 찬성하는 사람도 있

전북 김제 금산사
견훤의 아들 신검이 견훤을 가둔 곳으로 견훤은 이곳에서 석 달 동안 갇혀 있었어.

었지만 반대하는 사람도 있었어. 왕건에게 항복하면 그간 누려 온 온갖 부귀 영화를 내려놓아야 하니까 말이지. 그러나 반대파도 왕건이 포용력이 있는 사람이니 자신들을 함부로 하지 않을 거라 믿고 경순왕의 뜻을 따르기로 해. 그리하여 경순왕은 천년 왕국 신라를 고려에 바치게 돼.

경순왕이 항복하러 고려 수도 송악에 이르자 왕건은 송악성 바깥까지 나와 경순왕을 맞이해. 그러고는 태자보다 높은 지위를 주고 맏딸인 낙랑공주와

결혼시켜. 또 함께 항복한 신라 귀족들에게도 충분한 대접을 해 준단다.

이제 통일을 위한 마지막 단계가 남았어. 바로 신검의 후백제를 무릎 꿇리는 것. 후백제와의 마지막 전투는 일리천에서 벌어졌어. 신검은 온 힘을 다해 싸웠어. 하지만 아들 신검에게 원한을 품은 견훤을 앞세운 고려군의 총공격 앞에 후백제군은 힘없이 무너졌어. 이렇게 해서 왕건은 936년 후삼국을 통일했단다.

고려의 통일은 후백제와 신라를 포용력을 통해 제 발로 고려의 품으로 들어오게 했다는 데 의미가 있어. 그럼으로써 새로운 나라 고려의 일원으로 녹아들었으니까. 칼날과 배신으로 백제, 고구려를 무너뜨리고 영토를 빼앗은 신라의 통일과는 성격이 다르지. 고려의 통일이 진정한 의미의 민족 통일인 이유는 무엇보다 거란에

일리천
고려군의 선봉장인 아버지 견훤과 후백제의 왕인 아들 신검이 대치했던 곳이 바로 일리천이야. 지금 이름은 감천인데 경상북도 김천시를 지나 구미시에서 낙동강과 만나지. 옛날에는 낙동강을 타고 오르던 소금 배가 지나다닐 정도로 수심이 깊었대.

견훤 묘
충남 논산에 있는 견훤 묘야. 견훤은 후백제 멸망 뒤 화병으로 등창이 나서 황산의 어느 절에서 세상을 떠났다고 전해져. 견훤이 세운 후백제는 후삼국 시대에 가장 잘 조직되고 안정된 나라였어. 그런 나라를 통째로 왕건에게 갖다 바치려 일리천 앞에 섰던 견훤의 심정은 어땠을까? 그것도 자기 아들을 적으로 마주했으니 말이야.

개태사 삼존불
개태사는 왕건이 후백제를 무너뜨리고 후삼국을 통일한 기념으로 충남 논산에 세운 절이야. 개태사라는 절 이름은 '태평 시대를 연다'라는 뜻이 담겨 있지. 개태사가 세워질 당시에 삼존불을 모셨단다.

의해 멸망한 발해 사람들을 두 팔 벌려 받아들였다는 점이야. 실제로 후삼국이 통일되기 바로 전인 934년에 왕건은 발해 세자 대광현이 이끄는 발해 백성 수만 명을 반갑게 맞이했어. 이리하여 백제, 고구려, 신라의 지배층과 백성까지 모두 끌어안는 진정한 의미의 한민족 통일을 이룬 거야."

빡쌤의 말이 끝날 무렵 꿈셰프가 커다란 접시에 먹음직스러운 라볶이를 가득 담아 가져왔다. 꿈셰프의 라볶이 운반 작전엔 먹보 마토의 힘이 컸다. 마토는 빡쌤의 이야기 중에도 주방 쪽으로 온 신경을 쏟고 있었다. 그러다 꿈셰프가 주방에서 나오는 순간 뛰어가 꿈셰프와 접시를 함께 들었다. 가장 먼저 라볶이를 먹진 못했지만 가장 먼저 라볶이 냄새를 코앞에서 맡는 영광을

개태사와 거대한 가마솥
개태사에는 당시에 만든 거대한 가마솥이 있는데 1,000여 명이 먹을 음식을 만들 수 있는 정도로 크지. 일제 강점기 전쟁에 쓸 쇠를 구하던 일본군이 솥을 깨는데 갑자기 천둥 번개가 쳐서 그만두었다는 이야기가 있어. 실제로 솥의 여기저기가 깨져 있단다.

놓치지 않은 것이다.

"고려의 후삼국 통일은 후백제, 신라를 통일한 데 그치지 않고 발해 유민까지 받아들인 폭넓은 민족 통일이라는 데 의미가 있어. 또 고려는 지방 세력인 호족이 중심이 되어 세운 나라로 지방 세력도 관직에 오를 수 있어 정치에 참여하는 사람들이 늘어났지. 그리고 옛 고구려, 백제, 신라의 문화를 받아들여 새로운 민족 문화를 발전시킬 수 있는 기초를 마련했단다."

아이들은 라볶이를 먹으며 타임머신을 타고 후삼국이 통일된 날로 가는 상상을 했다. 거기서 통일을 상징하는 음식인 라볶이를 모든 사람에게 나눠 주면 좋을 것 같았다. 그러면 라볶이는 오래도록 통일의 기쁨을 되새길 수 있는 음식이 되지 않을까.

고려에 항복하는 것을 반대한 신라인은 없었나요?

경순왕의 아들, 마의태자는 신라가 고려에 항복하는 데 끝까지 반대했다. 《삼국사기》에는 '신라가 망하자 마의태자가 금강산에 들어가 삼베옷을 입고 풀뿌리를 먹으며 살았다'라고 쓰여 있다. 마의태자에서 '마의'는 삼베 마(麻), 옷 의(衣)를 한자로 써서 '삼베옷을 입은 태자'라는 뜻이다. 지금도 금강산, 설악산, 월악산에는 마의태자와 관련된 유적과 전설들이 전해져 내려오고 있다.

중원 미륵대원 터 석불
충청북도 충주 월악산 미륵대원 터에 서 있는 석불이다. 이 석불은 마의태자가 세웠다고 전해진다.

덕주사 마애불
충청북도 제천시에 있다. 마의태자의 누이가 만들었다고 전해진다.

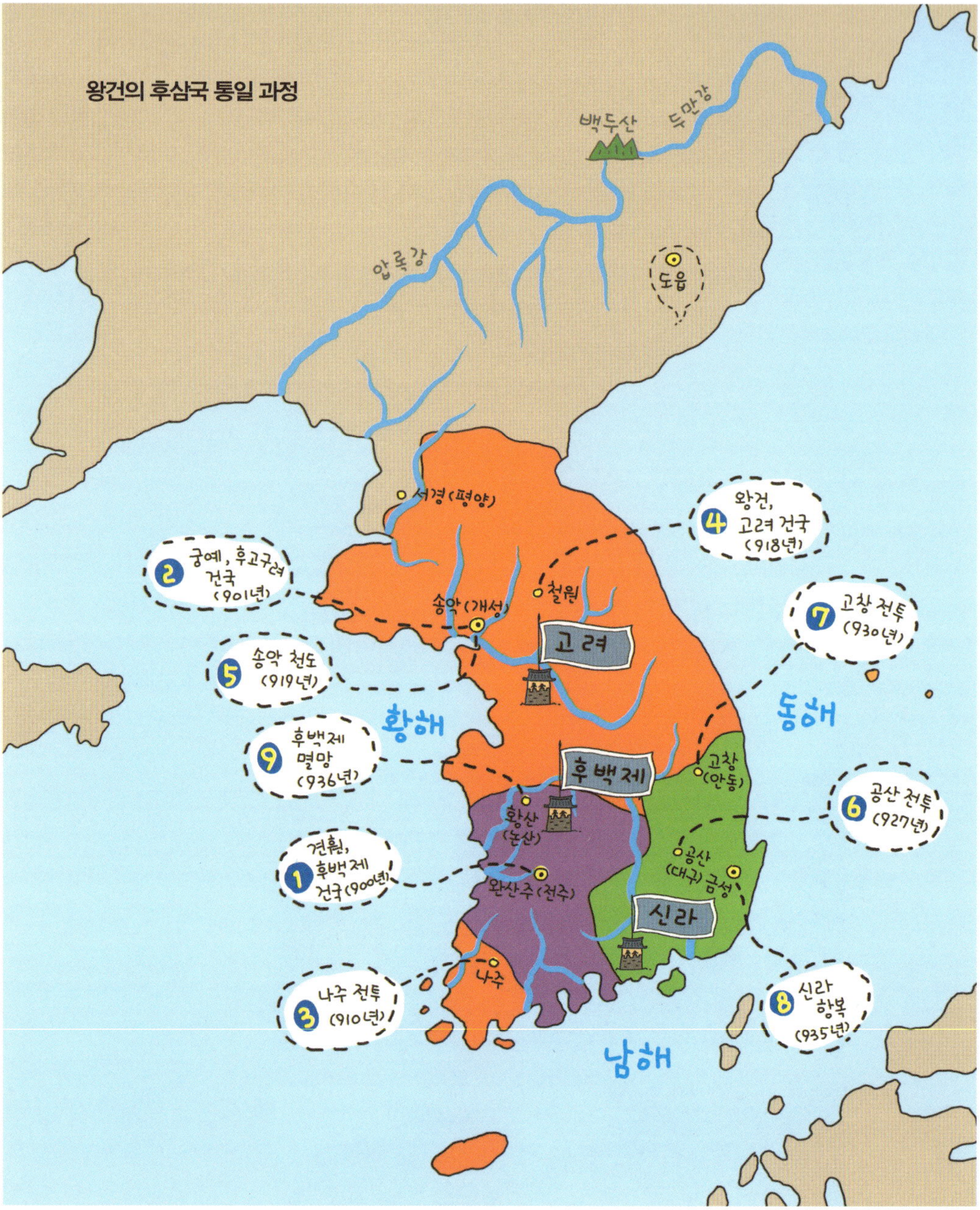
왕건의 후삼국 통일 과정
백두산
두만강
압록강
도읍
서경(평양)
송악(개성)
철원
고려
후백제
신라
황산(논산)
완산주(전주)
나주
고창(안동)
공산(대구)
금성
황해
동해
남해
1 견훤, 후백제 건국(900년)
2 궁예, 후고구려 건국(901년)
3 나주 전투(910년)
4 왕건, 고려 건국(918년)
5 송악 천도(919년)
6 공산 전투(927년)
7 고창 전투(930년)
8 신라 항복(935년)
9 후백제 멸망(936년)

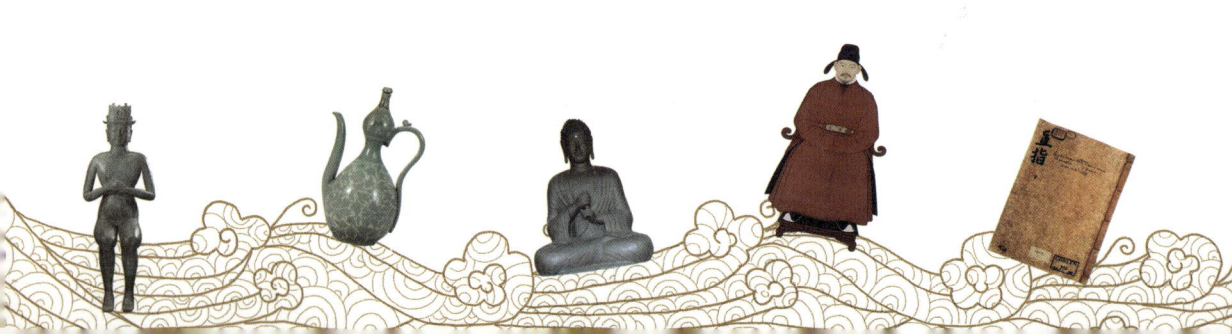

시간이 많이 흘러 꿈틀 아이들이 어른이 된 미래의 어느 날. 음식 평론가가 된 마토는 개마고원 아래 한 냉면집에서 점심을 먹으며 다음과 같이 꿈틀에서 겪었던 그날을 기록했다.

그날 탁자 위에 놓인 라볶이는 모든 것이 더할 나위 없이 좋았다. 떡볶이 떡은 말랑말랑하면서도 쫄깃했고, 라면 사리는 퍼지지도 설익지도 않게 적당했으며, 어묵도 요리 이름엔 등장하지 않았지만 탄수화물 중심인 요리에 단백질과 지방이 가진 고소한 풍미를 더해 주었다. 무엇보다 달콤 짭짤 매콤한 양념이 재료 모두를 라볶이라는 음식으로 감싸고 있었고, 재료들은 양념을 열린 마음으로 깊숙이 받아들이고 있었다. 감칠맛 나는 양념이 스며들어 있었지만 모든 재료가 고유의 맛을 잃지 않고 있었다. 라면을 먹고 싶었던 파래와 나, 떡볶이를 먹고 싶었던 시루와 은지, 어묵을 먹고 싶었던 마리 모두 자기가 원래 먹고 싶었던 것을 먹는 듯이 만족스러웠고, 그보다 한 단계 높게 통일된 맛 앞에서 감격했다. 엉뚱하게 들릴지는 모르겠지만, 그 맛은 후삼국을 통일한 고려의 맛이었다.

— 음식 평론가 도마토 —

밑줄 쫙! 은지의 한국사 노트

1. 신라 왕조가 고려 왕조로 바뀌기 전 통일 신라는 다시 신라, 백제, 고구려로 갈라진다. 이때를 이전 삼국 시대와 구분하여 □□ □□라고 한다.

   후삼국 시대

2. 신라는 □□□라는 신분 제도로 이루어진 나라다. 통일이 되었다고는 하지만 풍요로운 삶은 소수의 □□에게만 집중되었다. □□이 아닌 사람들의 삶은 통일 이전이나 이후나 달라진 게 없었다.

   골품, 귀족, 귀족제도

3. 지방으로 밀려나 있던 귀족이나 촌의 우두머리, 지역을 지키던 군인은 스스로 성을 쌓고 군사를 모아 그 지역을 다스렸고, 신라를 멸망시키고 새로운 나라를 세우자며 농민군을 자기편으로 끌어들여 세력을 키웠다. 자신을 □□, □□등으로 부르던 그들은 그 지역에서 세금을 거두고 군사를 거느리며 □과 같은 힘을 가지게 되었는데, 그들을 □□이라고 부른다.

   호족, 성, 장군, 성주

4. 견훤은 경상북도 상주에 사는 농민의 아들로 태어났다. 견훤은 신라 출신이었지만 나라를 세우고 도읍을 정한 곳은 □□□, 즉 지금의 □□다. 그곳은 옛 □□의 땅으로 견훤은 □□ 지역 사람들의 지지를 얻기 위해 나라 이름을 □□라고 했다. 그 뒤 전라도, 충청도, 경상도 서쪽 지역까지 영토를 넓혔다.

   후백제, 백제, 백제, 완산주, 전주

5. □□가 자신이 세운 나라의 이름을 □□□로 정한 것도 옛 □□□ 지역 사람들의 지지를 얻기 위해서였다. 그가 도읍을 정한 □□은 옛 고구려의 영토였던 것이다. 그 후 □□으로 도읍을 옮기고 경기도, 충청도, 강원도 일부까지 영토를 차지했다.
왕건, 고구려, 고구려, 송악, 개경

6. □□ □□□□는 고려와 후백제가 벌인 □□전투에서 유래되었다. 이 놀이는 고려 병사들과 안동 사람들이 장군을 □□에 태우고 승리를 축하하는 장면을 연출한 것이다.
안동, 놋다리밟기, 고창, 어깨

7. □□의 통일은 후백제와 신라를 합치는 데 □□□이 큰 힘을 발휘했다는 사실에 의의가 있다. 칼날과 배신으로 백제, 고구려를 무너뜨리고 영토를 빼앗은 신라의 통일과는 성격이 다르다. 무엇보다 고려의 통일이 진정한 의미의 민족 통일인 이유는 거란이 멸망시킨 □□ 사람들도 받아들였다는 점이다.
고려, 호족들, 발해

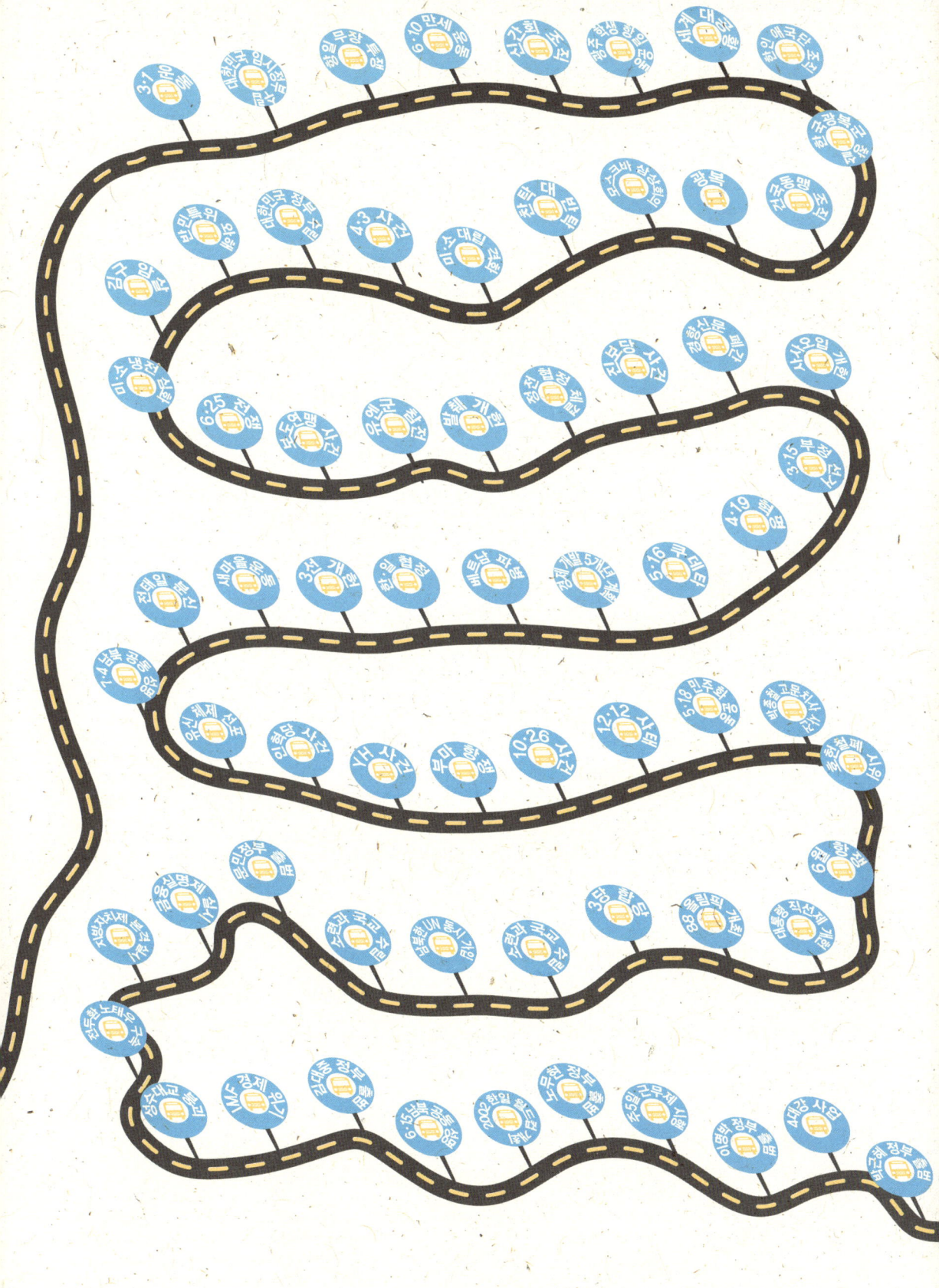

한국사 수업이 시작되었지만 다른 때와는 달리 은지를 제외한 나머지 아이들이 축 늘어져서 도무지 집중하지 못했다.

"왜들 그래? 무슨 일 있어?"

빡쌤의 말에 파래가 축 처진 시래기 같은 얼굴로 힘없이 입을 열었다.

"무슨 일이 있어서가 아니라 무슨 일이 없어서 그래요."

"무슨 소리야, 그게?"

빡쌤의 시선이 은지에게 향하자 은지가 웃으며 말했다.

"한국사 수업할 때마다 연관된 무엇인가가 있었잖아요? 신라 때는 경주빵, 고구려 때는 타조 알, 지난 수업 때는 라볶이. 그런데 이번엔 아무것도 없다고 저러는 거예요."

"뭐? 그럼 먹을 게 없어서 공부할 마음이 안 생긴단 말이야?"

"공부할 마음이 안 생긴다기보다 뭐랄까 도움닫기 없이 뜀틀을 넘어야 하는 막막한 기분이랄까?"

파래가 천장을 보며 에둘러 말하자 빡쌤의 눈이 마토에게 향했다.

"제 위는 뇌와 바로 연결돼 있어서 위가 비면 머리도 비어요. 일종의 생리 현상 같은 거죠."

파래가 엄지를 번쩍 들어 마토에게 내밀었다.

빡쌤은 어이가 없어 '어머, 세상에 이런 뻔뻔한 녀석들이 있나!' 하며 혀를 끌끌 찼다. 아닌 게 아니라 삼국 시대를 공부할 때 마토는 매번 먹을 것과 연관시켜 공부하면 좋겠다고 말한 적이 있다. 고개를 절레절레 흔드는 빡쌤에게 시루가 한마디 했다.

"선생님, 전 뭘 먹고 싶어서가 아니라 순수하게, 좀 더 효과적으로 공부하고 싶어서 드리는 말씀인데요."

"그래, 시루는 남자애들처럼 철이 없지 않으니 한번 말해 보렴."

"책에서 보니까 이제 교육은 과목마다 동떨어지는 게 아닌, 여러 과목을 융합시켜서 이루어져야 한다더라고요. 한국사 공부도 그냥 역사만이 아니라 우리의 일상생활, 그중에서도 가장 중요한 음식과 연관시켜야 하는 게 좋지 않을까요?"

빡쌤은 믿는 도끼에 발등을 찍힌 듯 기가 막혔다. 하지만 그것도 틀린 말은 아니어서 그저 입만 쩍 벌리고 있었다. 아이들의 눈엔 어디서 주워들은 이야기를 지금 상황에 적절히 써먹는 시루가 멋져 보였다.

"그럼 너희들 수업 시간마다 매번 뭔가 해 먹자는 거니?"

"꼭 그런 건 아니지만요."

아이들은 천장을 올려다보며 딴전을 부렸다. 빡쌤은 팔짱을 끼고 그런 아이들을 노려보았다. 이미 수업이 그런 방식으로 흘러온 터라 어떻게 해야 할지 몰랐다.

"공부할 때마다 늘 활기차더니 오늘은 왜 이리 조용해?"

이때 꿈셰프가 물이 묻은 고무장갑을 벗으며 다가왔다.

"얘네들이 글쎄 수업 내용과 연관된 음식을 먹자고 해서요."

"오늘 수업 내용이 뭔데요?"

"고려 시대요."

"고려 시대라……."

꿈셰프는 손을 턱에 대고 뭔가를 생각하더니 갑자기 손뼉을 치며 말했다.

"고려의 도읍지가 개성이니까 개성식 만두 어때요?"

꿈셰프의 말에 빡쌤은 정색을 했다.

"개성식 만두요? 지금 그걸 하시겠다고요? 안 돼요. 매일 아이들 식사랑

간식 챙기는 것도 힘드신데, 말도 안 돼요. 그것도 만두라니. 만두가 얼마나 시간이 오래 걸리는 음식인데."

빡쌤이 손사래를 치자 꿈셰프가 아이들 얼굴을 쭉 훑어보았다. 만두라는 말에 아이들의 얼굴은 기대감으로 가득 찼다.

"너희 만두 먹고 싶어?"

"네!"

아이들이 동시에 꿈틀이 떠나가라 큰소리로 대답했다.

꿈셰프가 빡쌤을 쳐다보자 빡쌤은 입을 굳게 다물고 고개를 저었다.

"선생님, 이러면 어떨까요? 지금 주방에 있는 재료로 개성식 만두를 만드는 거예요. 그런데 아시다시피 만두는 재료 준비부터 만두를 빚고 찌는 시간이 오래 걸리니까 선생님과 아이들이 절 도와서 함께 요리하는 거예요."

"저와 아이들이 개성식 만두를요? 에헤, 농담이 너무 심하세요. 저 요리 못해요."

빡쌤이 손을 흔들었다.

"반죽을 치대고 재료를 씻고 만두 빚는 일을 각자 하나씩 맡아서 도우면 돼요. 그 정도는 할 수 있잖아요?"

"뭐 그렇긴 하지만. 만두를 만드느라 한국사 공부를 할 수 없잖아요."

"만두를 빚으면서 이야기해 주시면 되죠. 너희들 만두 빚으면서도 선생님이 하시는 말씀 열심히 들을 수 있지?"

"네!"

이번엔 꿈틀이 아니라 대한민국이 떠나가라 큰소리로 대답했다.

꿈셰프가 빙그레 웃으며 빡쌤을 보았다. 빡쌤도 별 도리가 없단 표정으로 고개를 끄덕였다.

　꿈셰프의 지휘 아래 힘센 마토는 반죽을 치댔고, 은지와 마리는 채소를 씻었다. 시루와 빡쌤은 돼지고기와 쇠고기를 다졌고, 파래는 날래게 여기저기 돌아다니며 잔심부름을 했다.
　마침내 재료가 다 준비되자 꿈틀 바닥에 신문지를 넓게 깔고 재료를 가운데 두었다. 그러고는 꿈셰프, 빡쌤, 아이들이 빙 둘러앉았다.
　"만두 빚어 본 적 있는 사람?"
　"저요. 우리 집은 설날마다 만두를 빚어서 만둣국을 끓여 먹거든요."
　꿈셰프의 질문에 대답한 사람은 은지 혼자였다.
　"우리 집은 떡국을 먹는데."
　"우리 집도 떡국."
　"우리 집은 만둣국을 먹어요. 시장에서 사다 먹지만."
　"우리 집은 떡만둣국이요."
　은지의 말에 이어 아이들은 앞다투어 자기네 집 설음식을 공개했다.
　"하하, 알았다 알았어. 집에서 설날에 먹는 걸 들으니 너희 할머니 할아버지 고향이 어디인지 대충 알겠구나."
　"저희 할머니 할아버지 고향을요?"
　"에이, 농담도 잘하셔."
　아이들은 말도 안 된다며 손사래를 쳤다.
　"좋아, 어디 한번 맞춰 볼까? 만둣국을 먹는다는 은지와 파래네는 강원도나 북한이 고향인 것 같고, 떡국을 먹는다는 마토와 마리는 전라도나 경상도 어디쯤. 떡만둣국을 먹는다는 시루네는 경기도나 서울."
　꿈셰프의 말에 아이들 입이 쩍 벌어졌다. 마리네를 빼고는 다 맞춘 것이었다.

"어떻게 아셨어요?"

"만두는 중국에서 들어온 음식이거든. 그래서 다른 지역에 비해 중국에 가까운 북쪽 지역이 만두를 먼저 접하게 된 거야. 중국과 먼 남쪽 지역은 만두를 접할 기회가 적어서 널리 퍼지지 못했고."

"아하, 그러니까 북쪽인 북한과 강원도에선 만둣국을, 남쪽인 전라도와 경상도에선 떡국을 먹게 된 거군요."

꿈셰프의 설명에 은지가 크게 고개를 끄덕였지만 마리는 갸우뚱했다.

"우리 집은 떡국을 먹는데 경상도나 전라도가 아니라 충청도인데요?"

"충청도의 경우 대부분 떡국을 먹지만 간혹 만둣국이나 떡만둣국을 먹는 집도 있어. 충청도는 한반도의 중간 정도 되니까. 서울과 경기도는 떡국을 먹는 남쪽 음식 문화와 만둣국을 먹는 북쪽 음식 문화가 섞여 떡만둣국을 먹는 거고."

"아, 그럼 떡만둣국이야말로 진짜 통일 음식이군요."

"글쎄, 떡만둣국을 통일 음식이라고 해도 되는지는 모르겠지만, 남북한 사람들이 모두 거부감 없이 먹을 수 있는 음식인 건 맞겠지."

빡쌤은 꿈셰프의 음식에 대한 넓은 지식에 놀랐다. 유명한 한식당 요리사였다는 것이 괜한 말이 아니었다.

"선생님으로서 가만히 있으면 안 되니까 저도 한마디 보태도 되죠?"

빡쌤이 꿈셰프에게 양해를 구하자 꿈셰프는 미안한 얼굴로 말했다.

"아이고, 선생님의 역사 시간인 걸 깜빡 잊고 주책맞게 떠들었네. 미안해요, 선생님."

"아니에요. 이런 게 진짜 살아 있는 수업이죠. 주방장님 멋지세요."

빡쌤이 엄지를 들어 보이자 꿈셰프의 얼굴이 활짝 펴졌다.

개성식 만두
김치 대신 배추와 숙주나물, 부추, 애호박 등 채소가 많이 들어가 자극적이지 않고 담백해. 보통 북한식 만두는 크기가 큰데 개성식 만두는 서울식 만두보다 크지 않아. 만두는 북쪽으로 갈수록 커져서 신의주 지역 만두는 밥공기만큼이나 크다고 해.

"주방장님 말씀에 내가 보탤 말은 지리와 연관된 거야. 북쪽과 남쪽의 음식이 다른 데는 주변 나라의 영향도 있고 또 기후 환경의 영향도 있지. 북쪽은 쌀보다는 밀 등 잡곡 농사가 잘되고, 남쪽은 쌀농사가 잘돼. 보통 음식은 그 지역에서 많이 나는 재료 중심으로 발달하거든. 그러니까 북쪽은 밀가루로 만든 만둣국, 남쪽은 쌀로 만든 떡국을 설날에 먹는 거지."

"선생님, 그런데 개성은 경기도니까 북쪽 지역이라기보다 중부 지방이잖아요? 그런 개성에서 만두가 발달한 건 좀 이해가 안 돼요."

"음 그건, 역사를 알면 이해할 수 있어. 만두가 한반도에 전해진 건 고려 시

대라고 해. 고려의 수도는 개성이야. 여러 나라 사람들이 그 나라의 물건을 가지고 개성으로 모여들었지. 그 가운데 중국 사람들이 가장 많았어. 사람과 함께 가장 먼저 들어오는 게 음식 문화거든. 먹고살아야 하니까. 개성에서 왜 만두가 발달했는지 이해가 가지?"

"네!"

"자, 셰프님. 만두 기술을 전수해 주시죠."

빡쌤이 밀가루를 손에 묻혀 탁탁 두드리며 말하자 아이들도 제법 비장한 얼굴로 빡쌤을 따라 했다.

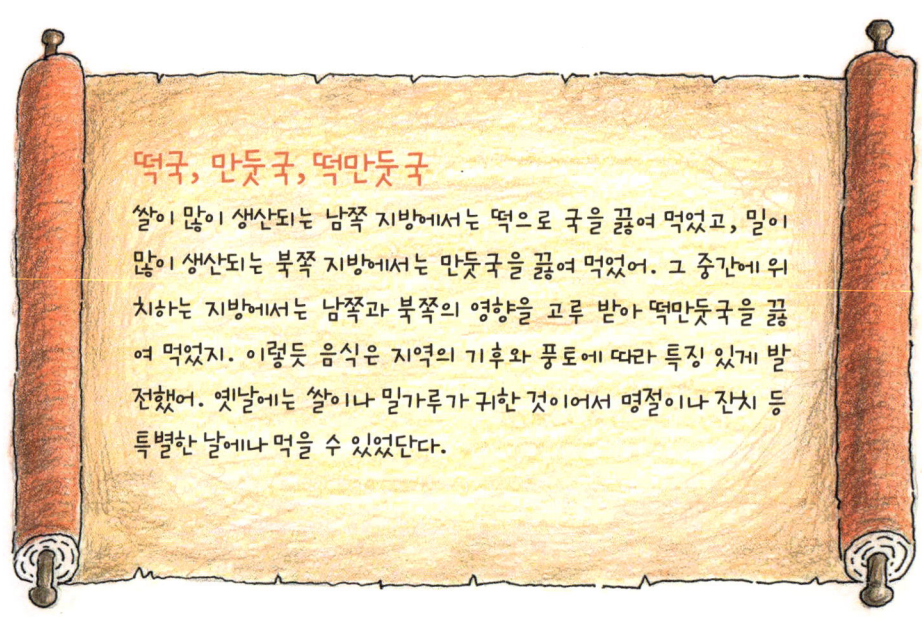

떡국, 만둣국, 떡만둣국

쌀이 많이 생산되는 남쪽 지방에서는 떡으로 국을 끓여 먹었고, 밀이 많이 생산되는 북쪽 지방에서는 만둣국을 끓여 먹었어. 그 중간에 위치하는 지방에서는 남쪽과 북쪽의 영향을 고루 받아 떡만둣국을 끓여 먹었지. 이렇듯 음식은 지역의 기후와 풍토에 따라 특징 있게 발전했어. 옛날에는 쌀이나 밀가루가 귀한 것이어서 명절이나 잔치 등 특별한 날에나 먹을 수 있었단다.

제대로 민족통일을 이루다

왕건은 넓은 포용력으로 후삼국을 통일하고 고려를 세웠어. 왕건은 가장 먼저 나라를 안정시키기 위해 결혼정책을 펼쳤지. 고려는 호족이 함께 힘을 합쳐 세워진 나라여서 호족의 힘을 무시할 수 없었어. 왕건은 세력이 큰 호족들의 딸과 결혼해 호족들을 자기편으로 만든 거야. 그래서 호족들의 혹시 모를 반란의 소지를 미리 막을 수 있었어.

동시에 백성들의 세금을 10분의 1로 줄여줘 백성들의 마음을 살뜰히 돌봐줬어. 왕건은 곧바로 백성들에게 환영을 받고 그들의 마음을 얻었어. 백성들의 지지를 받을 수 있는 것이야말로 왕의 지배력을 탄탄히 할 수 있다는 사실을 알았던 거야. 나아가 백성들의 마음을 하나로 모으기 위해 불교를 장려했어.

그리고 왕건은 호기롭게 북진정책을 펼쳤어. 나라 이름을 고려라고 한 것도 단순한 의미가 아니고 고구려를 이어받아 고구려의 옛 땅을 되찾고 싶다는 왕건의 큰 뜻이 담겨져 있어. 그 뜻은 왕들의 지켜야 할 가르침을 세워 놓은 훈요 10조 안에도 잘 나타나 있어. (수도인 개경 말고도) (고구려의 수도였던) 서경에 1년 중 100일 이상 머무르라는 내용이지.

그런데 태조 왕건이 죽고 혜종 다음에 왕이 된 정종은 한술 더 떠서 아예 수도를 서경으로 옮기겠다고 선언했어. 명분은 고구려의 옛 땅을 찾겠다는 것이었지만 속뜻은 전혀 달랐어. 백성들로 하여금 서경에 궁궐을 짓게 하여 백성들의 분노와 원망을 샀지. 왜 이런 일이 벌어진 걸까? 자 그럼, 고려라는 새 나라에 무슨 일이 벌어졌는지 떠나볼까?

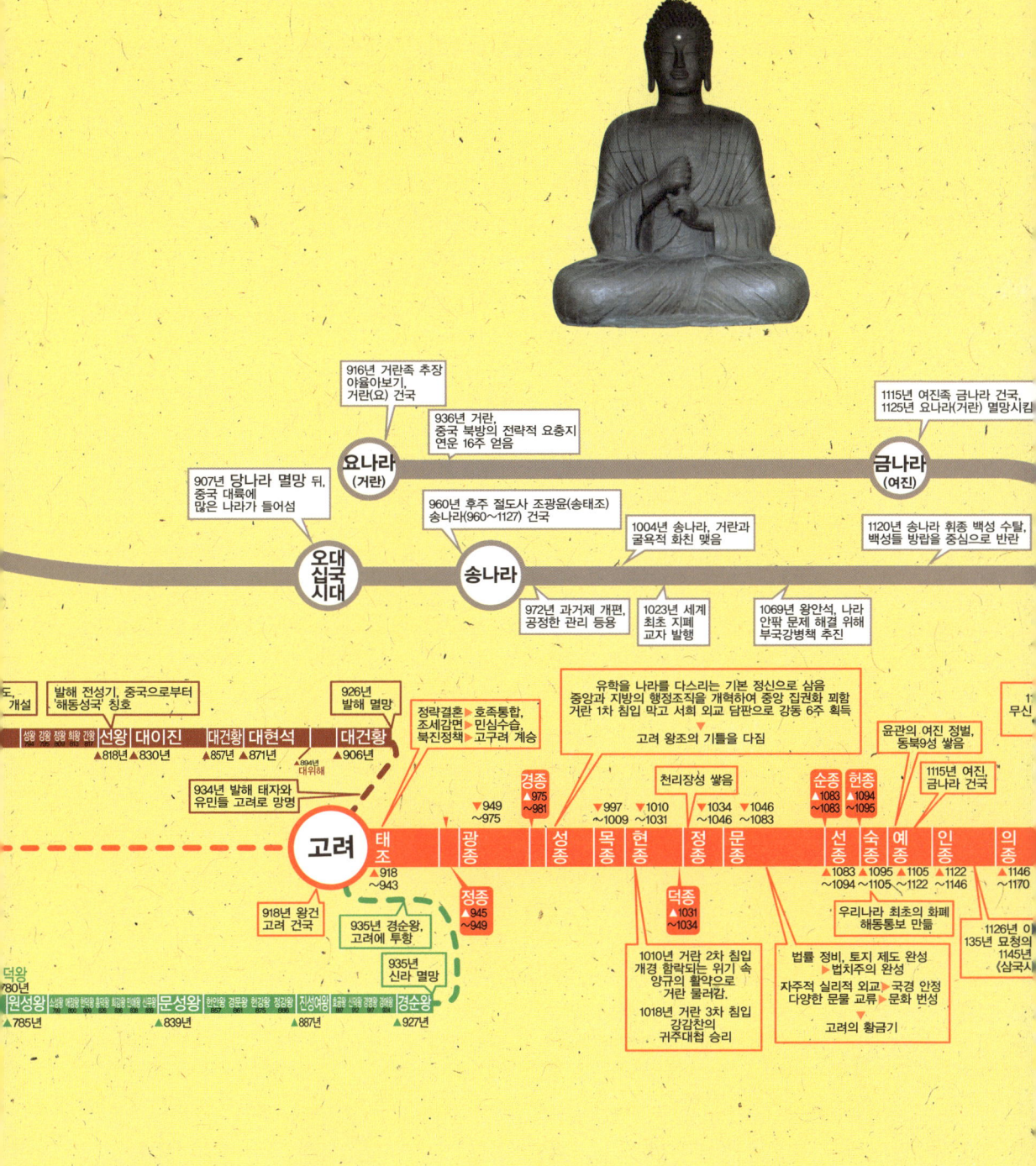

꿈셰프가 밀가루 반죽을 홍두깨로 넓고 얇게 폈다. 그런 다음 시루에게 주전자 뚜껑을 건넸다.

"이걸로 찍어서 만두피를 만들자."

시루가 넓게 편 반죽 판을 주전자 뚜껑으로 누르자 일명 '뽑기 과자'에 새겨진 것처럼 동그란 자국이 남았다. 시루가 꿈셰프가 가르쳐 주는 대로 자국을 들어 내자 동그란 만두피가 만들어졌다. 아이들은 동시에 '와!' 하며 탄성을 질렀다. 그러고는 서로 해 보고 싶어 시루의 눈치를 보았다.

시루가 주전자 뚜껑을 내밀자 아이들은 한 명씩 동그란 만두피를 찍어 냈다. 그렇게 몇 번을 반복하자 쟁반에 만두피가 잔뜩 쌓였다.

"다들 잘하네. 그럼 이제 만두를 빚자. 일단 한 손에 만두피를 얹고, 중앙에 만두소를 올려요."

꿈셰프의 시범을 아이들은 열심히 보고 따라했다. 빡쌤도 마찬가지였다.

"그런 뒤 반달 모양으로 접고, 뾰족한 끝과 끝을 맞닿게 해 붙여서 전체적으로 둥글게 만두를 만드는 거야."

"셰프님, 이건 보통 만두랑 비슷한데요. 개성식 만두는 뭐가 다른 거죠?"

설날마다 집에서 만두를 만들어 본 은지가 제법 능숙하게 만두를 빚으며 물었다.

"일단 북쪽 지방의 만두는 크기가 커. 거의 밥공기만 하지. 그러나 남쪽으로 내려올수록 크기가 작아져. 개성식 만두는 북한식 만두 가운데 작은 편이지. 그러나 북한식 만두답게 우리가 보통 먹는 것보다는 크단다."

"그럼 크기만 큰 거네요."

"크기만 크다고 개성식은 아니야. 다른 지방의 만두소엔 김치가 들어가지만 개성식에는 김치 대신 배추를 데쳐서 넣고 호박, 부추, 숙주나물 등 채소

도 많이 들어가서 담백하고 심심해."

"안 그래도 아까 셰프님이 김치를 넣지 않아서 궁금했는데, 개성식이라서 그렇게 소를 만드신 거군요?"

마토가 만두피에 만두소를 잔뜩 넣으며 말했다. 마토를 본 파래가 질세라 숟가락으로 만두소를 꾹꾹 눌러 올렸다.

"내가 진짜 개성식 만두를 만들어 보이겠어."

"나한테는 안 될걸?"

둘의 경쟁에 시루도 만두소를 될 수 있는 대로 많이 넣으려 애썼다. 그러나 셋의 경쟁은 누구의 승리도 없이 어이없게 끝나고 말았다. 셋이 만든 만두는 안에 넣은 만두소의 압력을 이기지 못하고 터져 버렸다.

"소를 적당히 넣어야지. 터지도록 넣으면 어떻게 만두를 만드니?"

빡쌤이 아이들을 보며 혀를 끌끌 찼다.

"만두소가 많이 들어가야 맛있죠."

마토가 속이 터져 버린 만두를 안타깝게 만지작거렸다.

"마토 말이 맞긴 해."

꿈셰프가 속이 잔뜩 상해 있는 마토를 달랬다.

"무슨 방법이 없을까요?"

시루가 터진 만두피를 어떻게 해서라도 때우려고 반죽 조각을 터진 구멍에 덧대며 말했다.

"방법이 있긴 하지."

꿈셰프의 말에 아이들은 얼굴이 환해지며 일제히 소리쳤다.

"뭔데요?"

"반죽을 더 많이 치대서 점성을 높이면 잘 터지지 않아."

"점성이 뭐예요?"

파래가 처음 듣는 단어에 고개를 갸웃거렸다.

"끈적한 성질을 말해. 끈적할수록 밀가루 입자들이 서로를 붙잡고 있는 힘이 강해서 잘 끊어지지 않지."

빡쌤의 설명에 아이들은 밀가루 반죽을 길게 잡아당겨 보았다. 쉽게 끊어졌다.

"그런데 치대려면 시간이 오래 걸리잖아요."

빡쌤이 난처한 표정으로 말했다. 아직 고려 이야기는 꺼내지도 못했는데 시간이 많이 지났기 때문이다.

"그럼 반죽을 두껍게 만들면 되잖아요?"

시루가 반죽 두 장을 꾹꾹 눌러 붙여서 흔들어 보였다.

"그런 방법도 있지만 그렇게 하면 밀가루 맛만 나서 맛이 없어."

이때 마토가 떼 놓은 만두피와 남은 반죽을 섞어 엄청난 힘으로 반죽을 치대기 시작했다. 얼마 뒤 마토가 힘이 부친지 숨을 가쁘게 쉬며 주저앉았다. 이번엔 파래가 달라붙어 힘껏 치댔다. 파래 뒤를 이어 시루가, 은지가, 마리가, 또다시 마토가, 파래가, 번갈아 가며 힘껏 반죽을 주물러 댔다.

"하하하, 녀석들 어지간히 만두가 먹고 싶었나 보구나."

아이들의 갑작스러운 협동 작업에 꿈셰프가 웃음을 터뜨렸다.

잠시 뒤 마토와 파래가 밀가루 반죽의 양끝을 잡고 당겼다. 아까와는 비교가 안 될 정도로 길게 늘어났다. 아이들은 이마에 맺힌 땀을 손등으로 쓱 닦았다.

꿈셰프와 빡쌤은 천천히 손벽을 치며 고개를 끄덕였다.

"너희들 모습을 보니 이번 고려 이야기를 어떻게 풀지 아이디어가 떠오르

는구나. 고려 이야기는 만두로 시작하자!"

빡쌤의 엉뚱한 말에 아이들과 꿈셰프는 어안이 벙벙한 얼굴이 되었다.

"고려의 역사를 만두로 시작한다고요?"

"고려의 시조는 알이 아니라 만두에서 나왔다는 건가요?"

"그럴 리가 있겠니? 후삼국 시대를 공부하면서 호족 이야기를 했었지?"

"신라 시대 말기 지방에서 재산과 군사력을 키워 그 지역 왕 노릇을 한 세력을 말하죠."

은지가 지난 시간에 배운 내용을 일목요연하게 정리해서 말했다.

고려 궁궐터
개성에 있는 고려의 궁궐터야. 고려의 궁궐은 만월대라고 불리는데, 이 이름은 고려가 망한 뒤에 붙여진 이름이란다.

고려 왕궁 복원 모형
개성에 있던 고려 왕궁을 모형으로 복원해놓았어. 실제로 보면 훨씬 더 웅장할 것 같아. 조선의 궁궐과는 비슷하면서도 뭔가 다른 점이 있구나.

"고려는 그런 호족들이 모여서 만든 나라야. 왕건이 포용력으로 호족들을 모아 후삼국을 통일하고 고려를 세웠지. 호족들의 힘이 아니었다면 통일은 불가능했어. 실제로 후삼국을 통일할 때 고려 군사의 수가 9만여 명이었는데, 그 가운데 왕건에 직접 속하는 군사는 2만여 명에 불과했어. 나머지 7만여 명은 호족들이 거느린 군사였지. 그들이 반란을 일으키면 큰일이겠지?"

"그런데 그게 만두랑 무슨 상관이에요?"

"만두피를 왕의 지배력이라고 하고 만두소를 호족들이라고 해 보자. 그럼 만두는 왕과 호족이 만든 고려겠지. 만두가 제 모양을 유지하려면 왕의 지배

력이 호족들을 충분히 감쌀 수 있어야 해. 안 그러면 만두소가 만두피를 뚫고 나와 만두가 망가지듯 고려라는 나라는 멸망하고 말 거야.

왕건은 포용력이라는 탄력 있고 유연한 마음가짐으로 호족들을 감싸 안았어. 그러나 힘 있는 호족이 무슨 일을 벌일지 아무도 몰랐지. 마치 아주 커다란 만두소가 만두피에 압력을 가하듯 말이야. 더구나 만두를 찔 때 열을 가하면 만두소 안의 수증기가 팽창해 만두피를 터뜨려 버려. 그처럼 호족이 열을 받으면 어떤 일이 벌어질지 몰라. 그래서 왕건이 한 일이 뭐냐 하면……."

빡쌤은 다음 이어질 말이 얼마나 놀라운 건지 기대하라는 표정으로 잠시 말을 끊었다.

"무려 스물아홉 번이나 결혼을 했지!"

이 말에 아이들은 모두 뒤로 나자빠졌다.

"호족들의 반발을 막는 방법이 결혼이라고요? 그것도 스물아홉 번이나?"

"말도 안 돼."

태조 왕건, 나라의 안정을 위해 결혼정책을 펴다

"왕건은 호족들을 자기편으로 만들어 나라를 안정시키려 했어. 그래서 세력이 큰 호족들의 딸과 결혼했지. 결혼하면 친족이 되는 거잖아. 결혼보다 자기편으로 만들기 쉽고 확실한 방법이 또 있겠니? 그러다 보니 무려 스물아홉 명이나 되는 호족의 딸과 결혼한 거야."

또 왕건에게 항복하고 들어오는 호족들에게 자신의 성씨인 왕씨 성을 내주었어. 왕씨 성을 내준 이유는 결혼과 마찬가지로 호족들을 친족으로 받아들

왕건의 가계도

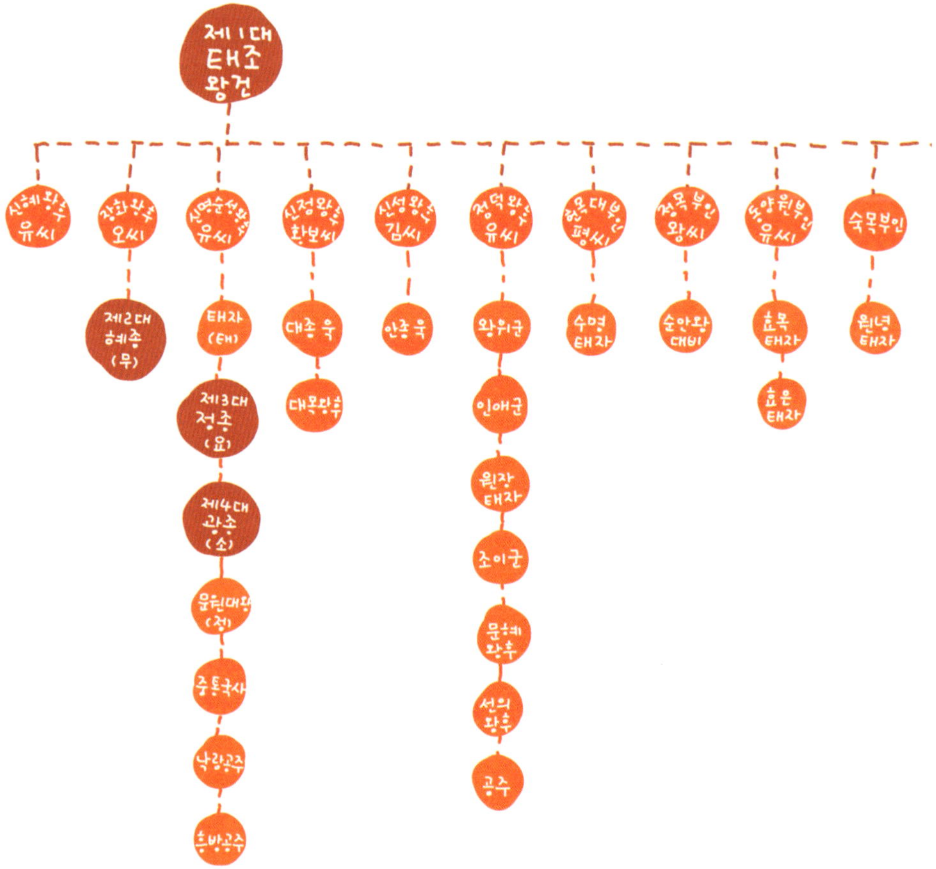

- 제1대 태조 왕건
  - 신혜왕후 유씨
  - 장화왕후 오씨
    - 제2대 혜종 (무)
  - 신명순성왕후 유씨
    - 태자 (태)
    - 제3대 정종 (요)
    - 제4대 광종 (소)
      - 문원대왕 (정)
      - 증통국사
      - 낙랑공주
      - 흥방공주
  - 신정왕후 황보씨
    - 대종 욱
      - 대목왕후
  - 신성왕후 김씨
    - 안종 욱
  - 정덕왕후 유씨
    - 왕위군
      - 인애군
      - 원장태자
      - 조이군
      - 문혜왕후
      - 선의왕후
      - 공주
  - 헌목대부인 평씨
    - 수명태자
  - 정목부인 왕씨
    - 순안왕대비
  - 동양원부인 유씨
    - 효목태자
    - 효은태자
  - 숙목부인
    - 원녕태자

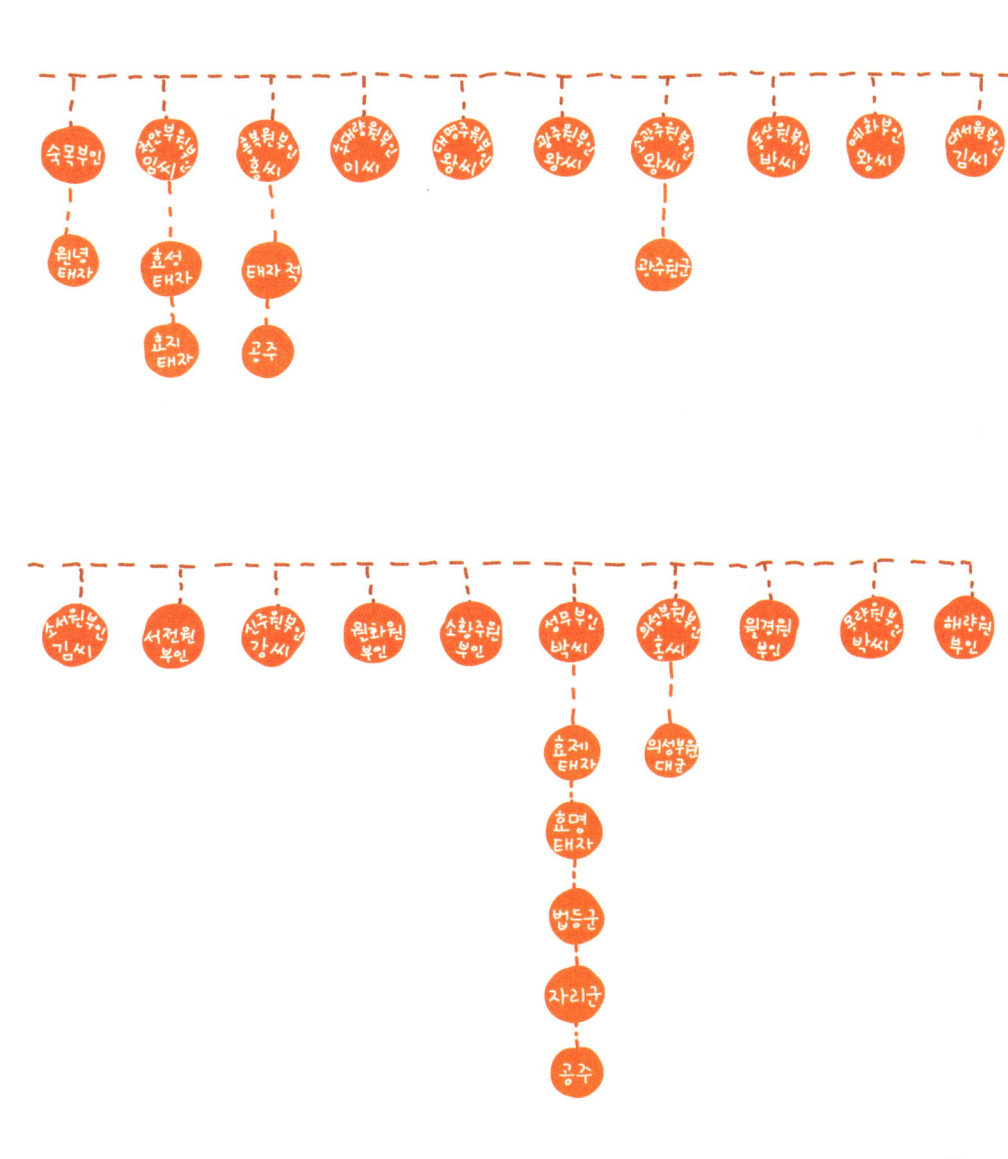

제대로 민족통일을 이루다

여 끈끈한 관계를 맺어 역시 자기편으로 삼겠다는 것이었어.

왕건은 호족들의 마음을 얻어 나라를 안정시키는 동시에 백성을 살폈지. 백성들은 신라 귀족들의 수탈과 오랜 전쟁으로 지칠 대로 지친 상태였어. 왕건은 백성의 마음을 얻지 못하면 결국 신라처럼 망한다는 걸 잘 알고 있었단다. 그래서 세금을 10분의 1로 줄여 주는 한편, 호족들이 지나치게 세금을 거두지 못하도록 했어. 왕건은 포용력뿐만 아니라 역사에서 교훈을 찾을 줄 아는 현명함도 지니고 있었던 거야.

백성들의 마음을 얻는 것은 밀가루 속 글루텐을 활성화시켜 만두피의 점성을 높이는 것과 같아. 아무리 호족의 힘이 강력해도 그 기반은 결국 백성이거든. 백성들이 지역의 지배자인 호족이 아니라 왕을 지지한다면 그만큼 왕의 지배력은 커지겠지. 백성의 지지를 바탕으로 생긴 왕의 지배력은 탄력 있는 만두피처럼 터져 나가려는 호족들을 잡아둘 수 있었지."

"왕건은 나라를 세우고 나라 이름을 고려라고 했어. 그런데 고려라는 나라 이름은 삼국 시대에도 이미 있었어."

"삼국과 가야 말고도 또 다른 나라가 있었던 거예요?"

"아니. 고구려 장수왕이 나라 이름을 고구려에서 고려로 바꾸었어. 헷갈릴까 봐 장수왕 이후 고구려도 고려가 아닌 고구려라고 쓰는 거야. 따라서 왕건이 나라 이름을 정한 고려는 다름 아닌 고구려인 것이지."

고려는 고구려를 계승한다는 뜻!

"왕건이 나라 이름을 고려라고 한 데는 고구려를 계승한다는 뜻이 담겨 있

왕건은 탄생에 얽힌 신화가 없나요?

왕건의 아버지 왕륭은 부인 한 씨와 송악산 남쪽 기슭에 살고 있었어. 어느 날 도선이 찾아와 말했어.

"내가 말한 대로 집을 고쳐 지으면 반드시 슬기로운 아이를 낳을 것이오."

왕륭은 도선이 말한 대로 집을 고쳐 짓고 살았어. 그러자 열 달 뒤에 사내아이가 태어났어. 그 아이가 바로 '왕건'이야. 왕건이 태어날 것을 예언한 도선은 풍수지리설의 대가로 알려져 있지. 뒷날 도선은 왕건에게 『도선비기』를 주면서 왕이 될 가르침을 주었다 해.

도선 국사비
전라남도 영암군 도갑사에 있는 도선 국사비야. 도선 국사가 쓴 『도선비기』는 오늘날까지 전해 오지는 않지만 당시에는 중요한 결정을 할 때 늘 참고하는 중요한 책이었어.

어. 그것은 또 고구려 옛 땅을 되찾겠다는 의미이지. 왕건은 고구려의 수도였던 평양을 '서경(서쪽에 있는 서울)'이라 하고 개경(송악, 개성)만큼이나 중요하게 생각했어. 그 예로 왕건 이후 왕들이 지켜야 할 가르침인 '훈요 10조'에는 서경에 가서 1년에 100일 이상 머물라는 내용이 있어."

"와, 그럼 고구려가 다시 살아난 거네요?"

"멸망한 고구려가 되살아났다기보다는 고려가 고구려, 백제, 신라를 다시 통일한 나라인 만큼, 우리 민족의 북쪽 옛 영토 역시 되찾는 게 마땅하다고 생각했겠지. 또한 고구려를 아쉬워하고 우러러보던 당시 사람들의 마음이 반영되었을 거야."

"그럼 고구려에 관한 생각이 현재 우리와 비슷했나 봐요."

"역사상 중국의 거대한 나라들로부터 늘 위협을 받아 온 입장에서, 그들과 대등하게 맞선 고구려는 자부심을 느끼게 할 만한 존재이지. 궁예가 처음 나라를 세웠을 때 고구려라고 이름을 지은 것도 그런 민심이 반영된 것이고."

아이들은 앞으로 이어질 고려 이야기가 정말 기대됐다.

"왕건은 북쪽 지방에 성을 쌓고 군대를 주둔시켰어. 그리고 점차 영토를 넓혀 가며 고구려 옛 땅을 되찾겠다는 뜻을 조금씩 이루었어. 한편, 발해 사람들이 거란에 멸망하고 고려로 내려왔어. 그러자 왕건은 그들을 따뜻하게 맞아 주었으며 살 곳과 땅을 일굴 곳을 마련해 주었지. 여기에도 역시 고구려 옛 땅을 회복하겠다는 뜻과 아울러 진정한 의미의 민족 통일을 이루겠다는 의지가 담겨 있단다.

이렇듯 '훈요 10조'를 보면 고려가 나아가야 할 길과 경계해야 할 일을 알 수 있어. 훈요 10조의 내용을 정리하면,

▶ 백성의 마음을 모으기 위해 불교를 장려하되 함부로 절을 만들지 못하

훈요 10조

태조 왕건은 죽기 전에 후대 왕들이 지켜야 할 열 가지 가르침을 만들어 전했다. 이 가르침을 '훈요 10조'라 한다. '훈요 10조'의 내용은 다음과 같다.

1조. 불교의 힘으로 나라를 세웠으니 불교를 장려할 것.
2조. 절은 풍수지리설*에 따라 정한 곳 외에는 함부로 짓지 말 것.
3조. 왕위는 맏아들이 계승하는 것을 원칙으로 하되 맏아들이 현명하지 못하면 다른 아들이 계승하게 할 것.
4조. 우리나라는 사람과 땅이 중국과 다르니 중국의 제도를 억지로 따르지 말고 거란의 제도를 본받지 말 것.
5조. 서경(평양)에 가서 1년에 100일 이상 머무를 것.
6조. 연등회와 팔관회를 성대히 열 것.
7조. 상벌을 분명히 하고 간언에 귀를 기울여 백성들의 신망을 잃지 말 것.
8조. 차령산맥 이남 외곽 출신은 반란을 일으킬 우려가 있으니 벼슬을 주지 말 것.
9조. 해마다 무예가 뛰어난 사람에게 적당한 벼슬을 줄 것.
10조. 경전과 역사서를 널리 읽어 옛일을 교훈 삼아 반성하는 자세로 나랏일에 임할 것.

*풍수지리설
동양 철학인 음양오행설을 바탕으로 땅의 이치를 정리해 놓은 이론이다. 지형이나 방위 등을 보고 집터, 묘지 터, 도읍지 등을 잡는다.

게 하고 승려의 권력이 커지지 않도록 할 것(1조, 2조, 6조).

▶ 북쪽으로 영토를 넓히고 국방을 튼튼히 할 것(5조, 9조).

▶ 옳고 그름을 잘 판단하고 백성의 마음에 귀를 기울일 것(7조).

그런데 이 모든 것 가운데 가장 중요한 조항은 10조야.

▶ 열심히 공부하고 역사를 잘 되새겨 잘못된 것을 다시 밟지 말 것."

훈요 10조대로만 했어도 고려 시대에 벌어진 수많은 잘못을 막을 수 있었을 거야. 그러나 많은 왕이 이 교훈을 마음에 새기지 않았지.

그럼 훈요 10조가 어떻게 고려 사회에 영향을 미쳤는지 볼까?

먼저 백성들의 마음을 하나로 모으기 위해 불교를 장려하라는 부분이야."

고려 왕실과 지방 호족들 앞다퉈 거대 불상을 만들다

"고려가 세워진 뒤 고려 왕실에서는 수많은 절을 세우고 불상을 만들었어. 후삼국 통일의 업적을 기리고 고려 건국의 정당성을 백성에게 알리려 한 거야.

왕실뿐 아니라 지방 호족도 앞다퉈 곳곳에 절을 세우고 불상을 만들었어. 그런데 호족이 불상을 만든 것에는 조금 불순한 의도가 엿보여. 불상을 통해 사람들에게 자신의 힘을 과시하려 한 거야. 즉, 자기 지역에서 자신의 힘이 얼마나 강한지 백성과 왕에게 보이려는 의도가 있었던 거지.

이런 생각 때문인지 고려 불상은 신라 불상과는 달리 거대하고 각각 개성이 담겨 독특해. 또 머리 부분이 지나치게 커 균형이 맞지 않기도 해. 마음의 평화를 얻기 위해 만든 이전 시기의 불상에서 아름다운 균형미를 볼 수 있는

제대로 민족통일을 이루다

파주 광탄면 용미리 마애불
경기도 파주에 있는 이 마애불은 고려가 낳은 거대 불상 중 하나야. 마애불이란 커다란 바위 벽에 새긴 불상을 말해. 고려 선종이 아들이 없어 걱정이 태산이었는데 장지산 아래 큰 바위에 두 부처님을 새기게 하여 절을 짓고 불공을 드리니 왕자가 태어났다는 이야기가 전해지지.

3부 고려로 다시 하나가 되다

논산 관촉사 석조 미륵보살 입상
충청남도 논산시 은진면 관촉사에 있는 미륵보살 입상이야. 높이가 18미터로 6층 건물과 맞먹는단다. 큰 머리와 높이 솟은 보관(모자)이 인상적이지 않니?

것과는 달라. 뭔가 독특하고 강하게 표현하고자 한 속내가 엿보이지.

불상을 만들 때 철을 사용하기도 했어. 철은 무기를 만드는 재료잖아? 강한 힘을 과시하기 위해 무기를 만드는 철로 불상을 만든 것 같아.

이 외에도 불상의 몸통 부분은 커다란 바위에 새기고 머리 부분은 입체로 조각하여 바위 위에 얹는 등 독특한 방법도 쓰였어."

해마다 연등회와 팔관회 축제를 즐기다

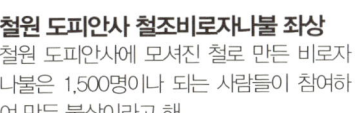

철원 도피안사 철조비로자나불 좌상
철원 도피안사에 모셔진 철로 만든 비로자나불은 1,500명이나 되는 사람들이 참여하여 만든 불상이라고 해.

"불교를 장려하기 위한 정책은 절을 세우고 불상을 만든 것 말고 다른 것도 있었어. 연등회와 팔관회를 크게 연 거지. 이것 역시 훈요 10조에 있는 항목이야.

연등회는 매년 봄에 열렸어. 고려 사람들은 전국 방방곡곡에 연꽃 모양의 등불을 밝히고 부처님의 자비와 가르침이 널리 퍼지기를 기원했어.

팔관회는 매년 11월 15일에 개경과 서경(서경 팔관회는 10월 15일)에서 열렸어. 팔관회는 처음에는 이름 그대로 도둑질, 거짓말, 살인 등 여덟 가지 죄를 범하지 않도록 마음을 깨끗이 하는 불교 풍습이었어. 그러나 팔관회는 불교 풍습의 의미는 거의 사라졌어. 대신 하늘 신, 땅 신, 용신 등 토속 신에게 맛있는 음식을 바치며 나라의 평안을 비는 행사로 변했지.

포구락
팔관회에서 추던 춤이야. 구멍 안에 공을 던져 넣는 놀이를 춤과 음악에 담았다고 해. 만약 공을 던져 넣으면 꽃을 선물로 받고 못 넣으면 뺨에 먹물을 칠했다고 하는구나.

연등
고려 시대에는 매년 음력 정월 대보름에 부처에게 복을 비는 연등회를 열었어. 연등에 소원을 담아 불을 밝히면 그 소원이 이루어진다고 믿었단다.

제대로 민족 통일을 이루다

　팔관회 때는 개경으로 전국의 사람들이 몰려와 음악과 무용, 놀이를 하면서 축제를 즐겼어. 축제에는 고려인 말고도 송나라 상인, 여진족, 멀리 아라비아 상인도 참석했어. 그들은 왕에게 축하 인사를 건네고 선물을 바쳤지."

왕실의 지원을 받아 불교가 크게 발전하다

　"절을 짓고 불상을 만들고 불교 행사를 성대하게 치르면서 불교는 크게 발전했어. 하지만 불교 발전의 가장 큰 이유는 왕실의 불교 보호와 지원이야. 고려가 불교의 나라인 만큼 승려는 사람들의 존경을 받았어.

　하지만 승려가 되려면 나라에서 치르는 '승과'에 합격해야만 했지. 게다가 신분이 낮은 천인은 승려가 될 수 있는 자격을 아예 얻지 못했어. 승려가 얼마나 높은 지위에 있었는가 하면, 신분 높은 왕자나 귀족이 승려가 되는 예도 있었어. 불교계를 하나로 통합하기 위해 노력했던 대각국사 의천은 문종의 넷째 아들이야.

　고려 시대의 절은 불교 의식을 행하는 장소이면서 동시에 경제 활동이 이루어지는 장소이기도 했어. 왕실과 귀족들은 많은 땅을 절에 기증했어. 절이 소유한 넓은 땅에서 풍부한 곡식을 거둬들였고 수확한 곡

대각국사 의천
의천은 중국 송나라에서 유학하고 돌아와 천태종을 새로 세웠어.

통도사 장생표
통도사의 영역을 표시하는 비석이야. 통도사 주변에 장생표 열두 개가 있는데, 장생표 안쪽의 땅은 모두 통도사 땅이지.

식을 사람들에게 팔기도 했지. 시간이 갈수록 많은 상인이 절에 모여들었어. 급기야 절이 물건을 사고파는 시장 역할도 함께하게 되었지.

이렇게 재산이 모이자 절은 백성들에게 땅을 빌려주어 농사짓게 하거나 소, 쌀, 옷감 등을 빌려주기도 했어. 심지어 절은 이런저런 빌려주기 사업으로 이자를 높게 받아 이윤을 많이 챙겼지. 돈이 될 만한 건 다 하다 보니 절은 점점 부유해졌고 절의 수와 규모는 점점 커졌어."

"왕건의 훈요 10조가 지켜지지 않은 거군요. 절을 마구 짓고 늘리는 것을 경계하라고 했잖아요."

은지가 훈요 10조의 두 번째 조항을 생각해 냈다.

"맞아. 승려들이 부처를 재산을 늘리는 도구로 이용하면서 고려 사회에 심각한 문제를 불러오게 돼. 이건 고려 말에 이야기하기로 하고."

"그런데 왕건 역시 자신이 말한 훈요 10조에 맞지 않는 행동을 해. 그래서

국보 제235호 감지금니대방광불화엄경보현행원품
검푸른 종이 위에 금가루로 쓴 화엄경이야. 고려 시대의 화려하고 아름다운 불교문화를 엿볼 수 있단다.

많은 사람이 죽게 되지."

"자신의 유언을 지키지 않았다니요? 유언이라면 죽으면서 하는 말인데, 죽은 다음에 귀신이 돼서 사람을 죽였단 거예요?"

시루가 얼굴에 밀가루를 바르고 무서운 표정을 짓자 아이들은 만들던 만두를 내던지며 비명을 질렀다.

"이건 무서운 이야기라기보다 슬픈 사랑 이야기라고 해야겠구나."

빡쌤의 말에 아이들은 뭔가 기괴하면서도 흥미진진한 이야기가 나올 것 같아 눈을 반짝였다.

돗자리 왕 혜종, 아버지 덕에 죽다

"자, 이제 슬픈 사랑 이야기를 시작할게. 이번 이야기의 주인공은 왕건의 맏아들이자 고려의 두 번째 왕 혜종이야. 그 전에 아까 말한 만두 이야기를

좀 더 하자."

"선생님, 쟁반에 만두가 다 찼는데요?"

고려 이야기를 하면서도 얼마나 열심히 만두를 만들었으면, 어느새 쟁반 가득 만두가 쌓였다. 꿈셰프는 솥에 만두를 차곡차곡 넣고 찌기 시작했다. 빡쌤의 이야기가 계속되었다.

"만두피가 만두소를 감당하지 못하면 터지듯이 왕의 힘이 호족들을 견디지 못하면 왕권이 흔들릴 거야. 왕건은 포용력과 혼인 정책 등으로 호족들을 잘 감싸 안았어. 그런데 이것이 다음 왕의 발목을 잡았지.

한 명을 제외한 왕비 스물여덟 명은 저마다 자기 지역에서 재력과 군사력을 가진 호족 집안 딸이었어. 그러니 자기 집안 출신 왕비가 낳은 왕자가 왕위를 잇기를 바랐지. 왕건에게는 왕자 스물다섯 명과 공주 아홉 명이 있었어. 그 가운데 세 번째 왕비 신명순성왕후 유 씨의 친정인 충주 유씨 집안은 막강한 권력을 갖고 있었지. 그들은 힘이 강한 자기 집안 출신 왕자가 왕이 되는 게 당연하다고 생각했어.

그런데 왕건은 두 번째 장화왕후 오 씨가 낳은 왕자 왕무를 태자로 정했어.

숭의전
경기도 연천군에 있는 태조 왕건의 신위를 봉안하여 제사 지내던 사당이야.

장화왕후는 스물아홉 왕비 가운데 가장 힘이 없는 집안 출신이었어."

"호족들의 힘이 강한 나라인데 힘없는 사람을 태자로 삼다니. 이건 누가 보더라도 큰 문제가 생길 것 같은데 왕건은 왜 그런 결정을 내렸죠?"

"훈요 10조 가운데 2조에선 맏아들을 왕으로 삼으라는 말이 있지. 또 10조에선 과거의 역사를 교훈으로 삼으라 했어. 왕건은 견훤이 맏아들이 아닌 넷째를 태자로 삼았다가 나라가 망한 사실을 깊이 새기고 있던 거야.

그런데 2조에 보면 맏아들이 능력이 부족하면 다른 왕자를 왕으로 삼으라고 했지?"

"그럼 혜종, 아니 왕이 되기 전이니 왕무지. 그가 부족한 게 많았나요?"

"천만에. 왕무는 태자로 봉해진 뒤 아버지 왕건과 전쟁터를 누비며 많은 공을 세운 능력 있는 사람이야. 문제는 개인의 능력이 아니라 집안이라는 배경에 있었어. 당시 만두피의 탄력을 좌우하는 건 강력한 호족을 자기 세력으로 가지고 있느냐 그렇지 않으냐였지. 왕무의 만두피는 다른 호족들을 감당할 힘이 없었던 거야."

"그런데도 왕무를 태자로 정한 데는 그럴 만한 이유가 있을 것 같아요. 왕무가 특별히 아끼는 아들이었다든지."

"왕무는 왕건의 두 번째 왕비 장화왕후에게서 태어났는데 왕건의 맏아들이었어. 첫 번째 왕비는 자식이 없었거든. 정략결혼*을 한 다른 왕비들과는 달리 나름 러브 스토리가 있었지."

"러브 스토리요?"

어른이 되면 로맨틱한 사랑을 하겠다고 꿈꾸는 마리가 눈을 반짝이며 물었다.

"왕건이 궁예의 부하로 나주를 점령했을 때였어. 아직 왕이 되기

*정략결혼
이익이나 목적을 위하여 하는 결혼을 말해.

전이니 정략결혼 같은 건 생각도 안 했겠지. 왕건은 오색구름이 떠 있는 것을 보고 신기해 개울가로 갔어. 거기에는 마침 한 여인이 빨래를 하고 있었지. 왕건은 여인에게 한눈에 반해 둘은 혼인을 했어. 그 사이에서 낳은 아들이 바로 왕무야."

"오색구름이니 뭐니 하는 거 보니 뭔가 지어낸 거 같아요."

"그런 냄새가 나지. 하지만 다른 왕비와의 사이엔 특별한 이야기가 없었어. 이걸로 보아 왕건에게 뭔가 남다른 감정이 있었을지도 몰라. 사랑의 감정 같은 거 말이야. 물론 이건 순전히 내 생각이지만 말이야."

"하긴 다른 왕비 같은 경우는 혼인이라기보다 필요한 걸 주고받는 거래 같았어요. 사랑이라니 좋긴 한데 슬픈 사랑 이야기라면서요? 무슨 일이 있었나요?"

"돗자리 왕이란 말에 힌트가 있어. 혜종의 얼굴엔 돗자리 자국 같은 게 있었대. 그런데 그 자국이 장화왕후가 왕무를 돗자리 위에서 낳는 바람에 얼굴에 새겨졌다는 거지."

"왕비가 왜 돗자리 위에서 아이를 낳아요? 비단 이불 같은 데가 아니고."

"그게 바로 왕무가 다른 세력으로부터 견제를 받았다는 증거지. 돗자리에서 아이를 낳을 정도로 가진 것 없고 별 볼 일 없는 신분이라고 험담한 거야."

"태자에 대해 그런 험담을 할

나주 완사천
왕건이 두 번째 왕비 장화왕후 오 씨를 만난 곳이야. 장화왕후는 고려 제2대 왕 혜종을 낳았어.

정도면 아주 우습게 보았단 말인데 왕건은 그런 상황을 모르고 태자로 삼았나요?"

"왕건이 살아 있을 당시에 돗자리 왕(자)이란 말이 돌았는지는 몰라. 하지만 왕건 역시 자신이 죽은 뒤 태자가 겪을 상황을 짐작하고 있었어. 그래서 측근이자 중신인 박술희에게 왕무, 즉 혜종을 도울 것을 당부했지. 왕건이 죽자 신명순성왕후 유 씨의 아들인 왕요와 왕소는 서경 세력의 핵심인 왕식렴과 손잡고 혜종을 압박해. 그래서 왕요, 왕소, 왕식렴 등 서경을 기반으로 한 세력을 서경파라고 해. 반대로 혜종, 박술희 등 개경을 중심으로 한 세력을 개경파라고 하지.

서로 으르렁거리며 맞서던 중 박술희는 모함을 받아 귀향 갔다 살해당해. 혜종을 보호할 방패가 사라져 버린 거지. 그러던 어느 날 혜종의 침실로 자객이 들이닥쳐. 혜종은 전쟁터에서 싸운 실력으로 자객을 물리쳤지. 그러나 왕요 일파는 끊임없이 혜종을 위협했어. 혜종은 언제 죽을지 모른다는 불안감 속에서 하루도 마음 편할 날이 없었어. 결국 혜종은 왕위에 오른 지 2년 4개월 만에 병으로 죽어. 사람들은 그가 병이 아니라 독살당한 게 아닌가 의심하기도 해."

"아, 너무 불쌍해. 그래서 슬픈 사랑 이야기라고 하신 거구나."

마리가 눈물을 글썽였다.

"여기까지는 슬프긴 하지만 그래도 비극이랄 것까진 없어. 진짜 살벌한 이야기는 이제부터야."

죽음의 땅 개경을 떠나라

"혜종이 죽자 기다렸다는 듯이 서경파는 개경파 신하 수백 명을 죽이고 무력으로 왕요를 왕으로 세워. 그가 고려 제3대 왕 정종이야."

"태조 왕건이 탄력 있는 만두피이고, 혜종이 허약한 만두피였다면, 정종은 어떤 만두피였나요?"

마토가 만두 찌는 소리를 행복한 표정으로 들으며 말했다. 마토는 찜통 안의 만두들이 모두 터지지 않고 온전하길 진심으로 바랐다.

"글쎄, 탄력은 없지만 두꺼운 만두피라고나 할까? 정종은 강하고 고집스러운 성격이었어. 다른 사람이 뭐라고 해도 잘 듣지 않고 자기 생각대로 했지. 융통성이 별로 없었단 말이야. 그것은 서경파라는 강력한 세력이 뒤에 버티고 있었기 때문에 가능했지. 정종은 즉위하자마자 수도를 서경으로 옮기겠다고 선언해. 태조의 유언대로 고구려의 옛 땅을 되찾겠단 명분이었지만 사실은 다른 이유가 있었어. 정종은 겉으론 강했지만 속마음은 달랐어. 왕이 되기 위해 수많은 사람을 죽인 데 대한 죄책감이 컸어. 또 그로 인해 민심이 돌아서서 늘 불안해했지. 민심이 돌아서면 그 끝이 어찌 되는지 알았거든. 그래서 죽음의 그림자가 드리워진 개경을 떠나 서경에서 새 출발을 하고 싶었던 거야."

정종은 서경으로 도읍지를 옮기겠다고 선언해. 그러고는 개경의 백성들과 식량 및 자재를 모두 동원해 서경에 궁궐을 짓게 하지. 수많은 개성 백성들의 고통과 원망의 목소리를 정종은 들은 척도 하지 않았어.

"민심을 두려워하면서 백성들의 목소리에 귀를 닫다니 어이가 없네요."

"어차피 민심을 잃은 곳이니 밑바닥까지 다 이용하고 버리겠다는 거지. 그리고 서경에서 잘하면 된다고 생각했을 거야."

"반발이 있었을 텐데 어떻게 했나요?"

"이 무렵 정종은 거란이 침입한다는 보고를 받아. 그래서 호족 연합군인 광군을 조직하는데 군사의 수가 무려 30만 명에 달했어. 정종은 이 군대를 자신의 권력을 강화하는 데 이용하려 했어. 자신의 잘못을 무력으로 덮으려 한 거야. 너희 이거 아니? 자신을 강하게 보이려는 행동은 속으로는 죄책감과 불안감이 더욱 커지고 있단 걸 의미한단다.

어느 날 정종이 여진족이 올린 진상품을 살피고 있을 때였어. 갑자기 시커먼 먹구름이 몰려오더니 엄청난 천둥 번개가 내리쳤어. 정신적으로 약해져 있던 정종은 경기를 일으켜 쓰러졌지. 그러고는 시름시름 앓기 시작했어. 백성들은 정종이 병을 이기지 못하고 빨리 죽기를 바랐어. 그래야 어깨에 짊어진 고통스러운 노역에서 벗어날 수 있으니까. 마치 신라 말기 진성 여왕을 향해 저주의 주문을 외던 신라 백성들처럼 말이지. 수많은 사람의 바람대로 정종은 죽고 말아. 정종이 죽은 뒤 서경 천도 계획은 없었던 일이 되고 궁궐 공사도 멈추게 되지. 백성들의 신망을 잃지 말라고 한 아버지의 유언 훈요 10조를 깊이 새기지 못한 탓이야."

"결국 만두피를 두껍게 해서 만두소가 터져 나오는 건 막았지만 그가 만든 건 맛있는 만두가 아니라 그냥 밀가루 덩어리였군요."

은지가 만두를 빗대어 정종의 그릇된 정치를 말하자 아이들은 자기들이 만든 만두피가 두꺼운지 아닌지 살펴보았다. 밀가루 반죽을 오래 치댄 덕인지 만두소가 듬뿍 들어갔지만 터진 것은 없었다.

"선생님, 잠깐 이야기를 멈추시고 여기 만두 중 맘에 드시는 걸 골라 주세요. 훈요 10조처럼 뭔가 교훈 삼을 만한 게 있어야 그걸 따라 제대로 된 만두를 만들죠."

시루의 말에 빡쌤은 아이들이 만든 만두를 유심히 살펴보았다.

파래의 만두는 울퉁불퉁 못생겼고, 시루의 만두는 여기저기 땜빵을 해서 너덜너덜했다. 마리의 만두는 예뻤지만 만두소가 적게 들어가 빈약해 보였다. 은지의 만두는 설날마다 만들어 본 솜씨 덕에 남달랐다. 만두소도 많이 들어가고 모양도 동그랗고 예뻤으며 무엇보다 가장자리를 빈틈없이 꼭꼭 눌러 야무져 보였다.

그런데 빡쌤이 고른 건 은지 만두가 아니라 마토의 만두였다. 마토의 만두는 예쁘진 않았다. 그러나 맛있는 만두를 먹고 싶은 간절한 마음이 담겨 있었다.

마토는 만두소를 최대한 많이 넣고는, 한 조각의 만두소도 터져 나오지 않도록 집중했다. 아이들은 마토가 그토록 집요하게 뭔가를 하는 걸 처음 보았다. 힘껏 눌러 붙인 가장자리는 빈틈이 없고 큼직하고 먹음직스러웠다.

"마토의 만두가 다음 왕인 광종을 불러오는구나."

"광종의 만두피는 어땠는데요?"

"빈틈없이 집요하고 많은 만두소를 품었지만 흐트러지지 않았지. 이제야 진정한 만두의 모양새를 갖췄다고나 할까?"

"그 말씀은 광종에 이르러서야 고려가 나라다운 모습을 갖추게 되었다는 뜻이죠?"

"그래. 광종은 호족들이 왕권을 멋대로 흔들지 못하게 만들었어. 이제 그 이야기를 해 볼까?"

밑줄 쫙! 은지의 한국사 노트

1. □□은 왕권을 튼튼하게 하려고 결혼 정책을 폈다. □□의 딸과 결혼함으로써 □□들을 자기편으로 만들어 왕권을 안정시키려 했다. 또 항복하고 들어오는 □□들에게 자신의 성씨인 왕씨 성을 내주었다.
   호족, 호족, 호족, 태조

2. 왕건이 나라 이름을 고려라고 한 데는 □□□를 이어받겠다는 뜻이 담겨 있다. 그것은 또 □□□ 옛 땅을 되찾겠다는 의미가 있다. 그래서 왕건은 고구려의 수도였던 □□을 '서경(서쪽에 있는 서울)'이라 하고 개경(송악, 개성)만큼이나 중요하게 생각했다.
   고구려, 고구려, 평양

3. 태조 왕건은 죽기 전에 후대 왕들이 지켜야 할 열 가지 가르침을 만들어 전했다. 이 가르침을 □□ □□라 한다.
   훈요 10조

4. 고려가 세워진 뒤 왕실뿐 아니라 □□ □□들도 앞다투어 곳곳에 절을 세우고 불상을 만들었다. 고려 불상은 신라 불상과는 달리 □□하고 각각 □□이 담겨 있다는 특징이 있다. 예를 들면 논산 □□□ 석조 미륵보살 입상은 높이가 18미터로 6층 건물과 맞먹는다.
   사찰권, 양반, 대귀, 호족 음기

5. 고려인들은 해마다 □□□와 □□□ 축제를 즐겼다. □□□는 매년 □에 열렸는데 고려 사람들은 전국 방방곡곡에 연꽃 모양의 등불을 밝히고 부처님의 자비와 가르침이 널리 퍼지기를 기원했다. □□□는 매년 11월 15일에 개경과 서경에서 열렸다. 처음에는 불교 풍습이었는데 고려에서는 하늘 신, 땅 신, 용신 등 토속신에게 맛있는 음식을 바치며 나라의 평안을 기원하는 행사로 변했다.
   팔관회, 봄, 연등회, 팔관회, 연등회

고려의 기틀을 다진 사람들

정종 다음으로 왕이 된 광종은 처음에는 호족 중심으로 흘러가는 조정을 조심스레 지켜왔어. 그러다가 7년이 지난 후 빈틈없이 준비해 놓았던 개혁을 칼날을 빼들었지. 그 칼날의 이름은 '노비안검법'이었어. 억울하게 노비가 된 사람을 풀어주는 법이었지. 이 법으로 호족들에게 속해있던 노비들을 빼앗자 노비들은 자연스레 양인이 되었어. 양인이 된 노비들은 나라의 기반이 되었고 이는 탄탄한 왕권강화로 이어졌어.

백성들의 지지를 받은 광종은 조정에서 호족들을 몰아내고 그 자리에 실력 있는 관리들을 뽑아서 앉혔어. 이 관리들은 집안의 힘이 아니라 '과거제'를 통해 실력만으로 시험에 합격해 조정에 들어왔기 때문에 왕에게 충성을 다했어. 이로써 정종은 왕권에 도전하는 호족들의 손발을 모두 잘라버렸어.

정종을 이은 경종은 광종처럼 호족을 완벽하게 억누르지는 못했어. 하지만 '전시과'라는 토지제도를 만들어 나라의 기틀을 잡았지.

'나라의 기틀' 하면 성종이지. 정종을 이어 왕이 된 성종은 고려왕조의 기틀을 단단하게 다진 왕이야. 성종은 최승로의 상소문인 '시무 28조'의 뜻을 받아들여 유교를 나라 다스리는 기본정신으로 삼았어. 또 중앙과 지방의 행정조직을 개혁해 중앙집권화를 이루었고, 교육으로 나라의 기반을 다졌어.

거란이 쳐들어오자 서희로 하여금 외교사절로 나서게 해 강동 6주를 확보했어. 성종의 실리적인 외교정책이 빛을 발한 거야. 그 빛이 얼마나 환했는지 그 빛나는 때로 떠나볼까?

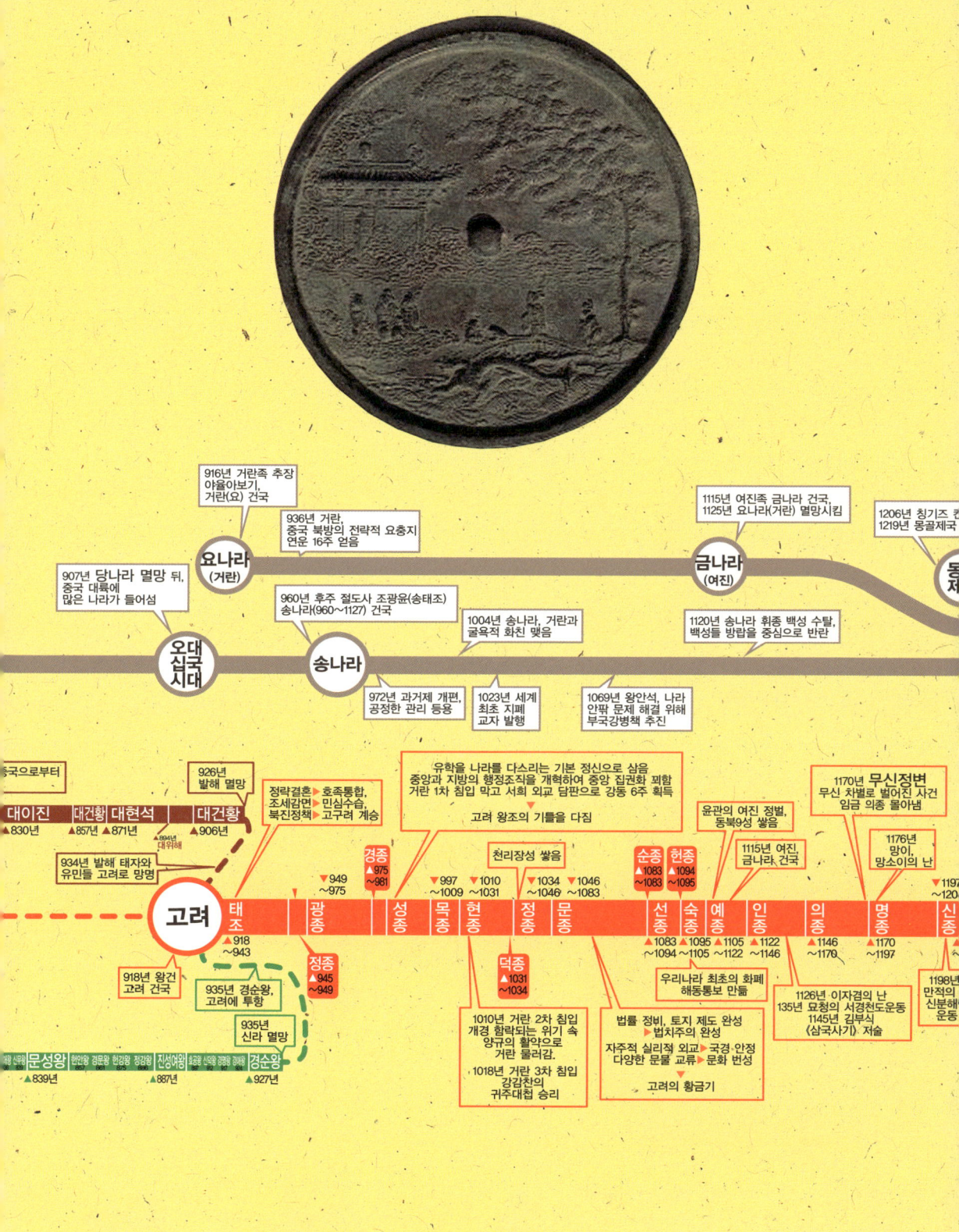

광종, 노비안검법으로 호족의 힘을 누르다

"정종(왕요) 다음으로 고려 제4대 왕이 된 광종은 정종의 친동생 왕소야. 광종은 형 정종과는 성격이 달랐어. 정종이 자기 맘대로 일을 저지르고 고집 세게 밀어붙이는 성격이라면, 광종은 조심스럽고 치밀했지. 그러다 뭔가 기회다 싶으면 그때 과감하게 밀어붙였어.

광종은 즉위한 뒤 7년 동안은 특별히 무슨 일을 벌이지 않았어. 나라 살림을 호족들이 끌고 가도록 내버려 두었지. 광종은 왕권을 강화하는 데 가장 큰 걸림돌이 호족이라는 사실을 잘 알고 있었어. 호족들을 함부로 대했다가 그들이 반란을 일으킨다면 막을 방법이 없다는 것 역시 잘 알고 있었지.

광종은 『정관정요』란 책을 읽으면서 어떻게 호족들의 힘을 약하게 만들까 궁리했어. 그러면서 민심을 자기편으로 돌리려고 조심스럽게 움직였지. 그는 백성들이 마음을 의지할 절을 여러 군데 지었어. 또한 화엄종* 승려 균여*와 친하게 지내며 불교를 통해 백성들의 마음에 다가가려 노력했단다.

시간이 지나 광종은 마침내 개혁의 칼을 빼들 준비가 되었어. 광종은 호족 중심인 조정에선 자기의 개혁을 실행할 인재가 없다는 걸 알고 있었지. 관료들은 하나같이 호족이거나 호

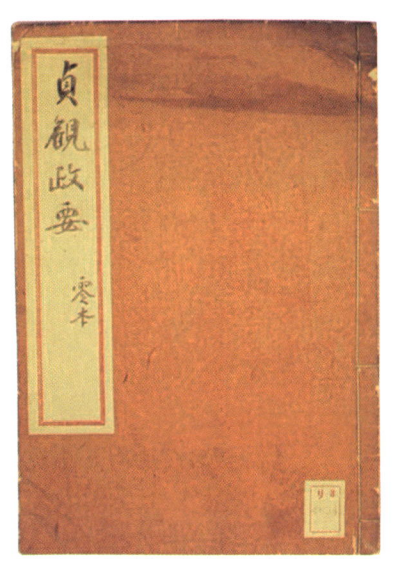

정관정요
오긍이라는 역사가가 정치에 대한 당나라 태종의 중요한 말과 행동을 10권 4편으로 편찬한 책이야.

화엄종
중국 당나라 때 성립된 불교의 한 종파로 『화엄경』을 근본 경전으로 하며, 부처의 깨달음의 경지에 이르고자 하는 종파야.

균여
사람들이 불교를 친밀하게 접할 수 있도록 향가를 지어 교리를 널리 알렸으며 불교 종파의 통합에 힘썼어. 그가 쓴 향가집 『균여전』이 유명해.

족의 편에 선 자들이었거든. 그래서 광종은 중국에서 주도권을 잡고 있는 후주와 외교 관계를 맺었어. 후주에서 개혁 작업에 큰 역할을 했던 쌍기를 신하로 삼았지. 물론 후주의 황제 세종에게 양해를 구하고 말이야.

왕권 강화를 위해 광종이 맨 처음 실시한 정책은 노비안검법(奴 종 노, 婢 여자종 비, 按 살필 안, 檢 검사할 검, 法 법 법)이야. 한자를 풀면, 노비를 살피고 검사하는 법이란 뜻이야. 즉, 노비를 검사해서 원래 양민이었는데 억울하게 노비가 된 사람을 풀어 주는 법이지."

"노비를 풀어 주는 것이랑 왕권 강화랑 무슨 관계가 있죠?"

"호족들에게 노비가 어떤 존재인지 알면 그 관계를 알 수 있지. 노비는 호족에게 재산이면서 군사력이었어. 노비는 일을 해서 호족의 재산을 불려 주고 호족이 군대가 필요할 땐 무기를 들고 군사가 되었지. 그런 노비를 양인으로 만들면 호족은 재산과 군사력을 동시에 잃게 된단다. 또 노비를 양인으로 만들면 나라에 큰 도움이 돼. 왜일까?"

아이들은 그 이유를 몰라 고개를 갸웃거렸다.

"양인이 백성으로서 어떤 역할을 하는지는 앞서 여러 번 이야기했지?"

"아, 그건 알아요. 양인은 일을 해서 나라에 세금을 내고, 나라에 필요한 건축물을 지을 때 노역을 하고, 전쟁이 나면 군인이 되어 나가 싸우죠."

"그렇지. 노비안검법은 호족의 재력과 군사력을 빼앗아 힘을 약하게 만들었어. 동시에 나라의 수입을 늘리고 호족의 군사를 왕 밑으로 모아서 왕의 권력을 강하게 만들었지."

"호족이 가만히 있지 않았을 텐데요?"

"아까 광종이 7년 동안 개혁을 준비하며 민심을 얻었다고 했지? 광종은 백성의 지지를 바탕으로 그에게 반발하는 호족들은 조정에서 몰아냈어."

양인이라고 해서 모두 똑같은 양인은 아니다?

고려 시대에도 신라 시대처럼 신분 제도가 있어서 귀족, 중류층, 양인, 천인으로 나뉘었어. 귀족은 문벌이나 높은 관직을 차지한 사람들이야. 중류층은 낮은 관직이나 지방의 관리들이고, 또 양인은 농사를 짓는 농민들이야. 천인은 노비들인데 이전 시대와 마찬가지로 귀족의 소유물로 여겨졌어. 그런데 양인이라고 해서 모두 똑같은 양인은 아니었어. 같은 양인이라고 해도 향·부곡·소에 사는 사람들은 사회적으로 천대를 받았지. 향·부곡·소란 나라에서 만든 특수한 마을이었는데 이 구역에 사는 사람들은 보통 농민과는 다르게 차별을 받았어. 같은 양인인데도 다른 양인들보다 훨씬 많은 세금을 내야 했지. 또 수공업품을 바치거나 나라의 토지를 경작하는 일까지 해야 했어.

"나랏일을 하려면 신하가 필요한데 다 쫓아내면 어떻게 해요?"

"아까 후주 사람 쌍기를 신하로 들였다고 했잖아. 광종은 쌍기뿐만 아니라 후주의 관료들과 고려에 귀화한 외국인들까지 고려 조정에 들였어. 호족들을 쫓아내도 나라를 운영하는 데 큰 문제가 없도록 해 놓은 거지. 그리고 관리를 새롭게 뽑을 방법도 미리 준비해 놓았단다.

노비안검법으로 호족들의 힘을 약하게 만든 광종은 호족이 다시는 힘을 얻지 못할 정책을 펴. 그게 바로 과거제야.

광종은 958년 과거제를 실시해. 우리 민족 역사에서 최초의 과거 시험이었지. 과거 시험을 치르자 집안이 아니라 실력이 좋은 사람이 관리가 되었어. 예전처럼 집안의 힘으로 쉽게 조정에서 큰소리를 칠 수 없었던 호족들은 설 자리를 잃게 되지. 과거를 통해 조정에 들어온 관리들은 왕에게 충성했어. 과

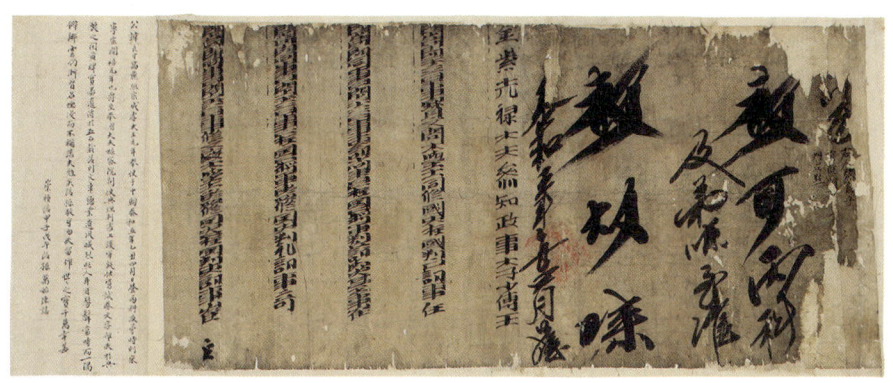

▲ 장양수 홍패(국보 제181호)
1205년(희종 1년) 과거에 급제한 장양수가 받은 합격증이야.

◀ 장계 홍패(보물 제501호)
1305년(충렬왕 31년) 장계에게 내린 과거 급제 증명서이야.

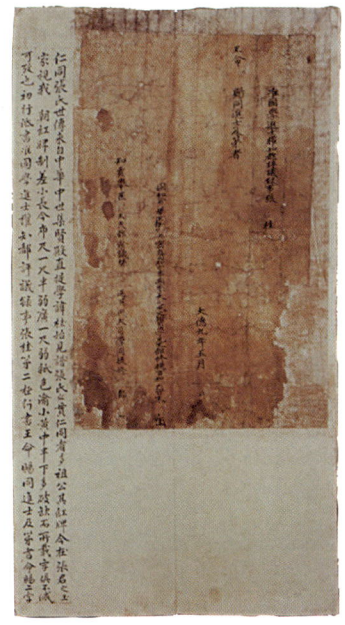

거 시험 과목인 유학은 부모에게 효도하듯 왕에게 충성하라고 가르치는 학문이거든. 또 좋은 관직을 받으려면 왕에게 잘 보여야 했지. 이렇게 왕의 권력에 몸을 낮춰야만 벼슬을 할 수 있으니 호족들은 왕에게 충성하고 공부도 열심히 하지 않을 수 없었지. 과거제 실시에 맞춰 전국에 학교가 세워지고 학문을 중요시하는 풍토가 널리 퍼져. 학문으로 나라를 다스리는 체제가 세워지고, 유학을 공부한 관료들이 조정에서 차지하는 자리가 점점 넓어졌어. 과거 제도 시행은 창창해 보이던 호족들의 미래를 뒤덮는 먹구름 같은 것이었어.

노비안검법과 과거 제도를 통해 왕권은 강력해졌고 호족들은 중앙에서 밀

> **과거 시험 안 봐도 관직에 오를 수 있는 사람들이 있었다?**
>
> 고려 시대에는 관리가 되기 위해 과거 시험을 꼭 봐야 하는 것은 아니었어. 과거 시험을 보지 않고도 관리가 될 수 있는 사람들이 있었기 때문이야. 이들은 곧 '음서 제도'의 혜택을 받는 사람들이지.
>
> 음서 제도란 왕족, 나라에 큰 공을 세운 사람의 자손, 5품 이상의 높은 벼슬을 지낸 사람의 자손이 과거 시험을 보지 않아도 벼슬을 받을 수 있는 제도를 말해. 음서 제도로 신분이 높으면 실력이 없다 해도 벼슬에 오를 수 있었어.

러났어. 고려는 마침내 왕이 중심이 되어 모든 것이 흘러가는 왕권 중심 체제를 이룬 거야.

호족들은 광종의 정책으로 자신들의 손발이 없어지자 크게 반발했어. 노비안검법으로 호족의 힘을 약화시키며 백성들의 지지를 얻은 광종은 불만을 터뜨리는 호족들을 지위가 높거나 지난날 공이 있다고 해도 죽음의 구렁텅이로 몰아넣었지. 죽음의 그림자는 왕족이라고 해도 예외가 없었어. 광종은 왕의 권위에 도전하는 세력은 누구라도 용서하지 않았단다. 호족들이 다시 일어설 싹을 아예 밟아 버린 거지."

빡쌤의 말이 끝나자 아이들은 광종과 같다는 마토의 만두를 자세히 살피기 시작했다. 그러다 시루가 고개를 좌우로 흔들었다.

"마토의 만두가 빈틈없는 건 인정해요. 만두피를 접어 누른 가장자리도 마치 칼로 도려낸 듯 울퉁불퉁한 곳이 전혀 없고요. 또 끝을 잇댄 곳도 붙인 자

국을 찾을 수 없을 정도로 완벽하게 붙였어요. 만두를 큼직하게 만들기 위해 만두피를 고르게 편 것도 대단해요."

시루의 말에 마토가 어깨를 으쓱거렸다.

"그래서 별로예요."

"왜? 완벽한 만두가 별로라니?"

시루가 예상치 않던 반전의 말을 던지자 마토가 펄쩍 뛰었다.

"사람이 아니라 기계로 찍어 낸 것 같아. 뭔가 인간적인 느낌이 없달까?"

시루의 말에 다른 아이들도 모두 고개를 끄덕였고 마토는 입을 쩍 벌리고 할 말을 잊었다.

"마, 말도 안 돼. 내가 얼마나 공을 들여서 완성한 건데……."

"시루 말이 맞는 것 같아. 내 만두 좀 봐. 얼마나 인간적이야!"

파래가 울퉁불퉁 못생긴 자기 만두를 마토 만두 옆에 놓으며 낄낄거렸.

아이들은 무슨 이유인지 모르지만 완벽한 마토 만두보다 엉성한 파래 만두가 좋아 보였다.

"음, 내가 볼 땐 마토 만두나 파래 만두나 각자의 개성이 있어 보여 좋은데? 그럼 이번엔 울퉁불퉁한 파래 만두 같은 왕 이야기를 해 볼까? 파래 만두가 못생겼다는 건 단점이지만 만두소가 듬뿍 들어 있다는 건 장점이야. 또 터진 곳이 없어서 크게 탓할 건 없지. 바로 그런 왕이 있었어. 고려 제5대 왕 경종이야."

"경종은 파래 만두처럼 못생겼나 봐요?"

"외모가 그렇다는 건 아니고. 경종은 광종처럼 완벽하게 호족을 억누르지 못했고 나중엔 왕 노릇도 제대로 못 했어. 하지만 화합을 이루려 노력했고, 고려가 굳건한 바탕 위에 설 수 있는 토지 제도를 만들었지. 그야말로 울퉁불

퉁해도 맛은 좋은 파래 만두처럼 말이지."

경종, 자식들에게 물려줄 수 없는 토지 제도를 실행하다

"경종은 광종의 맏아들이었지만 외가가 힘 있는 호족이어서, 호족 세력을 모조리 없애려는 광종에게 언제 죽을지 모르는 불안감 속에 살았어. 그가 죽음을 면한 건 순전히 대를 이을 아들이 경종 하나밖에 없었기 때문이야.

경종은 왕위에 오르자 귀양 간 신하를 조정으로 다시 불러들이고 감옥에 갇힌 사람을 풀어 주었어. 또 벼슬을 빼앗긴 사람들의 지위를 돌려 주었단다. 이것은 호족을 없애려고 피바람을 일으킨 광종 시대의 비극을 끝내려는 의지였지. 경종 역시 광종의 공포 정치로 힘겨운 시간을 보냈기에 이제는 화합을 이룰 때라고 여겼어.

그러나 경종의 마음과는 다르게 호족들은 다시 세력을 되찾으려 일어났어. 호족들은 자신이 당한 고통이 억울하다며 자신들에게 피해를 준 가해자에게 복수할 수 있는 법을 만들어 달라고 압박했어. 광종 때 왕실을 등진 호족들을 달래기 위해 경종은 '복수법'을 허락하고 말았지.

그러자 엄청난 피의 복수극이 벌어져. 복수의 대상은 광종 때 과거를 통해 조정에 들어온 신진 관료들이었어. 호족들의 복수는 정도를 넘어 왕의 집안 어른인 효성태자와 원녕태자를 살해하기에 이르러. 그제야 심각함을 깨달은 경종은 '복수법'을 금지하지만 이미 많은 사람이 죽은 다음이었어. 정신을 차린 경종은 권력이 어느 한쪽에 집중되지 않도록 노력해.

나라의 기틀을 잡기 위해 경종은 전시과라는 토지 제도를 만들었어. 전시

과란 토지를 관리의 지위에 따라 '전지'와 '시지'로 나누어 지급하는 토지 제도를 말해. 여기서 전지는 곡물을 거둘 수 있는 토지, 시지는 땔감을 얻을 수 있는 토지를 말하지.

그런데 경종이 전시과 제도를 통해 관리에게 준 건 땅이 아니라 전지와 시지에서 나는 생산물을 거둘 수 있는 권리야. 그래서 관직에서 물러날 땐 나라에 토지를 다시 돌려줘야 했어.

관리들이 받는 땅의 크기를 정하는 기준은 관리의 지위만이 아니었어. 관리의 지위를 관품이라고 하는데, 이외에 평가 기준으로 인품이란 것이 있었지. 여기서 인품은 사람됨이 아니라 어느 집안 사람인지 누구랑 연이 닿은 사람인지 등을 보는 거야. 좋은 집안일수록 땅을 더 받을 수 있었던 거야.

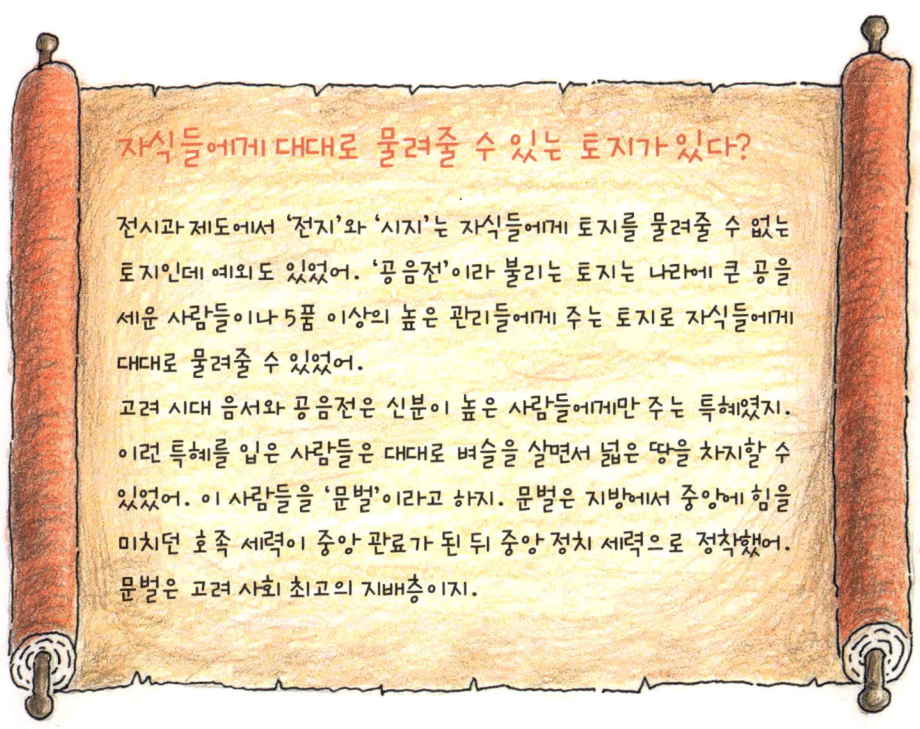

자식들에게 대대로 물려줄 수 있는 토지가 있다?

전시과 제도에서 '전지'와 '시지'는 자식들에게 토지를 물려줄 수 없는 토지인데 예외도 있었어. '공음전'이라 불리는 토지는 나라에 큰 공을 세운 사람들이나 5품 이상의 높은 관리들에게 주는 토지로 자식들에게 대대로 물려줄 수 있었어.

고려 시대 음서와 공음전은 신분이 높은 사람들에게만 주는 특혜였지. 이런 특혜를 입은 사람들은 대대로 벼슬을 살면서 넓은 땅을 차지할 수 있었어. 이 사람들을 '문벌'이라고 하지. 문벌은 지방에서 중앙에 힘을 미치던 호족 세력이 중앙 관료가 된 뒤 중앙 정치 세력으로 정착했어. 문벌은 고려 사회 최고의 지배층이지.

아무튼 왕에게 잘 보여야 많은 땅을 받을 수 있으니 중앙에 있는 관리든 지방에 있는 호족이든 왕에게 충성을 다해야 했어. 전시과를 통해 왕권이 강화된 거지.

그런데 갑자기 경종이 무슨 땅이 생겨서 관리들에게 나눠 주었냐고? 경종의 아버지 광종은 수많은 호족을 없애 버렸어. 그러니 주인 없는 땅이 여기저기 널려 있었지. 정확히 말하면 주인 없는 땅이 아니라 다 나라 땅이었지만. 경종이 전시과를 실시한 것도 광종이 칼을 마구 휘두르며 호족을 없애 버린 덕분이야.

그러나 왕의 권력이 강해질수록 호족 세력은 자신들의 과거 영광을 되찾으려 도전했고 경종은 역모죄를 씌워 그들을 없애 버리지.

경종은 갑자기 나랏일을 팽개치고 흥청망청 놀기만 했어. 나름대로 조정을 화합하고 나라를 발전시키려 애를 썼지만, 결국 피바람으로 끝나는 상황에 염증이 났던 거야. 그러던 경종은 병에 걸려 죽고 말지."

"후유, 경종의 삶이 울퉁불퉁한 파래 만두 같네요. 화합을 위해 사람들을 풀어줄 때는 좋았는데, 어이없이 복수를 허락해 피바람을 불러일으킨 것은 정말 한심하다는 생각이 들어요. 전시과라는 토지 제도를 만든 것은 훌륭하지만, 역모죄로 반대 세력을 없앤 것은 정치를 잘못한 것 같고요. 모든 것이

구름, 용, 나무, 기와집이 있는 청동 거울
고려 시대에 만들어진 청동 거울이야. 거울에 새겨진 무늬를 통해 고려 사람들의 염원과 생활상을 엿볼 수 있단다.

자기 뜻 같지 않자 무책임하게 나랏일을 팽개친 모습은 안타깝기도 하고."

은지의 말에 아이들 모두 고개를 끄덕였다.

"경종 이야기를 하다 보니 울퉁불퉁하지 않고 제대로 만들어진 만두가 보고 싶어졌어요. 광종 만두나 경종 만두나 모두 너무 피곤해요. 아이고!"

시루가 할머니 같은 소리를 내며 옆으로 누웠다.

그때 마리가 은지의 만두를 들어 보였다.

"이건 어때?"

모두 은지가 만든 만두를 보고 탄성을 질렀다.

"우와!"

은지 만두는 큼직한 데다 만두소가 듬뿍 들어가 위아래로 빵빵했다. 만두피가 얼마나 얇은지 만두소에 넣은 채소의 녹색이 살짝 비쳤다. 가장자리는 가지런하면서도 야무지게 접혀 있는데 손가락으로 누른 자리가 마치 꽃잎처럼 올록볼록 굴곡져 있었다. 전체적인 모양이 잘 익은 토마토처럼 둥글고 탱탱했다.

"야, 이거 만두피와 만두소가 완벽하게 어우러졌구나. 다음에 등장하는 왕이 바로 이렇게 완벽했어. 은지의 만두처럼 말이야."

"도대체 그 왕인 누군데요?"

"빨리 얘기해 주세요!"

아이들은 은지의 만두처럼 완벽한 왕이 누구인지 궁금해서 이야기를 재촉했다.

성종, 최승로의 건의로 유교 정치를 펴다

"경종의 뒤를 이은 왕은 그의 아들이 아니라 사촌 동생인 개령군이었어. 개령군이 바로 고려 왕조의 기틀을 다진 성종이야."

"경종에겐 아들이 없었나요?"

"있긴 했지만, 경종이 죽을 무렵 두 살밖에 되지 않았어. 경종의 아들은 성종 다음에 왕이 돼.

광종은 호족 세력을 약하게 만들어 왕권을 강화했고, 경종은 지배 세력들을 화합시키고 토지 제도를 왕 중심으로 바꾸었지. 성종은 그 바탕 위에서 고려라는 나라를 이끌 사상과 사회 체제를 확실하게 세웠어. 지금부터는 성종 이야기를 해 볼게.

982년(성종 1) 성종은 신하들을 모아 놓고 정치를 개혁할 상소를 올리라는 명령을 내렸어. 신하들은 여러 가지 의견을 내었고 그 가운데 최승로의 시무 28조가 채택되었어. 최승로는 시무 28조에서 고려가 당면한 과제에 대해 자신의 견해를 밝혔지.

이 글에서 최승로는 '백성들을 고된 노역에서 쉬게 하여 환심을 얻으면 그 복은 반드시 기도를 통해 얻는 복보다 나을 것입니다.'라고 했어. 백성의 고통을 덜어 주어야 나라가 안정되고 발전할 수 있다는 말이지.

최승로는 연등회와 팔관회를 축소해야 한다고 말했어. 연등회와 팔관회를 열기 위한 준비를 모두 백성들을 끌어다 시켰거든. 또 절을 함부로 짓지 못하게 해야 한다고 주장했는데, 절을 짓는 데 백성들을 마구 부려먹었기 때문이야. 절에서 고리대금업을 하는 것도 막아야 한다고 주장했어. 비싼 이자를 내고 돈을 빌리는 사람은 곧 가난한 백성들이니 절에서 하는 고리대금업을 막

지 않으면 백성들의 삶이 피폐해지기 때문이지.

시무 28조가 중요한 것은, 정치를 바로 세우기 위해 유교를 정치의 중심 사상으로 삼아야 한다고 주장했기 때문이야. 그 방안으로 왕이 불교에 지나치게 의존하는 걸 경계하고, 왕은 교만하지 않고 아랫사람에게 공손하며, 신하들의 옷도 지위에 따라 다르게 하는 등 유교를 통해 체제를 바로잡을 것을 건의했어.

그 밖에 시무 28조에는 지방에 관리를 파견할 것, 북방의 오랑캐에 대비하여 군사를 훈련할 것 등의 내용도 들어 있지.

성종은 최승로의 상소를 받아들여 유교 사상을 바탕으로 여러 가지 제도를 마련했어. 유교는 이미 삼국 시대에 들어왔지만, 최승로의 건의에 따라 고려 시대에 비로소 정치의 중심 사상이 되었단다."

행정 조직을 바로잡다

"고려 초기에는 호족이 지방을 다스리다 보니 왕의 명령이 지방으로 제대로 전달되지 않았어. 전대에 강화된 왕권을 바탕으로 성종은 나라의 구석구석까지 왕의 생각이 전달될 수 있는 체제를 만들었어. 그것이 바로 3성 6부제와 12목 설치야. 말이 좀 어렵지?

3성 6부는 중앙 정부의 체제를 가리켜. 여기서 3성이란 중서성, 문하성, 상서성으로, 중앙 행정의 중심이라 할 수 있어. 3성 아래 있던 6부는 이부, 호부, 예부, 병부, 형부, 공부로, 나라를 다스릴 때 필요한 각 분야를 다루는 조직들이야. 병부는 지금의 국방부, 공부는 국토교통부, 예부는 문화체육관광

부처럼 말이야. 조선 시대의 행정 조직인 6조(이조, 호조, 예조, 병조, 형조, 공조)도 고려에서 그대로 이어진 거야. 끝에 붙는 말이 '부'에서 '조'로 바뀌었을 뿐 하는 일은 거의 같아. 조선 시대에도 쓰일 중앙 행정 조직을 만든 성종, 진짜 대단하지?

3성 6부제로 중앙 정치 조직을 질서 있게 정리한 성종은 지방 조직도 정비해. 그게 바로 12목이야. 12목은 지방에서 왕의 명령을 받아 실행하는 행정 조직으로 성종은 이곳에 각각 지방 관리(조선 시대 목사, 지금의 광역시장 정도)를 보내. 지방에서 힘 있는 세력이 스스로 다스리던 것을 중앙에서 파견한 관리가 다스리게 한 거야. 이제 지방 구석구석 왕의 손길이 닿지 않는 곳이 없어졌어. 전국 곳곳에 뿔뿔이 흩어져 있던 나라의 힘이 중앙으로 모이게 된 거야."

교육으로 나라의 기반을 다지다

"성종이 지방에 관리를 파견하면서 함께 보낸 사람들이 있었어. 바로 경학 박사와 의학 박사지. 그들은 지방에 내려가 사람들을 교육하게 돼. 경학 박사는 유교 경전을 가르치는 학자이고, 의학 박사는 의술을 가르치는 학자야. 그들이 한 가장 큰 일은 유학을 널리 퍼뜨리는 것이었어. 고려 전체에 유학을 가르치는 기관을 만든 거지. 지방에 있는 교육 기관을 향교라고 해.

지방에 향교가 있었다면 수도 개경엔 국자감이라는 국립 대학이 있었어. 국자감에는 유교 경전을 가르치는 유학 학부와 법률, 수학, 회계, 서예 등을 가르치는 기술 학부가 있었어. 유학 학부는 7품 이상의 자제가 입학했고, 기

술 학부는 8품 이하의 자제나 일반 백성이 입학했어.

성종은 충효 사상이 기본인 유학을 적극적으로 교육했어. 유학을 과거 시험 과목으로 삼아 관리가 되어 성공하려는 사람은 열심히 유학을 공부하게 되었지. 이로써 나라에 대한 충성이 모든 사람이 지켜야 할 덕목이 되었고 왕권은 더욱 강화되었단다.

국자감은 나중에 국학, 성균감, 성균관 등으로 이름이 바뀌었는데 결국 성균관이란 이름으로 조선 시대까지 이어졌어. 지방 교육 기관인 향교도 마찬가지고.

성종이 만든 중앙 및 지방 행정 조직, 교육 기관 등은 이후 고려는 물론 조선까지 그대로 이어지게 돼. 그야말로 대대손손 이어질 나라의 뼈대를 만든

고려의 성균관
개성에 있는 성균관은 고려의 최고 교육 기관이야. 992년에 처음 생겼는데 국자감이라고 불렀다가 나중에 성균관으로 바꾸었지. 지금은 고려 역사 박물관으로 이용되고 있단다.

셈이지."

거란의 제1차 침입과 외교의 달인 서희

"고려의 북쪽에는 거란이란 유목 민족이 있었어. 발해를 멸망시킨 그 민족이야. 일찍이 태조 왕건은 훈요 10조에서 거란을 경계하라고 했어. 왕건은 거란이 반드시 고려를 침입할 것을 이미 알고 있었던 거야.

성종 때 이르러 왕건의 염려는 현실로 나타났어. 송나라를 치고 중국을 차지하려던 거란이 그에 앞서 송나라와 국교를 맺은 고려를 먼저 공격하기로 한 거지."

"그럼 바로 송나라를 칠 것이지 왜 애꿎은 고려를 먼저 공격하나요?"

"거란이 송나라를 치려 하는데 가만 보니 송나라가 고려와 친하단 말이야. 송나라를 먼저 치면 고려가 송나라를 돕기 위해 나서겠지. 그런 일을 미리 막으려고 고려를 먼저 치겠다는 거야.

거란이 고려에 처음 침입한 건 993년이야. 총사령관 소손녕을 앞세운 거란의 80만 대군이 고려를 침입해 항복을 요구했어. 고려 조정은 항복하자는 쪽과 서경 이북 땅을 떼어 주고 평화를 챙기자는 쪽으로 의견이 나뉘었지.

이때 서희는 두 가지 의견이 모두 굴욕적이라고 생각해 참을 수가 없었어. 그래서 성종에게 자기가 외교 사절로 나서겠다고 했단다."

"서희가 어떤 외교를 펼칠지 너무 궁금해요!"

"드디어 소손녕의 숙소에서 담판이 시작되었어. 소손녕은 '고구려 옛 땅은 거란 것인데 고려가 차지하고 있다. 당장 그 땅을 내놓아라.' 라고 하며 으름

장을 놓았어. 이에 서희는 '고려는 고구려를 계승한 나라다. 그래서 나라 이름을 고려라고 한 것이다. 그러니 고구려의 옛 땅이 우리의 영토가 되는 것이 마땅하다.' 하며 당당히 맞섰지."

"태조 왕건이 누누이 강조했던 말을 잊지 않았네요. 고려는 고구려를 계승한 나라가 맞죠."

"그래. 그런데 소손녕은 '국경을 맞대고 있는 거란과는 국교를 맺지 않고 먼 나라, 송과 친하게 지내는 이유는 무엇인가?' 하고 물었어. 이에 서희는 '여진을 몰아내고 성을 쌓을 수만 있다면 송과의 관계를 끊고 능히 거란과 국교를 맺을 수 있다.'라고 대답했지.

서희의 외교 담판
서희는 적장 소손녕과 외교 담판을 벌여 거란으로부터 고려가 고구려의 후계자임을 인정받았고, 압록강 유역에 강동 6주도 확보할 수 있었어.

서희는 거란이 고려에 쳐들어온 속셈을 처음부터 꿰뚫어보고 있었어. 고려의 항복을 받아 내는 것이 아니라 송과의 관계를 끊는 데 있다는 것을. 이에 거란은 고려와 화해하고 돌아갔어. 그 후 고려는 압록강 유역에 성 여섯 개를 쌓고 여진을 몰아내 강동 6주를 확보했지. 강동 6주는 개경으로 통하는 길목이자 천연의 요새이며 교통 무역의 중심지였어.

서희의 담판을 통해 고려의 영토는 압록강까지 넓어졌고, 나중에 조선이 영토를 압록강과 두만강 이북까지 넓히는 기반이 되었지.

3부 고려로 다시 하나가 되다

거란의 침입과 격퇴(강동6주)

결국 천재 외교관 서희의 뛰어난 능력 덕에 고려는 거란과의 전쟁을 피하고 땅을 넓힐 수 있었어.

성종 시대의 대외 정책은 이처럼 거란과 군사적 외교를 펼치고 송나라와 문화·정치적 외교를 펼쳐 선진 문물을 들여오는 등 실리주의 정책이었어.

성종은 유학적 정치 이념에 바탕을 두고 개혁을 단행해 고려의 중앙 집권 체제를 완성한 동시에 실리적인 대외 정책을 성공적으로 실행해 개국 이래 최대의 공적을 남겼지.

밑줄 쫙! 은지의 한국사 노트

1. □□이 □□□를 처음으로 실시하자 가문이 아니라 실력이 좋은 사람이 관리가 되었다. 예전처럼 가문의 힘으로 쉽게 조정에서 큰소리를 쳤던 □□은 설 자리를 잃었고 과거를 통해 조정에 들어온 관리들은 왕에게 □□했다.

   정답: '광종', '과거제', '호족', '충성'

2. □□은 □□□□으로 호족의 힘을 눌렀다. □□□□이란 억울하게 노비가 된 사람들을 풀어 주는 법을 말한다. 노비를 풀어줌으로써 호족의 힘을 약하게 만들어서 □□□□을 강하게 만들었다.

   정답: '광종', '노비안검법', '노비안검법', '왕권'

3. 고려 시대 □□와 □□□은 신분이 높은 사람에게만 주는 특혜였다. 이런 특혜를 입은 사람들은 대대로 벼슬을 살면서 넓은 땅을 차지할 수 있었다. 이런 사람들을 '□□□□'이라고 한다.

   정답: '음서', '공음전', '문벌귀족'

4. □□은 □□□의 상소를 받아들여 □□ 사상을 바탕으로 여러 가지 제도를 마련했다.

   정답: '성종', '최승로', '유교'

5. □□은 □□ □□와 □□을 설치했다. 고려 초기에는 □□이 지방을 다스리다 보니 왕의 명령이 지방으로 제대로 전달되지 않았다. 전대에 강화된 왕권을 바탕으로 성종은 나라의 구석구석에 왕의 생각이 전달될 수 있는 체제를 만들었다.

   정답: '성종', '12목', '5유 3경', '호족'

6. □□는 □□이 고려에 쳐들어왔을 때 소손녕과 담판해 □□□□를 확보했다. 압록강 유역에 6개의 성을 쌓고 □□을 몰아낸 것이다. □□ □□는 □□으로 통하는 길목이자 천연의 요새이고 교통 무역의 중심지였다.

정답: 서희, 거란, 강동 6주, 여진, 강동 6주, 송나라

거란은 만주에 살던 유목민족으로 여러 부족을 통일한 뒤 요나라를 세웠어. 성종 때 거란이 침입해 왔을 당시 서희의 능란한 외교술로 강동 6주를 확보했던 거 기억나지?

 그런데 성종 다음 다음 왕, 현종 때 거란이 다시 고려에 침입해 왔어. 거란은 강동 6주를 고려에게 내준 것을 후회하고 돌려줄 것을 요구했어. 흥화진 장수, 왕규의 활약으로 거란군을 물리쳤지만 고려의 피해는 무척 컸어.

 끈질기기도 하지. 거란은 10만 정예군을 이끌고 또다시 고려에 침입해 왔어. 강감찬 장군은 흥화진에서 강물을 쇠가죽으로 막았다가 갑자기 트는 방법을 써서 강을 건너는 거란군을 혼란에 빠뜨린 다음 전투에서 큰 승리를 거두었어. 그리고 거란군이 개경까지 침입했다가 고려의 청야전술로 개경공격을 포기하고 돌아가는 길이었어. 강감찬은 그런 거란군을 자기네 나라로 돌아가는 길목에서 매복했다가 기습하는 작전으로 수많은 거란군을 전사자로 만들었어. 그리고 귀주에 이르렀을 때 마지막 일격을 가해 다시 한 번 큰 승리를 거두었지. 이게 그 유명한 귀주대첩이야. 이후 거란은 더 이상 강동 6주의 '강' 자로 꺼내지 않았어.

 거란에게 3번이나 침입을 받은 고려는 놀란 가슴을 쓸어내리며 북방민족의 침입에 대비해야 한다고 생각했어. 이에 정종 때 서쪽으로는 압록강 하구에서 동쪽으로는 도련포까지 이르는 천리장성을 쌓았지.

 여진은 만주 동부에 살던 민족으로 거란의 힘이 약해지자 거란을 멸망시키고 금나라를 세웠어. 여진은 처음엔 고려를 부모의 나라로 섬겼어. 그런데 추장 영가가 여진족을 통일하면서 고려를 침입하기 시작한 거야. 이에 고려는 여진 정벌에 나섰어. 예종 때, 윤관은 특별부대인 별무반을 조직해 여진을 몰아내고 동북 9성을 쌓았어.
자 그럼 고려가 북방민족에 침입에 맞서 얼마나 어떻게 잘 싸웠는지 떠나볼까?

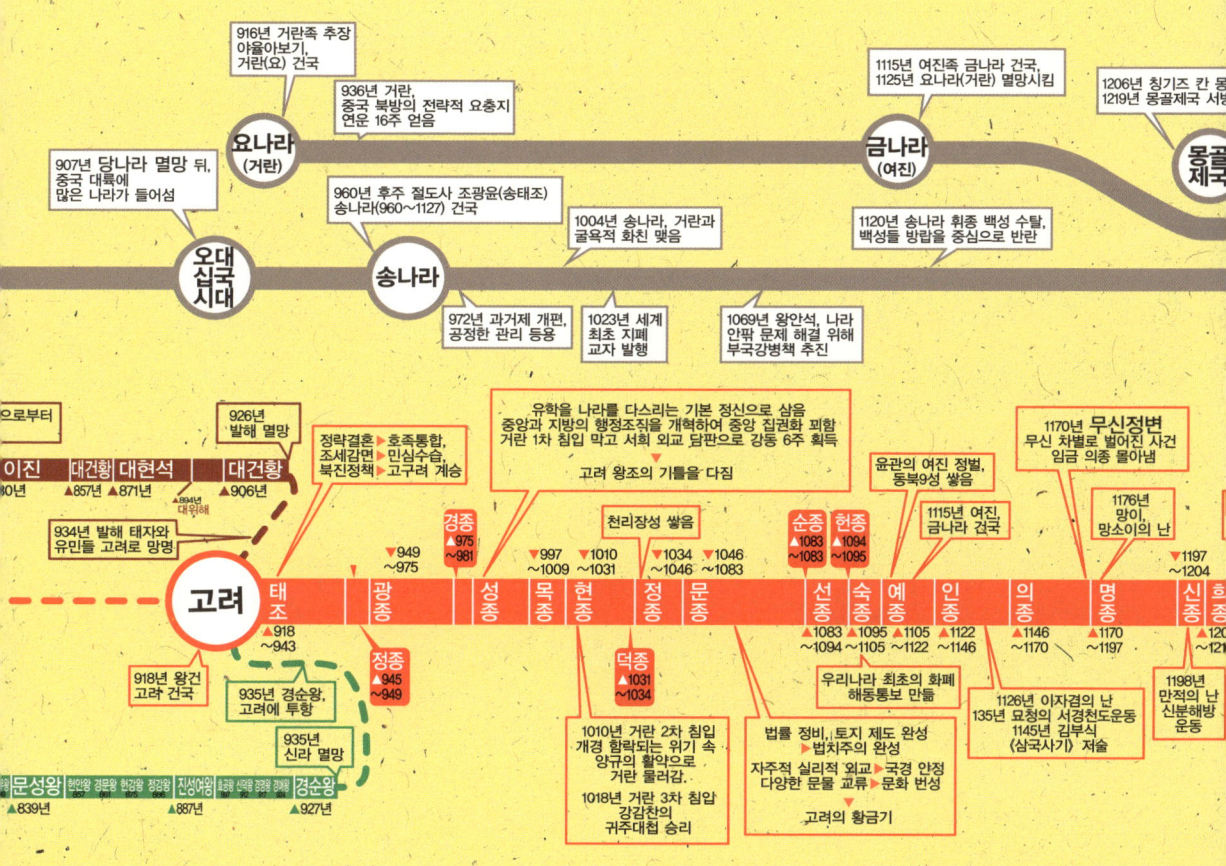

고려 전기, 고려와 주변 나라와의 관계

"고려는 전기에 주변국과 어떤 관계였을까? 먼저 거란! 앞서 성종 때 고려를 침입했던 거란 이야기를 했지? 만주에 살던 유목 민족 거란은 중국 북쪽까지 세력을 넓히고 여러 부족을 통일한 뒤 요나라를 세웠어. 926년 발해를 멸망시킨 나라도 거란이었다는 사실 기억하지?"

"당연히 기억하죠. 거란만 아니었어도 우리나라 땅이 지금보다 두세 배는 넓었을 텐데……."

"그랬을지도 모르지. 고려는 발해를 멸망시킨 거란이 싫었어. 그래서 거란과 가까이 지내지 않고 송나라와 국교를 맺었단다. 고려는 거란에서 보낸 사신을 귀양 보내고 선물로 가져온 낙타를 만부교 밑에서 굶어 죽게 했지. 이 사건 이후 거란과의 사이가 더 나빠졌단다."

벽화에 그려진 거란족의 모습(중국 츠펑)
몽골 계통의 유목민인 거란족은 말 타기에 능했어. 그래서 강력하고 용맹한 기마병을 거느린 거란족은 중국에 요나라를 세울 수 있었지.

"국교는 맺지 않더라도 낙타는 죽이지 말지. 낙타가 무슨 죄가 있다고."

동물을 좋아하는 마리가 얼굴을 찌푸렸다.

"그다음은 송나라! 송나라는 당나라가 망한 뒤 혼란스러운 중국을 통일한 왕국이야. 송나라는 거란과는 전쟁을 벌이는 사이였지만 고려와는 국교를 맺고 친하게 지냈어.

"다음은 여진! 만주 동부에 살던 민족 여진은 처음에는 고려를 부모의 나라로 섬겼어. 요나라가 힘이 약해지자 여진은 금나라를 세우고 요나라를 멸망시켰어. 세력이 커지자 고려에 자기네 나라를 섬기라고 요구했지. 그래서 고려와는 적대적인 사이가 되었단다. 마지막으로 일본! 일본과 고려는 비교적 잘 지낸 편이었어."

거란의 제2차 침입과 양규의 활약

"제1차 침입 때 서희의 능란한 외교술에 당해 강동 6주를 내준 거란은 후회가 막심했어. 그래서 어떻게든 강동 6주를 되찾아야겠다고 벼르고 있었지."

"강동 6주는 개경으로 통하는 길목이자 천연의 요새이며 교통 무역의 중심지였으니 그럴 만도 했겠죠."

"거란의 제2차 침입은 1010년에 있었어. 거란이 강동 6주를 돌려 달라고

청명상하도
송의 도읍에 드나들던 고려인의 모습이 보여. 이 그림으로 고려와 송이 활발하게 교류했음을 알 수 있어.

요구하며 침입해 온 거야. 당시 강동 6주의 하나였던 흥화진을 지키던 장수가 양규였어. 흥화진을 포위한 거란군은 항복하라고 위협했지만 양규는 성을 굳건히 지켰지. 이에 거란은 흥화진을 그대로 두고 통주로 갔어. 통주에서 강조 장군이 이끄는 고려군을 친 뒤 다시 흥화진으로 한 장의 편지를 보냈지."

"무슨 편지였어요?"

"양규더러 항복하라고 권하는 내용으로, 강조 장군이 직접 쓴 것처럼 꾸민 가짜 편지였어. 양규는 편지는 받았지만 지시를 따를 수 없다며 항복하지 않았어. 그런데 거란도 끈질겼지. 포로로 잡은 노전을 보내 항복을 권하게 했어. 양규는 노전을 잡아 놓고 역시 항복하지 않았지."

"양규는 결코 항복을 모르는 장군이었네요?"

"그래. 그토록 성을 굳게 지켰지만 거란의 침입으로 고려는 심각한 피해를 입었어. 개경도 함락되고 현종은 나주로 피난 갔을 정도니까. 거란군은 고려 왕이 거란에 직접 찾아와 인사하겠다는 약속을 받고서야 겨우 물러났어. 하지만 거란군은 돌아가는 길에 고려를 침입한 대가를 톡톡히 치러야 했단다."

"무슨 일이 있었는데요?"

"양규는 길목을 지키고 있다가 본국으로 돌아가는 거란군을 습격했어. 양규는 이 전투로 거란군에게 큰 피해를 주고, 끌려가던 많은 고려 백성을 구해 냈단다."

거란의 제3차 침입과 강감찬의 활약

"1018년 총사령관 소배압을 앞세운 거란의 10만 정예군이 압록강을 건너

다시 고려에 쳐들어왔어. 이에 고려는 강감찬 장군에게 거란군을 막게 했지. 흥화진 전투는 강감찬 장군이 쇠가죽으로 강물을 막아 거란군을 물리친 전투로 유명하단다."

"양규도 흥화진 강감찬도 흥화진, 흥화진이 왜 이렇게 자주 등장해요?"

"흥화진은 강동 6주의 하나로 개경으로 가는 통로라고 했잖아? 강감찬은 흥화진의 동쪽에 강이 하나 있다는 사실을 알고 있었어. 그 강을 이용하면 거란을 물리칠 수 있을 거라고 확신했지. 그래서 쇠가죽을 여러 장 모아 강 상류에서 강물을 막고 거란군이 지나갈 때까지 군사들을 몰래 숨겨 놓았지. 강에 도달한 거란군은 아무 의심 없이 강에 뛰어들었어. 강물이 얕아 건널 만하다고 생각했던 거야."

"이야, 강감찬의 계획대로 거란이 걸려 들었네요."

"강감찬은 이때다 하고 막아 놓았던 강물을 텄어. 거란군이 한꺼번에 쏟아져 내려오는 물살에 놀라 어쩔 줄 몰라 하는 사이 강감찬은 맹공격을 퍼부었어. 이렇게 강감찬은 흥화진에서 승리를 거두었지. 이 전투가 그 유명한 흥화진 전투야.

그러나 흥화진에서 패한 소배압은 멈추지 않고 있는 힘을 다해 개경으로 내달렸어. 고려 수도 개경을 무너뜨리면 결국 승리할 수 있다고 생각했기 때문이야. 그런데 거란군이 겨우겨우 개경에 도착했을 때

낙성대 앞의 강감찬 동상
서울시 관악구 봉천동에 있어. 강감찬이 태어났을 때 하늘에서 큰 별이 떨어졌다고 해서 낙성대라는 이름이 붙여졌대.

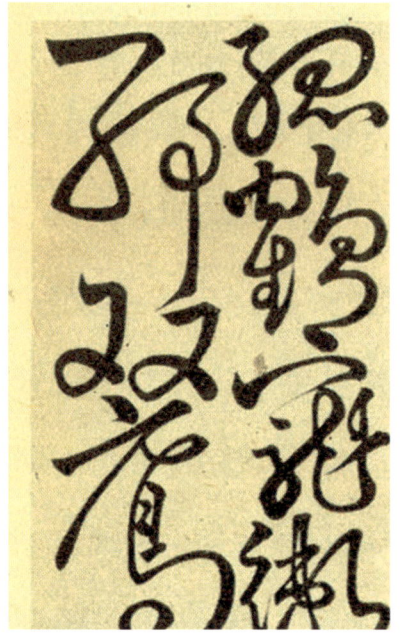

강감찬의 글씨
강감찬은 귀주성에서 거란군을 크게 무찔렀어. 강감찬의 글씨에서도 용맹한 장군의 힘이 느껴지지 않니?

논밭은 모두 불타고 재만 날리고 있었어. 고려군이 청야 전술을 썼기 때문이야."

"청야 전술이 뭐예요?"

"청야 전술이란 적이 지나가는 곳에 식량과 물을 모두 없애 적을 지치게 만드는 전술을 말해. 먹을 것도 다 떨어졌는데 사방에 있는 건 불타고 남은 재뿐이니 거란군은 그만 다리가 풀리고 말았지. 게다가 왕과 신하들은 개경의 성문을 굳게 닫고 철벽처럼 방어하고 있었어. 결국 소배압의 군대는 개경 공격을 포기하고 발길을 돌렸단다.

거란군이 군사를 돌리자 강감찬이 숨겨둔 고려군의 공격이 시작되었어. 고려군은 치고 빠지기를 반복하며 거란군을 야금야금 무너뜨렸어. 그러다 소배압의 거란군은 귀주에서 강감찬이 이끄는 고려군과 정면 대결

귀주성
고려군과 거란군의 귀주대첩이 벌어졌던 귀주성이야. 이곳에서 고려군이 대승을 거둔 덕분에 거란군은 더 이상 고려를 공격하지 않았단다.

을 하게 되었지. 고려군의 공격으로 많은 피해를 입었지만 거란군은 엄청난 수의 정예군이었어. 힘이 엇비슷한 두 군대는 엎치락뒤치락하며 싸웠고, 승패가 쉽게 결정되지 않았지.

그런데 때마침 고려군 쪽에서 거란군 쪽으로 바람이 불기 시작했어. 강감찬은 이때를 놓치지 않고 거란을 향해 화살을 쏘아 댔어. 바람을 타고 날아오는 화살에 거란군은 속수무책으로 쓰러졌고 고려군은 크게 승리했단다. 거란의 10만 군사 중 수천 명만 겨우 살아서 돌아갔을 뿐이야. 이 전투가 바로 강동 6주의 하나였던 귀주에서 벌어진 귀주대첩이지.

귀주대첩으로 거란의 성종은 힘으로 고려를 굴복시키겠다는 야망을 버렸어. 또한 강동 6주를 되돌려 받겠다는 요구도 더 이상 하지 않게 되었단다."

천리장성을 쌓아 북방 민족의 침입에 대비하다

"거란의 침입을 막아 낸 뒤 고려는 오랜만에 평화를 되찾았어. 다시 북방 민족이 침입할 것을 대비해 서쪽으로는 압록강 하구에서 동쪽으로는 도련포까지 이르는 천리장성을 쌓았지. 천리장성은 돌로 쌓았는데 그 길이가 이름처럼 천 리가량 돼. 천 리나 되는 성을 하나하나 차례대로 쌓은 건 아니고, 이미 있는 성과 성 사이에 새로 성을 쌓아 이으며 완성해 갔어. 현재 북한에는 천리장성의 유적이 여러 군데 남아 있단다."

천리장성
고려는 거란군이 돌아간 뒤 북방 민족의 침입을 막기 위해 서쪽으로 압록강 하구부터 동쪽으로 도련포까지 천 리나 되는 장성을 쌓았어.

윤관, 여진을 정벌하고 동북 9성을 쌓다

"여진은 만주 동부에 살던 퉁구스 계통 민족이야. 여진은 수나라와 당나라 때는 말갈로 불렸지. 발해에서 고구려 출신 사람들과 함께 살던 말갈족이 바로 여진이야. 여진족은 여러 부족이 있었는데, 발해가 망한 뒤 떨어져 나온 여진은 흑수말갈이라고 불러. 여진은 처음엔 고려를 부모의 나라로 섬겼어. 그런데 만주 하얼빈 쪽에서 살던 여진족의 한 부족인 완안부의 추장 영가가 여진족을 통일하며 힘이 세지자 태도가 완전히 돌변했어. 고려 북쪽 지역을

척경입비도(고려대 박물관 소장)
윤관이 여진을 정벌하고 개척한 9성에 고려의 국경이라고
선언하는 비를 세우는 장면을 그린 그림이야.

조금씩 침범하기 시작한 거지. 고려는 여진을 그냥 두면 안 되겠다고 생각해 1104년부터 여진 정벌에 나섰지만 실패했어. 이에 총사령관 윤관은 여진을 정벌하기 위해서 별무반을 조직해야 한다고 건의했지."

"별무반이 뭐예요?"

"별무반이란 기병* 중심의 특별 부대인데 신기군, 신보군, 항마군으로 구성된 군대를 말해."

*기병
말을 타고 싸우는 병사를 가리켜.

"왜 하필 기병 중심의 부대를 만들자고 한 거죠?"

"그건 여진의 군대가 기병 중심이기 때문이야. 눈에는 눈, 이에는 이! 기병을 이기려면 기병으로 맞서야 승산이 있다는 거지."

"기병 부대를 만들려면 말이 많이 필요했겠어요."

"그래서 말을 가지고 있는 사람만 신기군이 될 수 있었어. 말을 가지고 있지 않은 사람은 신보군, 승려들은 항마군이 되었지. 이렇게 윤관은 별무반을 조직해 북쪽으로 나아가 여진을 몰아내고 함경도 주요 지점에 동북 9성을 쌓았어."

"동북 9성은 어디 어디예요?"

"《고려사》에는 동북 9성을 함주, 영주, 웅주, 복주, 길주, 통태진, 숭녕진, 진양진, 공험진 등이라고 기록하고 있어. 하지만 그 위치가 어디인지 정확히 알려지지는 않았지.

그러나 공들여 쌓은 동북 9성은 여진이 계속 공격해 오자 결국 돌려주고 말았어. 자연히 별무반도 해체되었단다. 여진은 점차 세력을 키워 거란을 멸망시키고 금나라를 세웠어. 그 뒤 고려에 금나라를 큰 나라로 섬길 것을 강요해 왔어. 고려는 날로 강성해지는 금나라와의 전쟁을 피하기 위해 어쩔 수 없이 국교를 맺었단다."

밑줄 쫙! 은지의 한국사 노트

1. 만주에 살던 유목 민족 거란은 여러 부족을 통일하여 '□'나라를 세웠다. 926년 □□를 멸망시킨 것도 거란이었다. 고려는 그런 거란과 가깝게 지내고 싶지 않았다. 그래서 거란에서 보낸 □□을 귀양 보내고 선물로 가져온 □□를 굶어 죽게 했다. 이 사건 이후 거란과의 사이가 더 나빠졌다.

  요, 발해, 사신, 낙타

2. □□□는 당나라가 망한 뒤 혼란스러운 중국을 통일한 왕국이다. 이 나라는 거란과는 전쟁을 벌이는 사이였지만 □□와는 국교를 맺고 친하게 지냈다.

  송나라, 고려

3. 1010년 □□은 □□ □□를 돌려 달라고 요구하며 고려에 침입해 왔다. 당시 □□□□의 하나였던 흥화진을 지키던 장수 □□는 □□군이 흥화진을 포위하고 항복하라고 위협했지만 성을 끝까지 굳건히 지켰다.

  거란, 강동, 6주, 강동, 6주, 양규, 거란

4. 1018년 소배압을 앞세운 □□의 10만 정예군이 압록강을 건너 고려에 쳐들어왔다. 이에 맞서 고려의 □□□은 □□에서 쇠가죽으로 막아둔 강물을 터뜨려 □□군을 물리쳤다. 또 □□□은 강동 6주의 하나였던 □□에서 □□군과 싸워 크게 승리했다.

  거란, 강감찬, 흥화진, 거란, 강감찬, 귀주, 거란

5. 윤관은 □□□을 조직해 □□을 정벌하고 □□ □□을 쌓았다. 여기서 □□□이란 □□ 중심의 특별 부대로 신기군, 신보군, 항마군으로 구성된 군대를 말한다.

  별무반, 여진, 동북 9성, 별무반, 기병

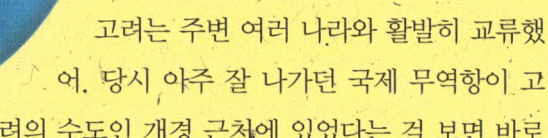

고려는 주변 여러 나라와 활발히 교류했어. 당시 아주 잘 나가던 국제 무역항이 고려의 수도인 개경 근처에 있었다는 걸 보면 바로 이해가 갈 거야. 그 국제 무역항 이름은 '벽란도'! 벽란도는 예성강 입구에 있는 나루터 이름이야. 예성강은 서해로 흘러드는 강으로 외국 상인들은 배를 타고 서해를 건너와 예성강 입구 벽란도에 쉽게 닿을 수 있었어.

덕분에 벽란도에는 송나라 상인, 거란 상인, 여진 상인, 일본 상인, 동남아시아 상인, 아라비아 상인까지 활발히 드나들었단다. 그 중 송나라와의 무역이 가장 활발하게 이루어졌어.

월드컵 응원가, '오 필승 코리아!'에서 '코리아'는 아라비아 상인이 고려에 다녀간 후 부른 고려의 이름이야. 그거 아니? 그때부터 서양인들이 아라비아 상인을 따라서 우리나라를 코리아로 부르게 되었다는 거.

벽란도의 유명세 덕에 벽란도와 가까운 개경은 국제도시가 되었어. 고려에서 팔관회가 열리면 세계 여러 나라에서 축하사절단이 된 세계의 상인들이 들어왔지. 또 개경은 국제도시답게 여러 곳에 시장이 있었는데 시장은 시전과 일반시장으로 나뉘었어. 시전은 큰 상점으로 나라에서 운영했고 일반시장은 일반 백성들이 물건을 사고파는 시장이었지.

시전은 남대가라고 하는 큰 길가에 있었는데 남대가를 따라 종이 파는 가게, 기름 파는 가게, 만두 파는 가게 등 다양한 가게들이 쭉 늘어서 있었어.

시장에는 돈이 오가게 마련이지. 고려 성종 때에는 우리나라 최초의 동전인

건원중보를 만들었어. 건원중보 한 닢이면 남대가에서 만두를 사먹을 수 있었던 거야. 하지만 널리 쓰이라고 동전을 만든 뜻과는 달리 그렇게 널리 쓰이지는 않았어.

자 그럼, 북적북적한 국제무역항, 벽란도와 국제도시, 개경을 떠올리며 떠나 볼까?

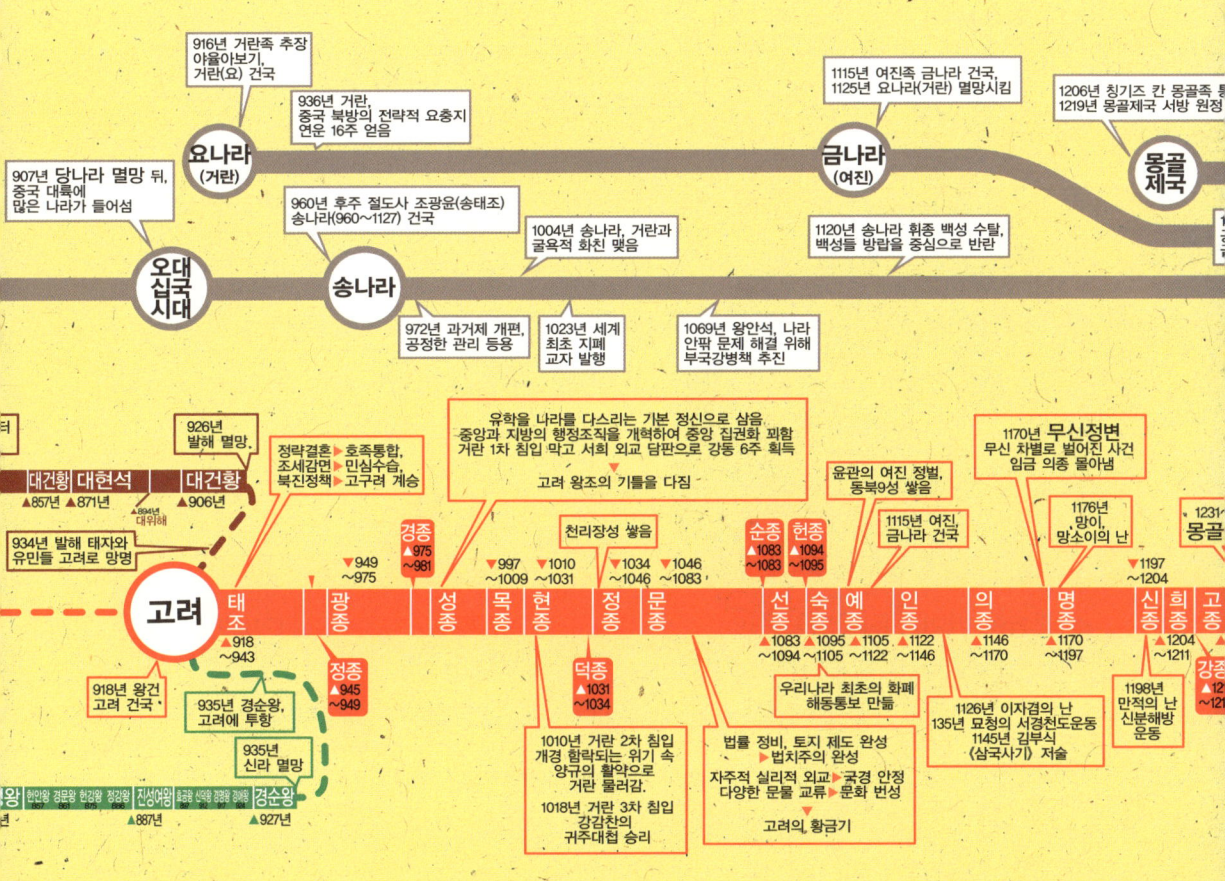

외국 상인들, 예성강 입구 벽란도로 모이다

"고려는 주변 여러 나라와 활발히 교류했어. 그래서 벽란도에는 국제 무역항이 생겨났단다."

"벽란도요? 벽란도가 어디예요?"

"벽란도는 예성강 입구에 있는 커다란 나루터야."

"쌤, 예성강은 어디에 있나요?"

"예성강은 지금의 북한 서해도 북쪽에서 남쪽을 걸쳐 서해로 흘러드는 강이야. 외국 상인들은 배를 타고 서해를 건너와 예성강 입구 벽란도에 닿을 수 있었어."

"외국 상인들이 고려의 벽란도로 몰려들었다니 신기해요."

"벽란도에서 조금만 가면 수도인 개경에 쉽게 닿을 수 있었어. 이런 장점 덕에 벽란도는 세계 여러 나라 상인들이 드나드는 국제 무역항으로 발전한 거야. 벽란도에는 송나라 상인, 일본 상인, 동남아시아 상인, 아라비아 상인까지 활발히 드나들었단다. 또한 고려의 지방에서도 상인들이 몰려들었지. 이렇게 벽란도는 외국 상인들과 국내 상인들로 늘 활기가 넘치는 세계에서 가장 잘 나가는 무역항 중 하나였단다."

고려 배가 새겨진 청동 항해 무늬 거울
돛을 올린 배가 파도를 헤치고 항해하는 모습이 그려져 있어. 고려 시대의 바닷길을 통한 활발한 교류를 보여 주는 유물이야.

고려, 세계 여러 나라와 활발히 교류하다

"고려는 세계의 여러 나라와 활발하게 무역을 했어. 고려가 가장 활발하게 무역한 나라는 어디였을까?"

"거란은 발해를 멸망시켰으니 아닐 테고……. 음, 잘 모르겠어요."

"거란과도 무역을 했지만 가장 활발히 교류한 나라는 송나라였어. 송나라에서 비단, 자기, 차, 약재, 책 등 주로 왕실이나 귀족이 필요로 하는 물건들을 수입했단다. 이 중 가장 많이 가지고 온 것은 비단이었지. 고려는 송나라로 금, 은, 나전칠기, 화문석, 인삼, 종이, 먹, 삼베, 모시 등을 수출했단다. 이 중 인삼이 약효가 좋아 가장 인기가 있었어."

"저는 인삼보다 홍삼이 더 좋아요. 홍삼을 먹으면 힘이 불끈불끈 솟거든요."

"그래? 홍삼도 인삼으로 만든 거야. 인삼뿐 아니라 먹, 종이도 질이 좋기로 이름이 났단다. 거란과 여진에서는 은, 모피, 말 등을 수입했고 농기구, 곡식, 문방구 등을 수출했지. 일본에서는 수은, 유황 등을 수입했고 곡식, 인삼, 서적 등을 수출했어. 아라비아 상인은 송나라와 무역이 활발해지면서 송나라 상인들과 함께 벽란도에 들어왔어. 아라비아 상인에게서 고려는 수은, 향료, 산호 등을 수입했고 금, 은, 비단 등을 수출했어.

고려에 다녀간 아라비아 상인은 고려를 '코리아'라고 불렀어. 이때부터 서양인들이 우리나라를 '코리아'라고 부르게 된 거야."

고려의 종이
닥나무 껍질을 주원료로 하는 고려의 종이는 표면이 부드럽고 광택이 있어 글씨가 잘 써졌대. 그래서 송나라에서도 고려의 종이를 좋아했지.

1750년에 만든 코리아(고려)가 나온 고지도
아라비아 상인을 통해 고려가 서역에 알려지면서 '코리아'로 불리게 되었어. 지도에도 '코리아(COREE)'라는 글자가 보이지?

"코리아는 올림픽과 월드컵 대회 때 많이 들었어요."

"이것 봐 봐. 코리아라고 표기된 옛날 지도야."

고려 시대의 개경, 국제도시가 되다

"아까 중국 음식인 만두가 고려의 수도 개경에서 발달한 이유를 이야기했지? 개경은 국제도시였어. 조금 전에 벽란도가 수도인 개경과 가깝다고 말했잖아. 개경은 위치가 국제 무역항인 벽란도와 가까워 외국 사람들이 끊임없이 오고 가면서 국제 무역이 이루어졌지. 개경에서 팔관회 축제가 열리면 송나라 상인, 여진 상인, 아라비아 상인까지 축하단으로 들어와 함께 즐겼어.

세계 속의 코리아

고려의 무역 활동

신안 앞바다 침몰선 복원 모습
1323년쯤 중국에서 일본으로 가다가 신안 앞바다에서 침몰한 배를 복원한 것이야.

개경에는 여러 곳에 시장이 있었어. 시장은 시전과 일반 시장으로 나뉘었는데 시전은 큰 상점으로 나라에서 운영했지. 시전은 조선 시대 한성의 육의전으로 이어져. 일반 시장은 말 그대로 일반 백성들이 물건을 사고파는 시장이야. 이 중 시전은 남대가라고 하는 큰 길가에 있었는데, 남대가를 따라 종이 파는 가게, 기름 파는 가게, 만두 파는 가게 등 다양한 가게가 쭉 늘어서 있었어. 시전은 조선 시대 한성의 육의전으로 이어지지."

"만두 가게요? 만두가 개경에서 발달한 이유를 확실히 알겠네요."

"그런데 왜 설날이면 꼭 만둣국을 먹었을까요?"

"그건 만두가 복을 가져오는 음식이기 때문이야. 떡국 역시 복을 바라는 마음으로 설날에 먹었던 거고."

〈송도기행첩〉의 일부인 남대가의 모습
조선 후기에 개성의 모습을 그린 그림이야. 중앙의 남대가는 고려 시대 이래로 개성의 중심 거리였어.

"만두와 떡이 복과 무슨 상관이 있어요?"

최초의 동전 '건원중보'를 발행하다

"떡국에 넣을 떡은 가래떡을 동전처럼 동그랗게 썰지. 동전 같은 떡을 먹으며 새해엔 돈을 많이 벌게 해 주길 기원하는 거란다. 만두도 자세히 보면 복주머니 같이 생겼어. 복주머니 같은 만두를 먹으며 새해엔 복 많이 받게 해 주길 기원하는 거야. 자, 사람들이 그렇게 바라는 돈 이야기 좀 해 볼게."

"상업이 발달하면서 고려 시대에는 우리나라 최초로 동전을 만들었어."

"고려 시대 동전은 어떻게 생겼어요?"

"이 사진을 봐. 지금의 동전처럼 동그란 모양에 한가운데 네모난 구멍이 뚫려 있지. 왜 이런 모양으로 만들었을까?"

"동전 여러 개를 줄로 꿰어 다니기 좋아서가 아닐까요?"

"그런 이유도 있지. 그런데 더 깊은 의미가 있어. 동전의 동그란 테두리는 하늘을 본뜬 것이고, 네모난 구멍은 땅을 본뜬 거야. 즉 하늘과 땅 사이에서 두루두루 널리 쓰이라는 의미지. 이것은 고려 제11대 왕 문종의 넷째 아들로 승려가 된 대각국사 의천이 바로 위의 형인 제15대 왕 숙종에게 올린 글의 내용이야. 이렇게 해서 우리나라 최초의 동전 건원중보가 만들어졌어. 그런데 널리 사용되지는 않았어. 차나 술, 음식을 파는 가게에서나 쓰일 정도였지. 고려 사람들은 물건을 사고파는 데 주로 쌀이나 옷감을 사용하는 데 익숙했기 때문이야."

"그럼 만두 가게에서 만두 사 먹는 데나 쓰였다는 거네요?"

"그렇지. 건원중보가 만들어진 이후 동국통보, 해동통보, 삼한통보, 은병 등 다양한 화폐를 발행했어. 하지만 무역할 때 은병을 사용한 것을 빼고는 역시 널리 사용되지 않았어."

건원중보

해동통보

삼한통보

밑줄 쫙! 은지의 한국사 노트

1. 고려의 수도 ☐☐은 ☐☐☐☐였다. 개경은 그 위치가 국제 무역항인 ☐☐☐와 가까워 외국 사람들이 끊임없이 오고가면서 ☐☐☐☐이 이루어졌다.
정답: 개경, 개성시, 벽란도, 국제무역

2. 벽란도에는 ☐☐☐ 상인, 일본 상인, ☐☐☐☐☐ 상인, ☐☐☐☐ 상인까지 활발하게 드나들었다. 고려의 지방에서도 상인들이 몰려든 벽란도는 외국 상인과 국내 상인으로 늘 활기가 넘쳐 세계적인 ☐☐☐으로 손꼽혔다.
정답: 송나라, 아라비아, 동남아시아, 무역항

3. 개경에는 여러 곳에 시장이 있었는데 시장은 ☐☐과 ☐☐ ☐☐으로 나뉘었다. ☐☐은 큰 상점으로 나라에서 운영했고 ☐☐ ☐☐은 일반 백성들이 물건을 사고파는 시장이었다.
정답: 시전, 일반 시장, 시전

4. 시전은 ☐☐☐라고 하는 큰 길가에 있었는데 ☐☐☐를 따라 종이 파는 가게, 기름 파는 가게, 만두 파는 가게 등 다양한 가게가 쭉 늘어서 있었다. 시전은 조선 시대 한성의 ☐☐☐으로 이어진다.
정답: 관허가, 广베거, 广베거

5. 고려 성종 때 우리나라 최초의 동전인 ☐☐☐☐를 만들었다. 동전의 동그란 테두리는 ☐☐을 본뜬 것이고, 네모난 구멍은 ☐을 본뜬 것이다.
정답: 건원중보, 하늘, 땅

고려시대 사람들의 생활

태조 왕건의 이름은 왕건이었어. 새삼스럽게 무슨 얘기냐고? 왕건에게는 애초에 성씨가 없었어. 그래서 왕건이라는 자신의 이름 중 앞의 한 자를 뚝 떼어내어 성씨로 삼았던 거야. 그렇다면 일반 백성들은 어땠을까? 태조 왕건이 성을 갖게 되자 귀족들도 성을 갖게 되었고 백성들도 이를 따라 해 백성들도 이름 앞에 성을 붙이기 시작했어.

성씨 못지않게 본관도 중요했어. 고려 사람들은 자신들이 사는 곳을 본관이라고 했지. 본관이 왜 중요하냐고? 나라에서는 본관이 어디냐에 따라 세금도 달리 거둬들였어. 예를 들면 지방의 특수 행정 구역인 향·부곡·소가 본관인 사람은 다른 구역 사람보다 세금을 더 많이 내야했고 차별을 받았어.

고려시대 여성의 지위가 조선 시대 여성보다 높았어. 예를 들면 자녀들이 부모에게 재산을 상속받을 때 딸과 아들이 구별 없이 공평하게 상속받았고, 족보 올리는 것도 남녀 차별 없이 태어나는 순서대로 했어. 그래도 제사는 남자가 모셨을 거라고? 아니야. 제사를 모시는 일도 딸과 아들과 똑같이 했어.

장가 간다는 말은 언제 생겼을까? 이 말은 고려시대에 생긴 거야. 고려 시대 남자들은 장가를 가서 장인 장모 집에 살았어. 장인 장모 집에서 아내와 함께 살다가 자식을 낳고 키워 아이들이 성장하면 그때 비로소 자기 집으로 가서 살았지.

부모님이나 조부모님이 돌아가시면 어떻게 했을까? 고려 시대에는 장례는 주로 절에서 치렀어.. 장례는 화장으로 치렀는데 이런 장례 풍습은 고려에 불교를 믿는 사람들이 많았기 때문이야.

고려시대 사람처럼 노래를 좋아하고 즐겨 부른 사람이 또 있었을까 몰라. 고려 사람들은 자신들의 마음과 감정을 시와 노래에 담아 표현했어. 특히 남녀 간의 사랑을 솔직하게 표현한 노래를 많이 불렀지.〈쌍화점〉,〈동동〉,〈이상곡〉등이 있어. 이렇게 고려 시대 사람들이 불렀던 시와 노래를 '고려가요'라고 해.

자 그럼 고려 사람들이 어떻게 살았는지 직접 보러 떠나볼까?

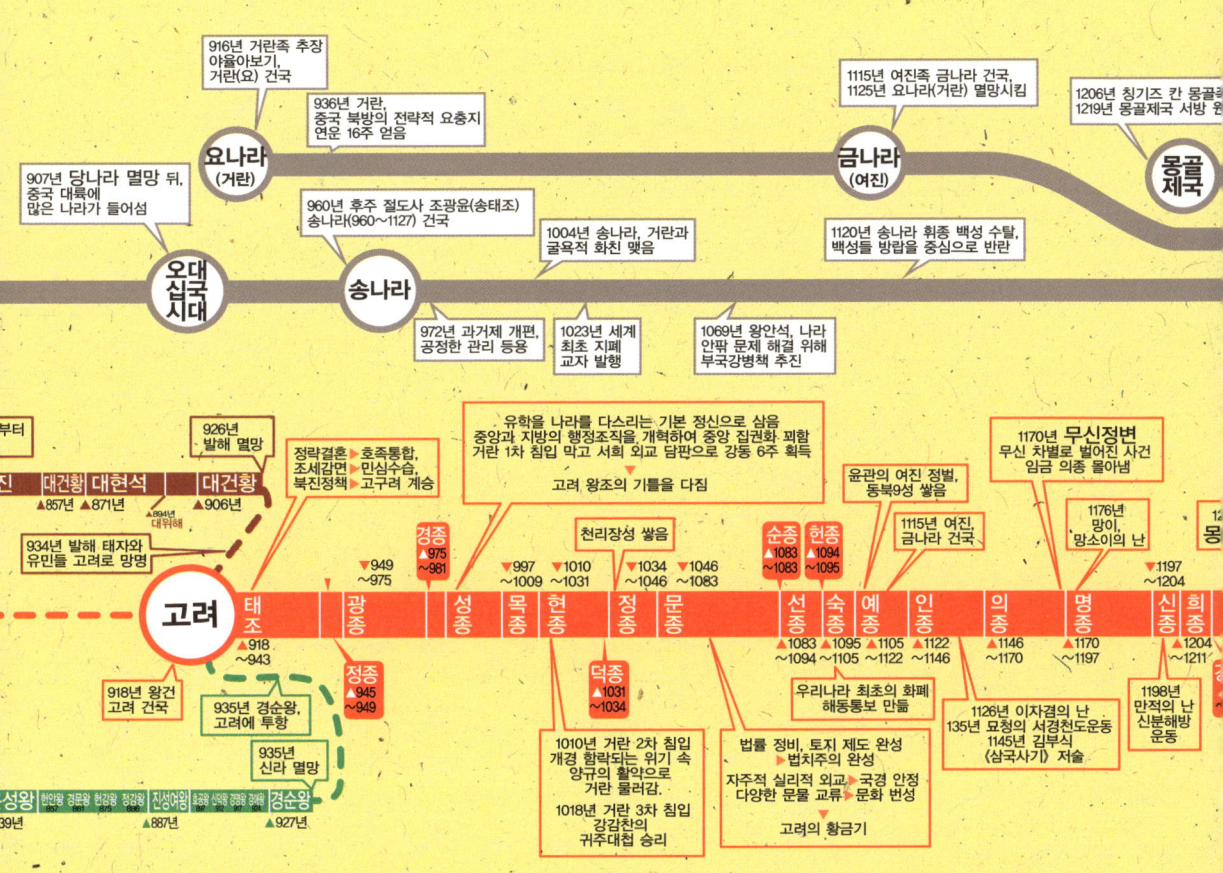

태조 왕건처럼 백성들도 이름 앞에 성을 붙이다

"태조 왕건의 이름은 왕건이었어."

"선생님. 왕건의 이름은 왕건, 목은지의 이름은 목은지! 그건 당연한 거 아니에요?"

"그게 아니고 왕건은 성씨 없이 이름만 왕건이었다는 거야. 지금은 누구나 이름 앞에 당연히 있는 성이 고려 태조인 왕건에겐 없었던 거야. 그러다가 왕건은 자신의 이름 '왕건'에서 앞 글자 한 자를 뚝 떼어 성씨로 삼았지. 즉 성을 '왕씨'로 정하고 이름은 '왕건'에서 '건'으로 바꾼 거야."

"저라면 왕왕건이라고 했겠어요. 성씨 한 자는 얻었지만 이름 중 한 자를 잃었잖아요."

"그런가? 왕건은 또 자신의 성인 '왕씨'를 지방 호족들에게 선물로 내려 주기도 했어."

"같은 핏줄도 아닌데 자기 성을 선물로 내려 주다니 왕건은 정말 너그러웠네요."

"왕씨 말고 다른 성씨를 내려 주기도 했단다. 태조 왕건과 귀족들이 성을 갖게 되자 백성들도 이를 따라 했어. 이렇게 해서 백성들이 이름 앞에 성을 붙이게 된 거야."

고려 백성은 어디에 사느냐에 따라 지위가 달라졌다

"'본관'이라는 말 들어 봤니?"

"본관은 어느 성씨의 시조가 난 곳을 말하는 것이죠. 전에 파래가 자기가 왕자라고 잘난 척하다가 역사를 몰라 바보가 된 날 나온 얘기잖아요."

시루가 1권에 나온 내용으로 파래를 놀리자 파래의 얼굴이 파래졌다.

"하하하, 그래 맞아. 하지만 고려 시대는 좀 달랐어. 고려 사람은 자신이 사는 곳을 '본관'이라고 했단다."

"고려 사람들에게 본관은 오늘날의 주소랑 비슷했네요?"

"그래. 나라에서는 본관이 어디냐에 따라 세금도 달리 거둬들이고 관직에 나아갈 수 있는 사람인지 아닌지를 결정했어. 예를 들면, 지방의 특수 행정

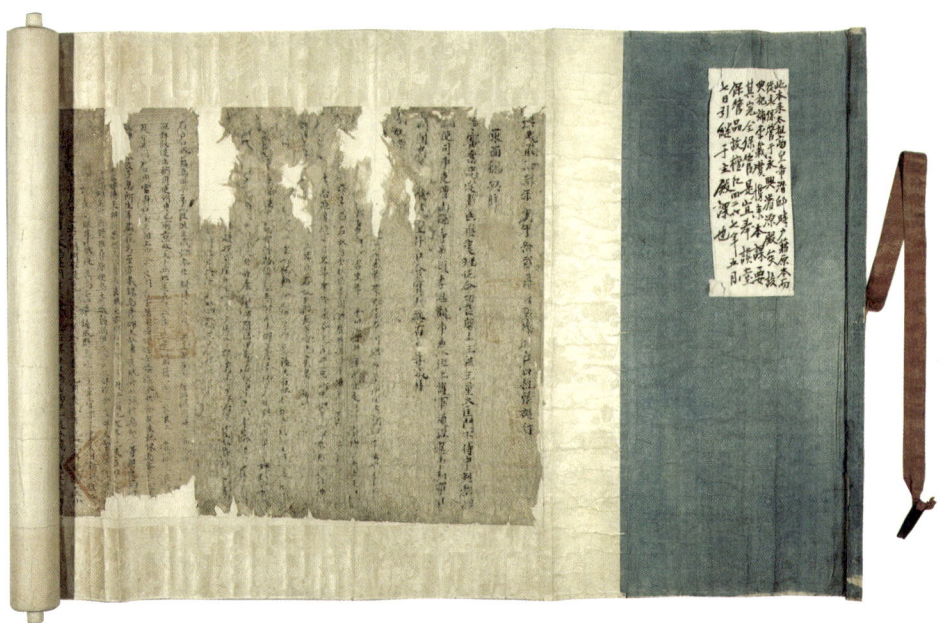

이성계의 호적
이성계가 왕이 되기 전에 만들어진 호적이야. 이성계가 호주로 되어 있고 호주의 관직과 녹봉, 자손, 형제, 조카, 노비들까지 기록되어 있단다.

구역인 향·부곡·소가 본관인 사람은 다른 구역 사람보다 세금을 더 많이 내야 했고 거기에 더해 특산물까지 바쳐야 했지."

"이사 가면 되잖아요."

"고려 사람들은 자기 마음대로 이사를 할 수 없었어. 고려 사람들은 본관과 성을 함께 썼어. 그래서 본관과 성을 대면 그 사람의 사회적 지위를 바로 알 수 있었단다."

"그럼 노비도 본관과 성이 있었나요?"

"아니. 일반 백성과 달리 천인은 본관도 성도 없이 달랑 이름 하나만 있었단다."

고려 시대 여성의 지위는 조선 시대보다 높았다

"고려 시대에는 자녀가 부모에게 재산을 상속받을 때 딸도 아들과 똑같이 받았어."

"정말이요? 지금과 똑같네요?"

"조선 시대와 비교해 보면 여성의 지위가 조선 시대보다 훨씬 높았다는 걸 알 수 있어. 조선 시대에는 딸이 결혼하면 출가외인이라고 해서 친정집에서 한 푼도 받지 못했거든."

"조선 시대가 고려 시대보다 더 나중인데 어떻게 그럴 수 있죠?"

"조선 시대, 특히 후기에 이르러 오히려 여성의 지위가 퇴보한 셈이야. 고려 시대에는 아내가 친정집에서 물려받은 재산이 있다면 그건 여전히 아내 자신의 소유였어."

둔마리 벽화 속 여인
무덤에 있는 여인의 그림으로 피리를 입에 물고 손에는 과일이 담긴 그릇을 들고 있어. 무덤 주인을 하늘나라로 데려가는 천상의 선녀를 그린 것으로 보이는데, 고려 시대 여성들의 생활이나 복장 등을 엿볼 수 있지.

"남편과 한 통장을 쓰는 게 아니고요?"

"고려 시대에는 통장이 없고 대신 보관함 같은 게 있었겠지. 아내는 자기 보관함에 재산을 따로 두었을 거야. 만일 남편 보관함에 넣어 아내 재산이 남편 집에 보태지면 남편 집안은 넉넉해지지만 아내의 친정 집안은 재산이 줄어드는 셈이니까.

제사를 모시는 일도 재산 상속과 마찬가지로 딸과 아들이 똑같이 했어. 또 족보에 올리는 것도 남녀 차별 없이 태어나는 순서대로 했지."

장가를 가서 장인 장모 집에 살다

"고려 시대에는 결혼하면 남편이 아내의 집으로 가서 살았어."

박익 묘 벽화의 여인들
고려 말 관리 박익의 묘에서 발견된 이 벽화는 고려 시대 여인의 모습을 생생하게 보여 주고 있어.

"지금하고 정반대였네요?"

"남자가 결혼할 때 '장가간다'고 표현하지? 여기서 '장가간다'는 말은 결혼한 남자가 장인 장모의 집으로 간다는 뜻이야."

"그럼 오늘날 쓰는 '시집간다'는 표현은 시부모님이 있는 집으로 간다는 뜻이겠네요."

"그렇지. 고려 시대 남자들은 장인 장모 집에서 아내와 함께 살다가 자식을 낳고 키워 아이들이 성장하면 그때 자기 집으로 가서 살았어. 이런 풍습은 고려에 와서 생긴 게 아니라 삼국 시대에도 있었단다."

"그럼 아이들이 무척 힘들었겠어요."
마토가 심각한 얼굴로 말했다.
"왜?"
"만약 엄마 집이 개성이고 아빠 집이 전라도 광주면, 나중에 외할머니가 해 주시던 만두를 못 먹을 거 아녜요. 너무 멀어 먹으러 갈 수도 없고."
"그럼 만두를 만들 줄 아는 엄마가 아빠 집 사람들에게 가르쳐 주면 되지 않을까?"
"하지만 아빠 집 사람들은 떡국만 먹어 왔으니 만두가 낯설어서 싫어할지도 몰라."
"음, 그래. 옛날엔 교류가 많지 않던 시절이라 다른 음식에 대해 거리낌이 많았을 거야. 특히 설날 음식은 차례상에 올리는 중요한 것이니 더욱 그렇겠지. 무슨 방법이 없을까?"
"쉬운 방법이 있어요. 우리 집처럼 떡만둣국을 끓이면 되죠."
시루의 말에 아이들은 고개를 주억거렸다.
"만두 가게에 가서 사 먹으면 될 걸 뭐 그렇게 골치 아프게 생각해?"
머리 쓰는 것을 싫어하는 파래의 말에 시루가 발끈했다.
"야, 고려 시대에 만두 가게가 그렇게 흔했겠니? 안 그래요, 쌤?"
"글쎄, 전라도 광주에 만두 가게가 있었는지 모르겠구나. 그런데 만두에 관한 노래가 전해 오는 걸 보면 개성에는 확실히 만두 가게가 꽤 많았던 것 같아."
"에이, 설마. 그런 노래가 정말 있어요?"
"고려 시대의 노래와 시를 고려 가요라고 하는데 그 가운데 〈쌍화점〉이란 고려 가요가 있어. 쌍화는 만두라는 뜻이고 점은 가게라는 뜻이야. 그야말로

염경애의 묘지명
고려의 관리 최루백이 일찍 죽은 아내를 위해 지은 묘지명이야. 남편이 직접 아내의 묘지명을 짓는 경우는 드문 일이지. 최루백은 사랑하는 아내에 대한 슬픔의 심정을 솔직하고 절절하게 묘지명에 적었어.

만두 가게라는 거지."
 빡쌤의 말에 아이들은 믿을 수 없다는 표정을 지었다.

솔직함은 고려 사람들이 최고!

 "고려 가요가 뭐예요? 고려 시대의 대중가요가 고려 가요인가?"
 "비슷해. 고려 가요란 고려의 시와 노래를 말해. 고려 사람들은 그 시대를 살아가는 자신들의 마음과 감정을 고려 가요에 담아 노래했어. 특히 남녀 간의 사랑을 솔직하게 표현한 노래를 많이 불렀지. 평민들은 〈쌍화점〉 외에도 〈동동〉, 〈이상곡〉 등에서 남녀 간의 사랑을 진솔하게 담아 노래했어."
 "〈쌍화점〉이란 고려 가요는 어떤 내용이에요?"
 "〈쌍화점〉은 만두 가게 주인인 회회아비와 여자 손님 사이의 사랑을 다룬

노래야. 회회아비란 서쪽에서 온 이슬람교도를 일컫는 말이야. 그러니까 쌍화점은 외국인과 고려 여인의 사랑 노래지. 사랑 노래가 있으면 이별 노래도 있겠지? 〈가시리〉는 사랑하는 사람을 떠나보내는 슬픔을 담은 이별 노래야.

고려 가요는 입에서 입으로 노래로만 전해지다가 조선 시대에 와서야 글로 기록되었어. 그런데 조선 시대 유학자들은 고려 가요가 지나치게 솔직해서 점잖치 못하다고 여겼어. 그래서 많은 고려 가요를 빼고 기록하는 바람에 오

화장은 있어도 고려장은 없다

고려 시대에는 부모님이나 조부모님이 돌아가시면 장례를 주로 절에서 치렀어. 절에서 시신을 화장한 뒤 유골을 절에 모셔 두었다가 항아리에 담아 땅에 묻거나 산이나 강에 뿌렸지. 이런 장례 풍습은 고려에 불교를 믿는 사람들이 많았기 때문에 등장했어. 장례 행사조차 불교의 영향을 받은 거지. 한편, 불교 경전 《잡보장경》에는 '노인을 버리는 나라'에 대한 이야기가 실려 있어.
이 이야기가 널리 알려지면서 사람들은 고려장 이야기와 연결하여 생각하기도 했어. 고려장이란 부모님이 늙으면 부모님을 지게로 지고 가 산속에 버리는 풍습을 말해. 하지만 실제로 고려 시대에는 고려장이라는 풍습이 없었어. 고려장을 했다던 장소만 말로 전해질 뿐 구체적인 유물이나 유적이 발견되지 않았거든.

늘날까지 전해지는 고려 가요는 얼마 없단다."

"아이, 아쉽다. 당시 스마트폰이 있었다면 모두 녹음해 버렸을 텐데."

밑줄 짝! 은지의 한국사 노트

1. 고려 사람들은 자신들이 사는 곳을 '◯◯'이라고 했고 그곳과 성을 함께 썼다. 나라에서는 ◯◯이 어디냐에 따라 ◯◯도 달리 거두들이고 관직에 나아갈 수 있는 사람인지 아닌지도 결정했다.
정답: '본관', '본관'

2. 고려 시대에는 여성의 ◯◯가 조선 시대보다 높았어. 자녀들이 부모에게 ◯◯을 상속받을 때 딸과 아들이 똑같이 상속받았고, ◯◯를 모시는 일도 딸과 아들과 똑같이 했다. 또 ◯◯에 올리는 것도 남녀 차별 없이 태어나는 순서대로 했다.
정답: '지위', '재산', '제사', '호적'

3. 고려 시대 남자들은 장가를 가서 ◯◯ ◯◯ 집에 살았다. ◯◯ ◯◯ 집에서 아내와 함께 살다가 자식을 낳고 키워 아이들이 성장하면 그때 자기 집으로 가서 살았다. 이런 풍습은 ◯◯ ◯◯에도 있었다.
정답: 처가 살이, '부인 부모', '부인 부모'

4. ◯◯ ◯◯란 고려 시대의 시와 노래를 말한다. 고려 사람들은 그 시대를 살아가는 자신들의 마음과 감정을 ◯◯ ◯◯에 담아 노래했다.
정답: '고려 가요', '고려 가요'

5. 고려 시대에는 부모님이나 조부모님이 돌아가시면 장례는 주로 ◯에서 치렀다. ◯에서 시신을 ◯◯한 뒤 유골을 절에 모셔 두었다가 항아리에 담아 땅에 묻거나 산이나 강에 뿌렸다. 이런 장례 풍습은 고려에 ◯◯를 믿는 사람들이 많았기 때문에 등장했다.
정답: '절', '절', '화장', '불교'

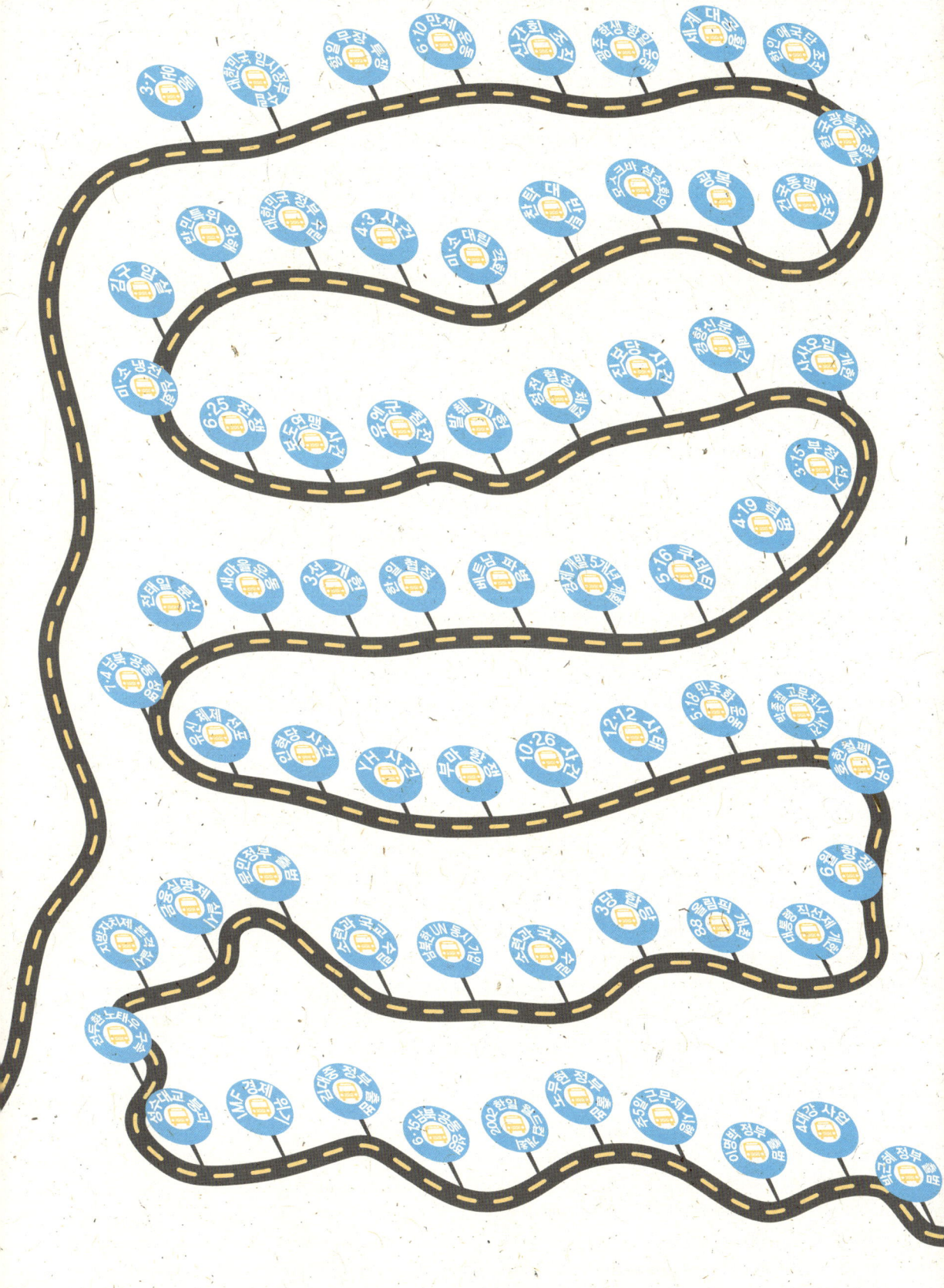

민주식 선생님이 꿈틀의 아이들과 빡쌤을 강화도 제적봉 평화 전망대 주차장에 내려놓은 건 오전 9시였다. 새벽 일찍 달려왔던 터라 아이들은 꿈틀에서부터 강화도 제적봉 정상에 오르는 내내 차 안에서 못다 잔 새벽잠을 잤다.

처음에 강화도로 체험 학습을 떠난다고 했을 때 아이들은 뛸 듯이 좋아했지만 당일치기라는 말에 한숨을 내쉬었다. 게다가 새벽에 출발해야 한다는 말에 그 시간엔 절대 못 일어날 거라며 마구 투덜거렸다. 빡쌤은 의외의 반응에 당황했다. 그래서 잠은 차에서 자면 되고 당일치기라도 맛있는 것도 먹고 이곳저곳을 알차게 다니면서 고려의 숨결을 느껴 보면 되지 않겠느냐고 아이들을 설득했다.

사실 아이들은 좀 더 길게 가고 싶은 욕심 때문에 엄살을 부렸던 것이지 당일치기가 아니라 한나절, 아니 반나절 체험 학습이라도 얼마든지 갈 준비가 되어 있었다.

아이들이 웃음을 숨기느라 손으로 입을 막으며 킥킥댔다. 파래가 참지 못하고 장난기 어린 얼굴로 말했다.

"선생님! 깜빡 속으셨죠? 장난친 거예요. 사실은 당일치기 체험 학습이라도 너무 기쁘고 벅차요."

이어 마토도 말했다.

"이게 얼마만의 체험 학습인데 저희가 마다하겠어요? 근데 맛있는 거 많이 먹는 건 확실하죠?"

이렇게 해서 떠나온 체험 학습이었다. 빡쌤과 민주식 선생님이 깨우자 아이들은 그제야 눈을 비비며 몸을 일으켰다. 다만 홍시루만 해병대 검문소를 지날 때쯤 깨서 말똥말똥 눈을 뜨고 있었다. 제적봉 평화 전망대는 강화도 서북단 민통선 안에 있으므로 해병대 검문소에서 민통선 출입자 명부를 작성하

고 임시 출입증을 받아야 갈 수 있다. 해병이 경례하고 민주식 선생님이 명부를 작성하기 위해 검문소에 들어갔을 때부터 홍시루는 쭉 깨어 있었다.

모두 차에서 내려 주차장에 발을 내딛자마자 가장 먼저 내린 홍시루가 기다리고 있었다는 듯이 방금 잠에서 깬 몽롱한 아이들에게 빨간색 출입증을 내밀었다. 가운데에 '해병'이라는 글자와 용이 그려진 빨간색 임시 출입증을 손을 높이 들어 보여 준 것이다. 그 모습은 마치 축구 경기에서 심판이 반칙 선수에게 레드카드를 내미는 것처럼 보였다.

"이 출입증이 있는 사람만 들어갈 수 있어. 너희들은 아까 검문소에서 잠자느라고 못 받았으니까 들어가지 말고 여기서 기다려야만 해."

홍시루가 이렇게 말하자 아이들은 어리둥절했다. 홍시루가 너무 진지하고 단호하게 말하는 바람에 하마터면 모두 믿을 뻔했다. 홍시루의 모습이 귀여워 민주식 선생님이 웃음을 터트리는 바람에 아이들은 장난이라는 것을 알았다. 알고 보니 출입증은 차 한 대당 하나만 있으면 되는 거였다. 아이들은 출입증을 서로 보자며 주차장을 이리 뛰고 저리 뛰며 한바탕 소동을 피웠다.

매표소에서 표를 끊고 걸어서 언덕을 오르자 얼마 뒤 금박으로 만든 커다란 글자, '강화 제적봉 평화 전망대'가 붙은 건물이 하나 나타났다. 꿈틀 일행은 무궁화 공원을 지나 3층 북한 전망대로 곧장 올라갔다.

북한 전망대에는 제적봉 부근의 지형을 딴 모형도가 있어 현재 위치와 남한 땅과 북한 땅의 경계와 지형을 알 수 있고, 망원경으로 북한의 모습을 생생하게 볼 수 있는 곳이다. 아이들은 강 건너 보이는 곳이 북한 땅이라는 사실이 믿기지 않는지 눈이 휘둥그레져서 한없이 바라보았다.

"쌤 북한 땅이 이렇게 가까운지 몰랐어요. 망원경 없이도 강 건너 북한 땅이 다 보여요."

까불이 김파래가 흥분해서 말했다.

"한강 하구의 강화도에 있는 이 전망대는 북한과 가장 가까운 곳이란다. 이곳과 서해북도 개풍군과의 최단 거리는 2.3킬로미터밖에 안 돼. 맑은 날에는 개성까지 보이지."

"개성이요?"

빡쌤의 말이 끝나기가 무섭게 호기심쟁이 은지의 질문이 들어왔다.

"여기 제적봉 부근의 지형을 딴 모형도를 보렴. 강 건너가 바로 황해북도 개풍군이고 개풍군의 왼쪽이 연백평야야. 이 두 곳 사이에 예성강이 있지. 북한의 예성강은 서해로 흘러드는데 임진강과 한강이 만나 예성강과 합류한단다. 예성강과 가까운 이곳에 고려의 수도인 개성이 있고."

빡쌤은 각 위치를 손가락으로 가리켜 가며 말했다.

"예성강을 어디서 들었더라? 아! 벽란도가 있던 곳이요. 지지난 시간에 배웠잖아요. 벽란도는 세계 여러 나라 상인들이 드나드는 국제 무역항이고요."

홍시루가 목에 건 출입증을 만지작거리며 말했다.

"오호! 시루가 용이 그려진 출입증을 들고 다니더니 무슨 힘을 얻었나 보네. 이렇게 기억력이 좋아지는 걸 보면."

쌤이 홍시루를 칭찬하자 김마리가 시샘하듯 말했다.

"벽란도엔 송나라 상인이 배에 알록달록 예쁜 비단을 싣고 왔다고 하셨어요."

그러자 먹보 도마토도 지지 않고 말했다.

"개성에 만두를 파는 쌍화점도 있다고 하셨어요."

"그래 다들 한국사를 열렬히 사랑하고 있구나. 오늘 체험 학습은 고려의 수도 개성을 바라보면서 시작하자. 지금의 개성인 개경이 고려의 수도였는데

지금의 평양인 서경으로 수도를 옮겨야 한다고 주장하는 사람도 있었어."

서경의 승려 묘청이 인종에게 놀라운 제안을 하나 했어. 문벌귀족을 꺾으려면 수도를 서경으로 옮겨야 한다고. 인종은 묘청의 의견을 받아들이고 서경에 새 궁궐인 '대화궁'까지 짓게 했지. 하지만 이 운동은 개경에 있는 문벌귀족들의 반발로 실패로 돌아가고 말았어.

정작 수도를 다른 곳으로 옮긴 때는 한참 지난 무신정권의 시기였어. 몽골이 쳐들어오자 수도를 강화도로 옮겼거든. 무신정권이란 무신들이 자신들을 차별하는 문신들에 대한 분노로 무력으로 문신들을 몰아내고 세운 정권을 말해. 정권을 잡은 무신들은 처음부터 백성들을 보살피지 않았어. 자기들 개인적인 이익을 위한 권력싸움에 여념이 없었지. 이에 100년 동안 이어진 무신정권 내내 농민과 노비들의 봉기가 쉼 없이 이어졌어. 공주 명학소에서 일어난 망이·망소이의 봉기, 무신 정권의 최고 권력자인 최충헌의 노비가 일으킨 만적의 난 등등이지.

이렇게 나라 안이 어수선할 때 설상가상으로 몽골이 쳐들어 왔어. 정부는 몽골을 피해 강화도로 도망가고 없는데 백성들은 무엇에 의지하고 살았을까?

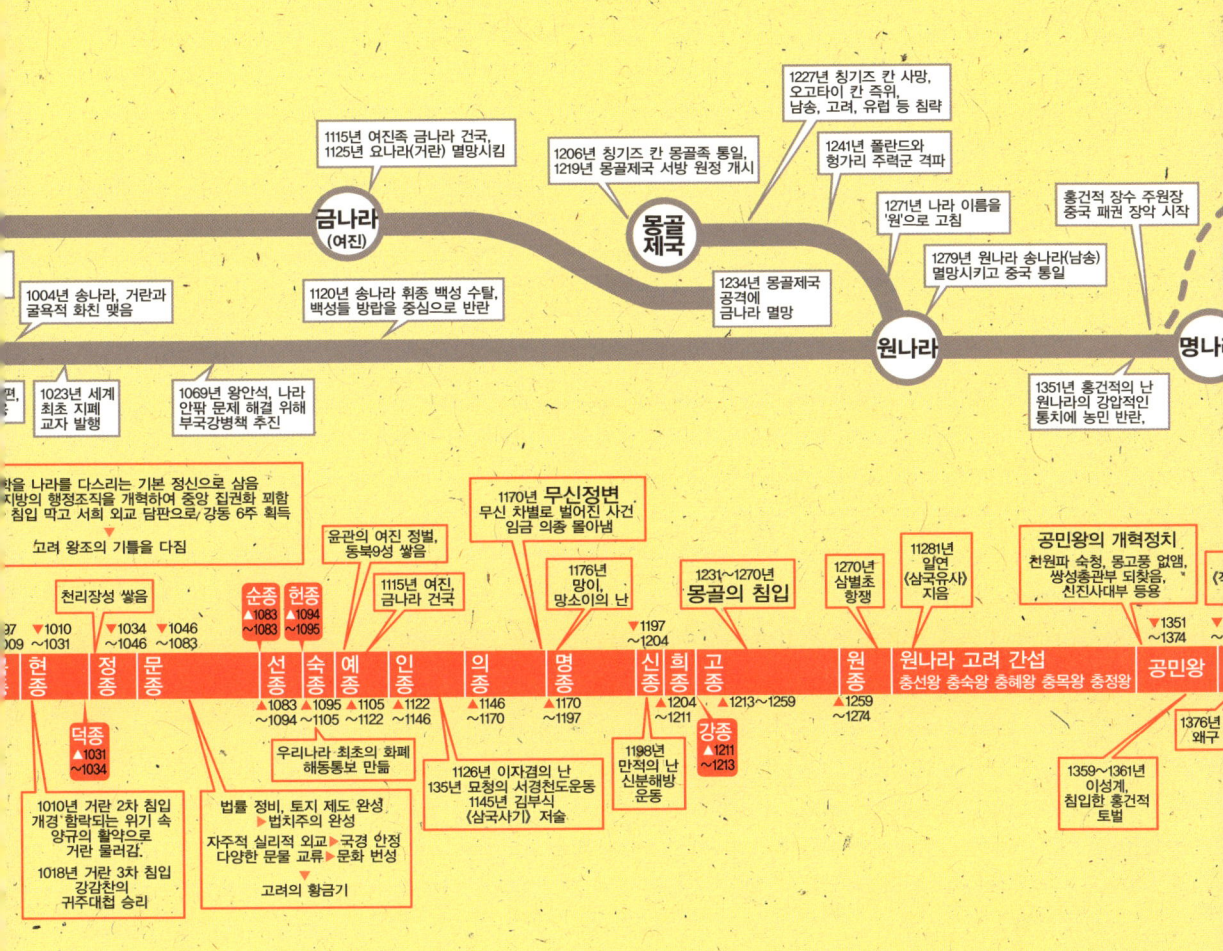

문벌 귀족을 꺾으려면 서경으로 천도해야 한다

"수도를 옮기자고 한 걸 보면 수도를 여러 번 옮긴 궁예 같은 사람이 고려에도 있었나 봐요."

목은지가 후삼국을 떠올리며 재빨리 말했다.

"그 사람은 궁예 같은 왕이 아니라 서경의 승려 묘청이야."

"왕도 아닌 승려가 어떻게 수도를 옮길 생각을 했어요?"

목은지가 이어서 질문했다.

"인종 때의 일이야. 인종의 고문인 묘청이 인종에게 다가가 이렇게 아뢰었어. '개경은 이미 기운이 다했으니 이제는 기운이 좋은 서경을 수도로 삼으셔야 하옵니다.' 하고 말이지."

"서경이라면 태조 왕건이 '훈요 10조'에서 1년에 100일 이상 머물라고 했던 곳 아닌가요?"

"그래. 마침 인종이 서경에 머물렀을 때 묘청이 이런 말을 한 거야. 묘청의 말에 인종은 일리가 있다고 고개를 끄덕였어. 묘청은 승려이면서 풍수지리설과 음양의 이치에 밝았기 때문에 묘청의 말은 꽤 설득력이 있었거든."

"아, 풍수지리설! 왕건의 아버지가 풍수지리설의 대가인 도선의 말에 따라 집을 고친 뒤 왕건이 태어났고 왕건이 자라나서 왕이 되었다고 하셨잖아요."

이번에는 마리가 기억을 되살리며 말했다.

"맞아. 또 묘청은 고려도 금나라처럼 왕을 황제라 부르고 연호를 독자적으로 써야 한다고 주장했어. 인종은 금나라를 섬겨야 한다고 주장하는 문벌 귀족들이 판을 치는 세상에서 과감히 문벌 귀족과 정반대의 주장을 하는 묘청이 무척이나 기특했어. 인종은 1126년에 일어난 이자겸의 난을 떠올렸어. 자

서경의 대화궁 터
묘청은 서경 천도가 어렵게 되자 직접 서경에 나라를 세우고 대위국이라고 불렀어. 대화궁이라는 궁궐도 지었는데 지금도 그 터가 남아 있단다.

신의 외할아버지이자 장인인 이자겸이 자기 대신 권력을 휘두르더니 급기야는 스스로 왕이 되려고 난을 일으켰던 일이지. 정지상, 김부식, 묘청 등의 도움을 받아 이자겸을 제거했지만, 개경에는 여전히 입김이 센 문벌 귀족이 많았단다. 그래서 인종은 서경으로 수도를 옮기려 마음먹고 서경에 새 궁궐인 대화궁을 짓게 했어."

"그럼 서경으로 수도를 옮기는 일에 모두 찬성했나요?"

"아니. 문벌 귀족은 서경 천도에 크게 반대했지. 서경으로 수도를 옮기면 문벌 귀족이 자신의 기반을 잃어 버리게 될까 두려웠기 때문이야. 인종이 개경에 있을 때 문벌 귀족이 묘청의 주장에 끊임없이 반대하자 인종은 할 수 없

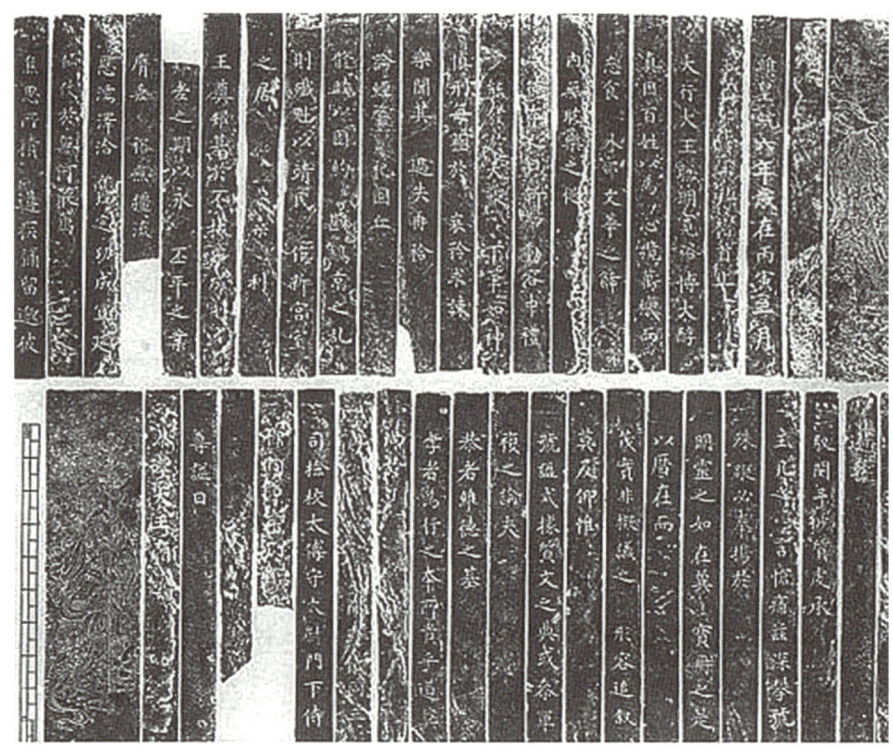

인종 시책
시책이란 시호(죽은 뒤에 그 공덕을 칭송하여 붙이는 이름)를 올리는 글을 말해. 윗부분 오른쪽과 아랫부분 왼쪽에는 가는 선으로 인물화가 아주 섬세하게 그려져 있는데 고려 시대 초상화의 수준을 짐작해 볼 수 있어.

이 서경 천도를 미루었어. 그러자 묘청은 1135년 서경 지방의 군대를 동원해 반란을 일으켰지."

"반란이라면 묘청이 황제가 되려 했던 건가요?"

"서경에 나라를 세우고 나라 이름을 '대위국'이라 하고 연호를 '천개'라고 했지만 자신을 황제라고 하진 않았어. 여전히 인종을 황제로 받들었지. 하지만 이 소식을 들은 인종은 문벌 귀족 김부식에게 진압 명령을 내렸고 얼마 뒤

묘청 세력은 진압되었어. 수도를 서경으로 옮기려 했던 이 운동은 금나라를 섬기자는 편과 자주적인 국가를 원했던 편의 싸움이었다고 볼 수 있어. 또 당시 문벌 귀족의 힘이 얼마나 셌는지 알 수 있는 사건이기도 해."

"쌤, 수도도 못 옮기고 문벌 귀족에게도 지고 너무 허무해요. 문벌 귀족은 나라 걱정은 안 하면서 자기들 잇속만 챙기잖아요?"

마리가 속상해하며 말했다.

"만일 묘청의 말대로 개경으로 수도를 옮겼더라면 역사가 바뀌었겠지."

"쌤, 저는 배고파요. 아까 만두 얘길 할 때부터 배가 고팠는데 꾹 참았거든요. 새벽에 토스트 하나만 먹었더니 너무 배고파요."

마토가 배를 만지면서 풀이 죽은 목소리로 말하자 다른 아이들도 밥을 먹자며 보채기 시작했다.

"그래 1층으로 내려가자. 1층 통일 염원소에서 소원을 쓴 다음 다 같이 순무 김밥 먹으러 가자."

"순무 김밥이라는 김밥도 있어요?"

마토가 신기하다는 듯 물었다.

"순무는 강화의 특산품이야. 그래서 꿈셰프에게 순무를 좀 구해 달라고 부탁해 선생님이 한번 만들어 봤는데 맛이 어떨지 모르겠네. 들어오다 보니 무궁화 공원이 있던데 거기에 앉아 같이 먹자."

문신이 무신의 수염을 태우고 뺨을 때리다

아이들은 1층 통일 염원소에서 각자의 소원을 썼다. 물론 민주식 선생님과

빡쌤도 소원 한 가지씩을 썼다. 무궁화 공원에서 순무 김밥을 맛있게 먹고 주차장으로 내려가 차를 타고 갑곶돈대로 향했다. 갑곶돈대에 도착한 아이들이 돈대에 서서 전망을 바라보자 민주식 선생님이 아이들에게 설명을 하고 나섰다.

"저 앞에 있는 다리가 강화대교야. 아까 차 타고 오면서 저 다리를 건너왔는데 너희들은 잠자느라고 못 봤을 거야. 그 밑으로 강물처럼 흐르는 게 염하*인데 강화해협이라고도 하지. 저 건너에 보이는 것은 김포시의 문수산성이야."

"아, 그러면 여기는 어디예요?"

"여기는 갑곶돈대란다. 돈대는 작은 크기로 보루를 만들어 대포를 놓고 침입하는 적으로부터 우리를 지키는 곳이야. 이 갑곶돈대는 고려가 수도를 강화도로 옮긴 다음 몽골군으로부터 강화해협을 지키던 곳 중 하나야. 여기서 해안을 따라 쭉 내려가면 광성보, 덕진진이 있는데 그곳 역시 고려 때 만들어진 돈대란다. 돈대는 이곳 강화도에 섬을 빙 둘러싸고 해안을 따라 곳곳에 만들어졌어. 강화도가 얼마나 외침이 잦았던 곳인지를 짐작할 수 있지."

"언제 누가 수도를 강화도로 옮겼어요?"

은지가 핵심을 찔러 물었다.

"몽골이 쳐들어왔을 때 무신 정권의 최고 지도자 최우가 옮겼어."

"무신 정권이요?"

빡쌤이 이 이야기를 할 때까지 아무 말 없이 축 처져 있던 시루가 갑자기 큰 소리로 말했다. 시루는 어쩐 일인지 임시 출입증을 반납하고 나서부터 쭉 힘이 빠져 있었다. 이를 지켜보던 파래가 랩을 불러 가며 시루를 놀리기 시

*염하
인천광역시 강화군과 경기도 김포시 사이의 해협이야.

작했다.

"해병이라고 쓰여 있는 출입증 들고 있을 땐 힘이 펄펄! 해병이라고 쓰여 있는 출입증 반납했을 땐 힘이 축축! 와, 반가워라 무신 이야기! 다시 힘이 솟네. 앗싸!"

"뭐라고? 날 놀리다니 가만 두지 않겠어."

시루가 평소대로 파래를 향해 재빨리 다리를 뻗어 올렸다. 그러자 민주식 선생님이 빛의 속도로 다가와 시루의 뻗친 다리를 순식간에 잡아 버렸다. 빡쌤은 시루보다 빠른 민주식 선생님을 보고 깜짝 놀랐다. 몰래 운동하러 다니는 게 아닌가 생각할 정도였다. 빡쌤이 이야기를 계속했다.

"시루가 고려 시대의 무신이라면 가만히 있지 않았겠지만 지금은 좀 참으렴. 지금부터 무신 정권의 시작이 어땠는지 이야기할 거야. 문신이 무신을 무시하면서 벌어진 사건이 두 가지 있었어. 먼저 인종 때 일어난 일이야. 귀신을 쫓는 궁중 의례인 나례가 열렸어. 견룡군 장교였던 정중부는 왕과 함께 나례에 참석했지. 내시인 김돈중이 장난삼아 정중부의 턱수염을 촛불로 태워 버리는 사건이 발생했어."

"내시가 어떻게 감히 장교의 턱수염을 태워요?"

"고려 시대의 내시는 국왕 옆에서 시종하는 꽤 높은 직책의 문관이었어. 게다가 김돈중은 묘청의 난을 진압한 문벌 귀족인 김부식의 아들이었지. 아버지의 배경을 믿고 함부로 행동한 거야. 정중부는 머리끝까지 화가 났지만 왕이 말려 참을 수밖에 없었어. 또 하나의 사건은 의종 때 일어났어. 의종은 궁궐 밖으로 소풍을 나가는 일을 좋아했어. 하루는 신하들을 데리고 보현원으로 향했지. 의종은 가던 길을 멈추고 무신들에게 수박희를 겨루게 했어. 수박희는 주로 손을 써서 상대를 공격하는 무술인데 오늘날 스포츠 종목으로 치

공민왕릉의 문신상과 무신상
공민왕릉에 세워져 있는 문신상과 무신상이야. 왼쪽 위에 있는 석상이 문신이고 오른쪽 아래에 있는 석상이 무신이야. 고려 시대에 문신과 무신의 차별을 무덤 석상을 통해서도 알 수 있지

면 택견과 비슷해. 경기에는 이소응 장군이 선수로 출전했어. 이소응 장군의 상대는 힘이 팔팔한 젊은 무신이었고. 이소응 장군은 나이가 있어 끝까지 싸우기에는 힘에 부쳐 기권을 했어. 그러자 문신 한뢰가 느닷없이 다가와 이소응의 뺨을 후려친 거야."

"갑질이 따로 없네요!"

"문신은 무신에 대해서 자기들이 갑이라고 생각했을 거야. 이를 지켜보던 무신들은 차별받던 지난 일을 하나하나 떠올렸어. 의종이 잔치를 열 때마다 문신에게는 술을 권하고 함께 즐기는 동안 무신들은 보초만 서게 했던 일, 무신들은 최고 정3품까지만 오를 수 있다는 사실 등을 떠올렸지. 이에 정중부는 이의방, 이고와 함께 문신들을 몰아낼 결심을 했어."

무신들이 반란을 일으키다

"소풍을 마친 의종의 행렬이 보현원에 이르렀어. 무신들은 오래전부터 꼼꼼하고 치밀하게 준비해 온 반란 계획을 실행에 옮기기로 했지. 문신들이 왕을 모시고 보현원 안으로 들어갔을 때 무신들은 들어가지 않았어. 문신들은 무신들이 문밖에서 기다리고 있는 줄은 꿈에도 몰랐지. 무신들은 문신들이 나오는 대로 모두 칼로 베어 버렸어."

시루가 파래에게 말했다.

"그것 봐. 무신을 함부로 무시하면 큰코다친다고."

파래도 지지 않고 말했다.

"네가 고려 시대 무신이라도 되냐?"

그러자 은지가 두 사람을 말렸다.

"조용히 좀 해. 선생님 얘기 들어야지."

"문신들은 무신들에 대한 차별의 끝이 죽음이 될 줄은 꿈에도 몰랐을 거야. 그 후 의종과 태자는 귀양을 보내 버렸어. 그리고 의종의 아우를 명종으로 세운 뒤 무신 정권을 세웠지. 무신들이 반란에 성공한 거야."

100년 동안 이어진 무신 정권

무신 반란이 성공한 이야기를 듣고 꿈틀 일행은 차를 강화 역사 박물관으로 돌렸다. 갑곶돈대에서 강화 역사 박물관까지는 차로 15분 정도가 걸렸다. 강화 역사 박물관은 2층으로 된 근사한 건물이었다. 1층 전시실로 들어서자

강화 동종이 눈에 들어왔다.

"애들아! 이건 강화 동종이야. 조선 숙종 때 만든 것인데 강화성의 문을 여닫는 시간을 알리는 데 쓰였어. 다음 체험 학습지로 고려 궁지에 갈 건데 거기에 강화 동종을 모신 동종각이 있어. 이게 진품이고 동종각에 있는 건 복제품이야."

"왜 진품을 박물관으로 옮겼어요?"

"진품은 몸체에 금이 가서 더 이상 타종을 할 수 없게 되어 이곳으로 옮겼고, 원래 있던 자리엔 복제품을 만들어 놓게 된 거지. 좀 이따가 가보면 알겠지만 고려 궁지엔 고려 궁궐이 없고 조선 시대 건물만 두 채 있단다. 저쪽 전시실에 들어가면 사진을 볼 수 있을 거야."

아이들은 고려 궁지에 조선 시대 건물만 있다는 사실에 어리둥절해 하면서 고려 강화 전시실로 들어갔다. 전시실에는 고려의 수도 강화, 강도의 시대, 고려 왕릉, 고려대장경과 선원사, 고려청자, 삼별초 이 여섯 가지를 주제로 전시되어 있었다. 삶과 민속품 전시실에는 가구와 공예품이 있었다. 공예품 중 화문석을 보고 누군가가 소리쳤다.

"애들아, 이 돗자리 좀 봐! 하늘을 나는 용무늬가 있어."

그건 조금 전 빡쌤의 말투를 흉내 낸 파래가 한 말이었다. 아이들이 까르르 웃자 빡쌤도 웃고 말았다.

"섬세하면서 독특한 문양이지? 그냥 돗자리가 아니라 화문석이야. 화문석은 꽃돗자리라는 뜻이지. 화문석은 고려 시대에 벽란도에서 배에 실려 세계 여러 나라로 수출되었어. 화문석은 순무, 인삼처럼 강화의 특산품이란다. 왜 그럴까?"

빡쌤은 다시 진지한 표정으로 아이들에게 물었다.

"강화도엔 손재주가 뛰어난 사람이 많아서가 아닐까요? 잘 모르겠어요."

"힌트를 하나 줄게. 강화도는 큰 강과 바다도 둘러싸여 있어. 또 논도 많지. 그런 곳에선 뭐가 많이 자랄까?"

"습지가 많은 곳이니 갈대나 왕골이 많이 자라죠. 아, 알았다. 왕골이 많이 나니까 화문석을 많이 짰을 것 같아요."

"딩동댕! 화문석도 화문석이지만 고려 시대 강화도는 갯벌이 아주 중요한 역할을 했어. 무신 정권이 수도를 강화도를 옮긴 이유에는 갯벌이 있다는 사실도 한몫했거든. 몽골 사람들은 갯벌을 무서워했단다."

"그럼 무신 정권이 권력을 잡자마자 바로 몽골이 쳐들어왔나요?"

"무신들이 보현원에서 반란에 성공한 해가 1170년이고 몽골이 처음 쳐들어온 해는 1231년 고종 때였으니까 바로라고 할 수는 없지. 그것보다 무신 정권이 권력을 잡았으니 어떤 정치를 했는지 백성들을 어떻게 대했는지부터 알아봐야겠지?"

"문벌 귀족들이 백성들의 땅을 강제로 빼앗고 괴롭혔으니 무신 정권은 그 반대가 아니었을까요?"

"전혀 아니야. 들어 봐. 반란에 성공한 무신은 권력을 100년 동안 손에 쥐었어. 무신이 정권을 잡자 농민은 무신들에게 큰 기대를 걸었어. 문벌 귀족이 농민의 땅을 강제로 빼앗아 살기가 어려웠다면 무신은 농민을 잘 돌볼 거라고. 문신에게 차별받는 것에 분노했던 무신이었으니 적어도 문신처럼 농민을 대하진 않을 거라고. 하지만 무신은 처음부터 그 기대를 무참히 꺾어 버렸어. 농민은 전혀 돌보지 않았을 뿐더러 권력을 차지하려고 서로 다투기만 했거든."

"어렵게 힘을 모아 정권을 잡아 놓고 자기들끼리 싸웠다고요?"

"그래. 처음에는 문신이 공공의 적이었지만 무신 정권이 들어선 뒤에는 권력을 차지하려는 욕심으로 서로가 적이 되었어. 서로 죽고 죽이는 피비린내 나는 싸움이 시작되었지. 최고 권력자는 이의방, 정중부, 경대승, 이의민으로 이어졌어."

"어제의 동지가 오늘의 적이 되어 서로 죽고 죽이니 너무 안타까워요."

"그다음의 최고 권력자는 최충헌이었어. 최충헌 이후로 최씨가 대를 이어 가며 권력자가 되어 최씨 가문은 무려 60년 동안 권력을 휘둘렀단다."

"왕은 아무 힘이 없었나요?"

"무신 정권 아래의 왕은 이름만 왕일 뿐 허수아비에 불과했어. 무신이 정권을 쥔 100년 동안 농민과 노비의 봉기가 쉼 없이 이어졌어. 그리고 몽골군의 침입으로 온 나라가 황폐해졌단다."

죽을지언정 항복하여 노예가 되지 않으리니!

"무신이 정권을 잡으면서 나라에서는 농민의 봉기가 쉼 없이 일어났다고 했지? 한 예로 1176년에 공주 명학소에서 봉기가 일어났어."

"혹시 명학소에서 '소'는 나라에 특산물을 만들어 바치는 사람들이 모여 사는 특별 행정 구역을 말하는 거 아니에요? 저번 수업 시간에 향·부곡·소에 대해 배웠잖아요."

"기억하고 있구나. 명학소에는 망이와 망소이라는 형제가 살고 있었어. 망이와 망소이는 자신들이 농민들보다 세금을 더 내는데도 천대받는 것에 불만을 품었어."

"그 마음 저도 알 것 같아요. 소에 사는 사람들도 농민들처럼 똑같은 양인인데 왜 안 그랬겠어요?"

"그래서 망이와 망소이는 뜻을 같이하는 사람들을 모아 봉기를 일으키기로 했지. 먼저 봉기하고자 하는 무리와 함께 공주를 공격해 함락시켰어. 이에 놀란 조정에서는 대책을 마련하기 시작했어. 그 결과 놀랍게도 명학소를 충순현으로 승격시켜 주었단다. 이 소식을 들은 봉기군은 너무나 기쁘고 반가웠어. 봉기를 접고 각자 집으로 돌아갔지. 그런데 조정이 봉기군의 뒤통수를 치는 일이 벌어졌어. 봉기군이 집으로 돌아가는 동안 봉기군의 가족들을 감옥에 잡아 가두어 버린 거야."

"상을 줄 땐 언제고 나중엔 상도 빼앗고 벌을 주다니 너무해요."

"봉기군은 분노해 또다시 봉기를 일으켰어. '죽을지언정 항복하여 노예가 되지 않으리!' 라고 하면서 말이야. 하지만 이번에는 조정에서 보낸 군대에 진압당하고 말았어. 충순현으로 승격되었던 것도 원래의 행정 구역인 명학소로 강등되었단다. 미끼로 삼았던 상마저 빼앗아 버린 거지."

왕후장상의 씨가 따로 있겠소

"농민이 봉기하는 동안 노비도 난을 일으켰어. 1198년 노비 만적이 난을 일으켰지. 만적이 누구냐 하면 무신 정권의 최고 권력자인 최충헌의 노비였어. 만적은 어느 날부터인가 노비 신분에서 벗어나고 싶은 꿈을 가지게 되었어. 그래서 개경의 북산에서 뜻을 같이하는 노비들과 만나기로 했지. 그러고는 북산에 모인 노비들 앞에서 이렇게 말했어. 만적은 '높은 벼슬아치는 천

인과 노비에서도 많이 나왔소. 왕후장상의 씨가 따로 있겠소. 때가 오면 누구든 할 수 있는 것이오.' 하고 말이야."

"우와. 그 당시에 자신이 노비 신분인 걸 당연하게 생각하지 않았다는 게 너무 대단해요."

"실제로 무신 정권의 최고 실력자였던 이의민도 노비 출신이었어. 이렇게 서로 결의를 다진 다음 약속한 날 각자의 주인을 죽이고 노비 문서를 불태우기로 했어."

"노비 문서를 불태우는 데 성공했나요?"

"아니. 계획은 실패로 돌아가고 말았어. 난에 함께 가담했던 순정이라는 노비가 겁이 나서 주인에게 모든 것을 실토해 버렸거든. 최충헌은 이 일에 가담한 노비를 잡아들여 모두 죽여 버렸어."

아이들은 모두 안타까워 말없이 자신의 신발만 바라보았다.

개성 흥국사 탑
흥국사는 노비들이 모여 봉기를 준비하던 곳이야.

밑줄 쫙! 은지의 한국사 노트

1. ☐☐은 수도를 ☐☐으로 옮기자는 운동에 실패하자 ☐☐ 지방의 군대를 동원해 ☐☐을 일으켰다.
   묘청, 서경, 서경, 묘청

2. ☐☐☐는 ☐☐을 문신과 차별하자 이에 불만을 품고 뜻을 같이한 이의방, 이고와 함께 반란을 일으켜 문신들을 몰아내고 ☐☐ ☐☐을 세웠다.
   정중부, 무신, 무신, 정권

3. 반란에 성공한 ☐☐들의 정권은 100년 동안 이어졌다. 무신들이 정권을 잡자 농민은 무신에게 큰 기대를 걸었지만 무신은 그 기대를 무참히 꺾어 버렸고 ☐☐을 차지하려고 서로 다투기만 했다.
   무신, 권력

4. 고려 명종 때 공주 ☐☐☐에서 망이·망소이의 봉기가 일어났다. ☐☐에서 '소'는 나라에 ☐☐☐을 만들어 바치는 사람들이 모여 사는 특별 행정 구역을 말한다. 망이와 망소이는 자신들이 농민보다 ☐☐을 더 많이 내는데도 농민보다 천대받는 것에 불만을 품었다. 이에 무리와 함께 ☐☐를 공격하여 함락시키는 성과를 거두지만 결국은 조정에서 보낸 군대에 패배하고 말았다.
   충주, 공주, 특산물, 소향소, 소향소

5. 고려 진종 때 노비 ☐☐이 난을 일으켰다. ☐☐은 무신 정권의 최고 권력자인 최충헌의 노비였는데 "왕후장상의 씨가 따로 있겠소." 하고 구호를 외치면서 노비들이 함께 모여 ☐☐ ☐☐를 불태우려 하였지만 동료의 배신으로 실패하고 말았다.
   사노 만적, 만적, 만적

몽골은 원래 말을 키우며 살던 유목민족이었는데 칭기즈칸이 몽골을 통일하면서 몽골은 세계의 대제국으로 성장했어.

몽골이 고려에 쳐들어오자 무신 정권은 백성들을 내팽개치고 강화도로 떠났어. 하지만 백성들은 몽골군에 죽을 각오로 용감히 맞서 싸웠지. 특히 승려 김윤후와 처인부곡 사람들은 한마음이 되어 몽골군과 맞서 싸웠어. 싸움 도중 몽골군의 사령관 살리타가 김윤후가 쏜 화살에 맞아 죽자 몽골군은 완전히 기가 꺾여 달아날 수밖에 없었지. 또한 김윤후는 충주성의 노비들에게 사기를 북돋아 그들과 한마음이 되어 몽골군과 온 힘을 다해 싸웠어.

한편 고려 사람들은 외적의 침입을 받을 때마다 대장경을 만들었어. 국보 제32호로 경상남도 합천군 해인사에 보관되어 있는 팔만대장경 알지? 보관을 하고 있는 곳은 경남 해인사이지만 이 팔만대장경이 만들어진 곳은 강화도 선원사야. 팔만대장경을 만든 이유는 몽골의 침략을 부처님의 힘으로 이겨 내기 위해서야.

몽골은 고려에 일곱 차례나 침입해 왔어. 하지만 백성들의 끈질긴 저항으로 몽골과의 전쟁이 끝났어. 고려 조정이 수도를 다시 개경으로 옮겼고 무신정권은 무너졌어. 왕이 다시 정치의 중심이 된 거지.

삼별초는 무신 정권을 호위하는 군대였어. 삼별초는 정부가 수도를 개경으로 다시 옮기자 개경으로 돌아가기를 거부하고 반란을 일으켰어. 삼별초는 왜 돌아가기를 거부했을까?

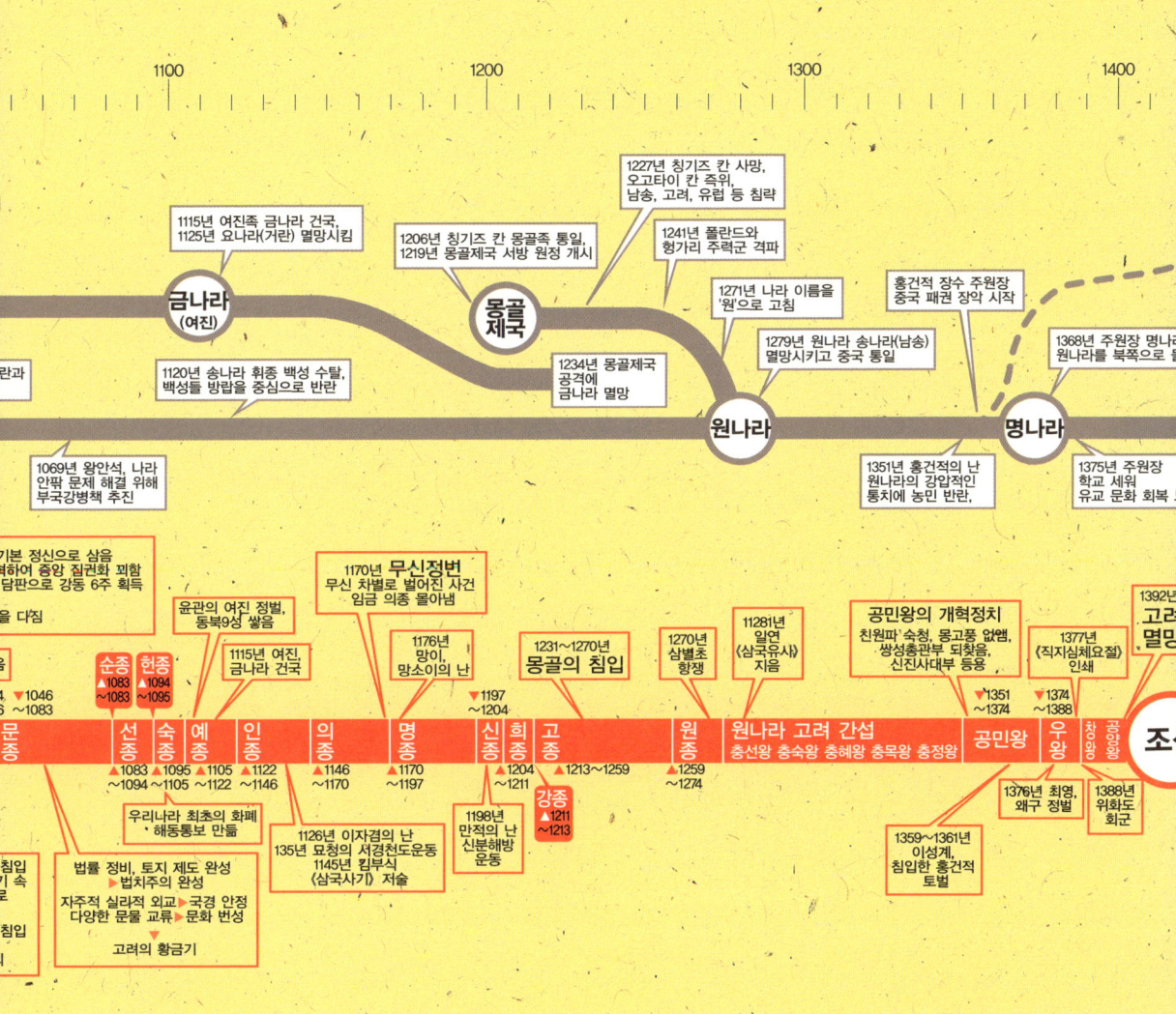

몽골, 세계 대제국으로 성장하다

"지금부터 고려를 침입한 나라인 몽골 이야기를 할 거야. 몽골은 원래 말을 키우며 살았던 유목 민족이었어. 칭기즈칸이 몽골족을 통일하면서부터 몽골은 세계의 대제국으로 성장했지. 몽골은 가는 곳마다 승리에 승리를 거듭해 사방으로 영토를 넓혔어."

"몽골은 어떻게 가는 곳마다 승리했어요? 비결이 뭐였어요?"

"몽골은 원래 유목 민족이라고 했잖아. 몽골인은 어릴 때부터 누구나 말을 잘 탔기 때문에 날쌔고 용감한 기병을 키울 수 있었어. 이 기병이야말로 제일 강력한 군사 무기가 되었지."

말 이야기가 나오자 갑자기 파래가 말 타는 시늉을 했다.

"가자, 따그닥 따그닥 이랴……."

시루가 그 모습을 보고 타박을 했다.

"너는 지금 몽골이 고려에 쳐들어올 판인데 그게 그렇게 신나냐?"

파래는 목덜미를 쓸며 말을 더듬었다.

"그, 그게 아니고. 아직 고려 이야기는 안 나왔잖아."

"몽골의 기병이 지나간 곳은 모두 초토화되다시피 했어. 몽골이 차지한 영토가 얼마나 넓었는지 보면 가까이는 금나라, 멀리는 유럽까지였어. 몽골은 대제국을 이루었지만 만족하지 않고 고려도 자기 땅으로 만들고 싶었어. 하루는 몽골의 사신이 고려에 왔다가 돌아가는 길에 죽임을 당하는 일이 생겼단다. 몽골은 이때다 싶었지. 고려를 침략할 구실로 삼기로 한 거야. 실제로 그때부터 몽골은 고려에 침략하기 시작했어."

무신 정권, 백성은 내팽개치고 강화도로 떠나다

꿈틀 일행은 강화 역사 박물관에서 나와 차를 타고 고려 궁지로 향했다. 고려 궁지에 도착한 일행은 매표소에서 입장료를 내고 고려 궁지의 정문인 승평문을 향해 계단을 올라갔다.

아이들이 건물 두 채만 있을 뿐 바람만 지나가는 휑한 궁궐터를 보고 허탈해 하자 빡쌤이 말했다.

"고려 궁지는 말 그대로 궁궐터야. 고려 궁궐은 모두 사라지고 없어. 수도를 다시 개경으로 옮긴 다음 고려 왕은 몽골이 시키는 대로 성곽을 모두 헐고 궁궐은 다 태우게 했거든. 여기 있는 외규장각 건물과 동종각은 고려 시대와는 아무 상관이 없는 건물이지."

"선생님, 그럼 아무것도 없는데 어떻게 고려 궁의 자취를 찾아요?"

"아무 건물도 남아 있지 않다고 해서 자취를 찾을 수 없는 건 아니야. 역사의 현장인 터가 남아 있잖아. 궁궐터 하나만으로도 몽골과의 전쟁으로 수도를 옮겨 궁을 지은 그 처음과 몽골과의 전쟁을 끝내고 불타 버린 그 마지막을 상상해 볼 수 있지."

"아, 아무것도 없는 게 아니구나!"

"고려 궁지 주변에는 성을 쌓았어. 강화산성이야. 강화산성은 1232년 축성되어 39년간 몽골의 침략을 막은 도성이야. 원래 강화산성은 내성, 중성, 외성 이렇게 3중으로 쌓았는데, 현재 남아 있는 건 내성뿐이야."

"궁도 사라지고 성도 사라져서 너무 안타까워요."

"안타깝지. 이제부터 몽골군이 처음 쳐들어왔을 당시 이야기를 할 거야. 1231년 고려와 몽골의 전쟁이 시작되었어. 몽골군이 쳐들어오자 고려 사람

강화도 고려 궁지
무신 정권은 몽골군을 피해 강화도로 수도를 옮겼어. 몽골군의 기마병은 땅에서는 강하지만 바다에서는 약할 거라 생각한 거야. 지금도 강화도에는 고려의 궁궐터가 남아 있지.

들은 몽골이라는 이름만 들어도 벌벌 떨며 두려워했어. 하지만 고려의 군인과 백성들은 두려움을 금방 떨쳐 버리고 당당히 맞서 싸웠지. 귀주성에는 박서 장군이 지키고 있었어. 몽골군이 아무리 공격해도 귀주성은 철옹성처럼 꿈쩍도 하지 않았지. 박서 장군이 백성과 함께 몽골군의 공격을 끝까지 막아 냈거든. 그러자 몽골군은 귀주성을 결코 허물 수 없는 성이라 생각하고 그대로 둔 채 개경으로 내려갔지."

"와, 박서 장군 만세!"

"몽골군이 개경을 함락하자 고려는 몽골에 화해를 청했어. 이에 몽골군이 물러나자, 1232년 무신 정권은 수도를 강화도로 옮기기로 했어."

몽골의 침략과 고려의 저항

"왜 하필 강화도였어요?"

"그때 고려의 최고 권력자는 최우였어. 몽골은 유목민이었기 때문에 기병을 앞세운 평지의 전투에서는 강하지만 바다에서는 약할 것으로 생각했어. 그래서 수도를 바다가 둘러싼 섬 강화도로 옮긴 거야. 아까 화문석을 보면서 말했듯이 실제로 몽골은 물과 갯벌을 무서워했고 강화도가 있는 서해안 지역이 조수 간만의 차에 따라 바닷물의 수위가 달라져 배를 띄우는 데도 어려움을 겪었다고 해. 한마디로 몽골이 쳐들어오기 힘든 곳에 수도를 옮긴 거야."

"반대하는 사람도 많았을 텐데요?"

"물론 임금인 고종과 신하들의 반대도 만만치 않았어. 백성을 두고 떠난다는 것은 백성을 버리겠다는 것이나 마찬가지였어. 하지만 최우는 그 누구의 이야기도 듣지 않고 강화도로 옮길 뜻을 굽히지 않았던 거야."

고려 궁궐이 표시되어 있는 강화도 고지도
섬 북쪽에 검은색 선으로 강화산성이 표시되어 있는데, 그 안에 고려 궁궐이 있는 걸 확인할 수 있어.

육지에 남겨진 백성들, 목숨 걸고 싸우다

"고려 정부가 강화도로 수도를 옮기자 몽골이 고려에 다시 쳐들어왔어."

마토가 몰래 숨겨 놓았던 순무 김밥을 먹다가 다급히 말했다.

"아, 큰일났네요. 육지에 남겨진 백성은 이젠 어떻게 해요?"

"백성을 지켜 줄 정부가 없으니 백성이 자기 스스로를 지켜야 했지. 백성들은 죽지 않으려면 용감해질 수밖에 없었어. 특히 처인 부곡의 백성들이 용감했어."

"혹시 처인 부곡에서 '부곡'은 명학소의 '소'와 마찬가지로 특별 행정 구역인가요?"

처인성
승려 김윤후는 처인 부곡 사람들과 함께 처인성에서 몽골군에 맞서 싸워 승리를 이끌었어.

"같은 백성이라도 '소'와 마찬가지로 '부곡'에 사는 사람도 농민보다 천대를 받고 살았겠지. 승려 김윤후는 몽골군이 쳐들어오자 부곡 사람들에게 함께 싸우자며 용기를 북돋우고 격려했어. 이에 처인 부곡 사람들은 김윤후와 한마음이 되어 몽골군과 맞서 싸웠지. 그런데 싸우는 도중 몽골군의 사령관 살리타가 김윤후가 쏜 화살에 맞아 죽는 일이 생겼어."

"몽골의 사령관을 죽였으니 승리가 코앞이네요."

"맞아. 살리타가 죽자 몽골군은 기가 꺾여 바로 물러갔어."

"김윤후 만세! 처인 부곡 사람들 만세!"

"몇 년 뒤 몽골이 다시 쳐들어왔을 때 충주성에서 몽골군에 맞서 싸운 노비들이 있었어. 그들도 처인 부곡 사람들만큼 용감했지. 이 싸움에서도 김윤후의 격려가 큰 힘이 되었어."

"어떻게 격려했는데요?"

"김윤후는 충주성의 노비들에게 힘껏 싸워 이기기만 하면 노비 문서를 불태워 없애고 벼슬까지 주겠다고 했어. 김윤후가 이렇게 노비들의 사기를 북돋아 주자 노비들은 힘이 불끈 솟아올랐지. 김윤후와 충주의 노비들은 역시 한마음이 되어 몽골군과 온 힘을 다해 싸웠어. 결국, 몽골군을 물리치는 데 성공했단다."

"김윤후 만세! 충주성 노비 만세! 고려 백성 만세!"

김윤후
처인성 전투에서 몽골군의 장수 살리타를 화살로 쏘아 전사시켰어.

처인성 전투 기록화
격렬했던 처인성 전투를 그린 기록화야. 왼쪽에 처인성 전투를 이끈 승려 김윤후가 활을 쏘는 모습이 보여

백성들의 끈질긴 저항으로 몽골과의 전쟁이 끝나다

"몽골은 고려에 일곱 차례나 침입했어. 하지만 고려 백성들은 끈질기게 저항하며 용감히 싸웠지. 몽골은 세계 대제국을 이루었지만 고려 백성처럼 끝까지 저항하는 사람들은 본 적이 없었다고 해. 결국 몽골은 싸움을 끝내기로 하고 고려 조정에 화해를 청해 왔어."

"설마 아무 조건 없이 그냥이요?"

"그럴 리가 있나. 화해하는 데 두 가지 조건을 달았어. 고려 왕 원종은 곧

조건을 이행했지. 전쟁을 끝내려면 어쩔 수가 없었거든. 우선 태자가 칭기즈 칸의 손자인 쿠빌라이를 찾아가 직접 인사하게 했어. 수도도 다시 개경으로 옮겼지. 이렇게 고려가 몽골에 항복한 해는 1259년이고 개경으로 돌아올 때까지 고려 조정은 강화도에서 39년 동안 머물렀단다."

"그럼 강화도에 있던 왕궁들은 언제 없어진 거예요?"

"고려 조정이 수도를 다시 개경으로 옮긴 다음에 모두 불태워 버렸어. 고려 조정이 강화도에서 개경으로 돌아가게 되자 왕이 다시 정치의 중심이 된 거지. 100년 동안 이어진 무신 정권이 드디어 무너진 거야."

몽골 기병과 헝가리군의 전투
말 위에서 자유자재로 무기를 다루는 몽골 기병의 모습에서 당시 몽골이 얼마나 강한 군대를 가졌는지 알 수 있어.

개경으로 돌아오지 않은 삼별초

꿈틀 일행은 외포리로 향했다. 외포리 선착장에서 바지락 칼국수로 늦은 점심을 먹었다. 외포리 선착장 오른쪽으로 나지막한 산 위에 망양돈대가 있었지만 조선 시대에 만들어진 돈대지여서 올라가진 않았다. 산 아래쪽에 '삼별초군 호국 항몽 유허비'가 있었다. 그 주위로 삼별초의 원정길, 진도와 제주도의 상징물인 진돗개 조각상과 돌하르방이 있었다.

"얘들아. 삼별초라고 들어 봤니? 삼별초는 무신 정권을 호위하는 군대였어. 삼별초는 수도를 강화도로 옮겼을 때 최고 권력자였던 최우가 처음 만들었지. 도적을 잡는 부대인 좌별초와 우별초, 몽골에서 도망 온 사람들로 이루어진 신의군, 이 셋을 합쳐서 삼별초라고 했어."

"삼별초에서 별초가 무슨 뜻인가요?"

삼별초 호국 항몽 유허비
강화 앞바다를 바라보는 동산 아래 서 있는 삼별초 호국 항몽 유허비야. 몽골에 항복하고 개경으로 돌아가는 것을 거부한 삼별초의 옛터를 기리는 비야.

별초란 '용사들로 조직된 선발군'이란 뜻으로 일종의 군사 조직이야.

"그런데 좌별초가 잡은 도적은 홍길동 같은 도둑을 말하는 건가요?"

"아니, 무신 정권의 횡포 아래 망이·망소이처럼 먹고살기 어려워 봉기를 일으킨 사람들을 말해."

"먹고살기 어려워 봉기를 일으

킨 사람들을 도적 취급했다고요?"

"삼별초가 나중에는 군사 조직으로 굳어졌지만, 처음에는 봉기한 사람을 잡으러 다니는 사람들로 구성된 오늘날의 경찰 조직과 비슷했던 거야. 삼별초는 무신 정권이 수도를 강화도로 옮겼을 때 함께 갔어. 그런데 수도를 개경으로 다시 옮기자 개경으로 돌아가기를 거부했지."

"왜요?"

"무신 정권이 막을 내린 마당에 개경으로 돌아가 봤자 무신 정권의 군대인 자신들도 끝장날 것이 불을 보듯 뻔했기 때문이야. 원종이 삼별초에 해산 명령을 내렸지만 삼별초는 그 명령을 따르지 않았고 오히려 반란을 일으켰단다. 우두머리인 배중

진도 용장성
삼별초가 진도에 구축한 용장성의 터야. 성터에서 보듯이 삼별초는 진도에서 제법 강력한 세력을 키웠어.

진도 남도석성
고려 원종 때 배중손이 삼별초를 이끌고 진도로 내려가 몽골에 대항하기 위해 쌓은 성이라고 해.

항파두리성
진도에서 싸움에 진 삼별초가 1271년 제주도로 들어와 쌓은 성이야. 제주특별자치도 제주시 애월읍 고성리에 있어.

질문 있어요! 《삼국사기》와 《삼국유사》가 다루는 내용은 어떻게 다른가요?

《삼국사기》는 김부식이 인종의 명령을 받고 만든 책이야. 김부식은 유학자였기 때문에 유교의 관점에서 《삼국사기》를 썼어. 고구려, 백제, 신라 세 나라의 역사 이야기를 썼고 단군 이야기 같이 믿을 수 없는 이야기는 싣지 않았어. 《삼국사기》는 지금까지 전해 오는 역사책 중 가장 오래된 책이야.

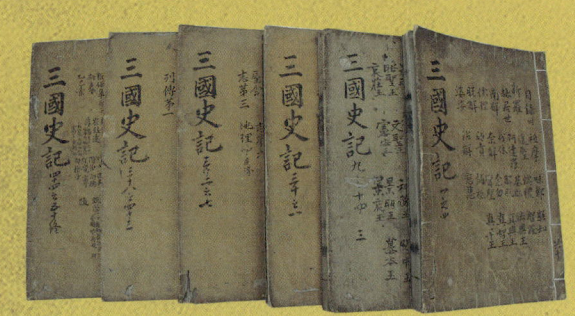

《삼국사기》

《삼국유사》는 《삼국사기》가 나오고 130년 뒤에 일연 스님이 쓴 책이야. 일연은 몽골의 지배 아래 있는 백성에게 희망을 줄 수 있는 역사책을 써야겠다고 생각했어. 그래서 백성들에게 전해 오는 여러 가지 이야기를 모아 《삼국유사》를 썼지. 일연은 삼국의 역사뿐 아니라 가야의 역사, 그 이전의 고조선 이야기도 썼고, 역사 외에도 신화, 전설, 불교 고승에 관한 이야기 등을 다양하게 모아 《삼국유사》를 편찬했단다.

《삼국유사》

손을 중심으로 새 왕을 세우고 새 조정을 만든 거야. 새 정부를 만든 삼별초는 강화도를 떠나 진도로 갔어."

"아! 강화 역사 박물관에서 본 모형이 생각나요. 삼별초가 강화도를 떠나는 모습인데 배가 1,000척이 넘었다고 쓰여 있었어요."

"그런데 진도도 강화도처럼 섬 아니에요?"

"진도는 꽤 큰 섬으로 농사짓기에도 좋고 방어하기에도 유리했기 때문이야. 삼별초는 진도에서 근처 섬들은 물론이고 전라도와 경상도 일부를 점령하며 세력 범위를 넓혀 나갔어."

"나라에서 이걸 보고만 있지는 않았겠죠?"

"고려 조정은 삼별초를 없애기로 했어. 한 나라 안에 두 조정을 둘 수 없는 일 아니야? 1271년 고려군은 몽골군과 연합해 진도로 쳐들어갔어. 삼별초는 여·몽 연합군에 패배하고 쫓겨 탐라*로 갔어. 그런데 결국 탐라에서도 패배하고 말았지."

*탐라
탐라는 제주도의 옛 이름이야.

부처님의 힘으로 몽골을 물리치자, 팔만대장경

"삼별초가 몽골과 끝까지 싸우기 위해 개경으로 돌아가지 않았다는 게 아니라는 사실을 이제는 알았을 거야. 그런데 팔만대장경이야말로 몽골과 싸우기 위해 만들어졌어. 그럼 팔만대장경이 만들어진 곳인 선원사 터로 가 볼까?"

꿈틀 일행은 30여 분 동안 차를 달려 선원사 터에 도착했다. 도로 오른쪽으로 논두렁에 등불을 켜 놓은 듯 아름다운 연꽃이 활짝 피어 있었고 왼쪽으

대장경판
불교 경전이나 불교와 관련된 서적을 한데 모은 대장경을 책으로 인쇄하기 위해 만든 목판이야.

로는 선원사 터와 유물 전시관, 새로 지은 선원사가 있었다. 용의 입에서 물을 뿜어내는 약수터에서 약수를 마시고 유물 전시관으로 들어섰다. 맷돌, 옥으로 만든 등, 승려들이 식기로 사용하는 발우, 어룡형 장식 기와, 수막새 등이 있었다. 전시관에서 나와 선원사 터로 발길을 옮겼다. 절터로 오르는 첫 번째 계단이 가팔랐고 계단을 오르자 멀리 계단이 세 번 더 반복되었다. 일행은 터만 덩그러니 남아 있는 금당이 있던 자리에 서서 아래를 내려다보았다.

"쌤, 고려 궁지처럼 선원사 터엔 아무것도 없지만 이곳에서 자랑스러운 팔만대장경이 만들어졌다고 생각하니 가슴이 뭉클해요."

마리가 두 손을 가슴에 모으고 말했다.

"정말 그렇지? 쌤도 그렇단다."

"그런데 팔만대장경에서 대장경이 무슨 뜻이에요?"

은지가 기다렸다는 듯 질문했다.

"대장경이란 부처님의 말씀과 불교의 규칙, 그리고 이 둘을 해석한 글을

모아 놓은 경전을 말해. 팔만대장경은 국보 제32호로 경상남도 합천군 해인사에 보관되어 있지만 너희들도 잘 아는 것처럼 원래는 이곳 강화도 선원사에서 만들어졌어. 선원사는 없어지고 이렇게 터만 남았지만 당시에는 고려의 2대 사찰로 꼽힐 만큼 규모가 큰 절이었단다."

"그런데 왜 하필 몽골이 침입했을 때 대장경을 만들었어요?"

은지가 탐정처럼 안경을 추켜올리며 물었다.

"몽골의 침략을 부처님의 힘으로 이겨 내기 위해서지. 팔만대장경을 만든 기간은 1236년부터 1251년까지 무려 16년이야. 사실 고려 사람들은 외적의 침입을 받을 때마다 대장경을 만들었어. 시초는 고려 현종 때 만든 초초대장경이야. 초조대장경은 거란의 침입을 물리치고자 하는 염원으로 만들어진 것인데 안타깝게도 몽골의 침입으로 불타 버리고 말았어."

"팔만대장경도 타 버렸다면,

해인사 장경각
대장경판을 보관하기 위해 해인사에 마련된 건물을 가리켜. 대장경판을 썩지 않게 보관하려고 해가 잘 들고 바람이 잘 통하는 곳에 지었어.

합천 해인사 대장경판
합천 해인사에는 약 8만 장에 가까운 팔만대장경 목판이 보관되어 있어.

아 생각만 해도 아찔해요."

"팔만대장경은 불교 경전을 새긴 목판의 수가 8만 장이 넘어 팔만대장경이라고 불러. 대장경의 목판은 많은 사람이 함께 새겼지만, 글자 모양이 고르고 틀린 글자도 거의 없다고 해. 또 장경판전에 보관되어 목판이 뒤틀리거나 썩지 않게 잘 보존할 수 있었어. 대장경판은 세계 기록 유산으로 등재되었고 장경판전은 세계 문화유산으로 등재되었지."

"아, 이렇게 훌륭한 팔만대장경의 대장경 판각 과정을 지켜볼 수 있다면 얼마나 좋을까?"

"강화 역사 박물관에서 팔만대장경 판각 장면을 재현해 놓은 거 봤잖아."

"그거 말고 전부요. 산에 가서 나무를 베어 오는 것부터 판각한 것으로 인쇄하는 모든 과정 말이에요."

똑똑이 은지가 이렇게 말하자 빡샘은 기특해 하며 말했다.

"목은지는 정말 욕심도 많구나. 그 모든 과정을 꿈틀에 가서 하나씩 그려 보자꾸나."

직지심체요절
세계에서 가장 오래된 금속 활자본으로 현재 프랑스 국립 도서관에 보관되어 있어.

세계 최초로 금속 활자를 발명하다

"고려 사람들은 팔만대장경 같은 목판도 잘 만들었지만 금속 활자도 잘 만들었어. 오늘날 세계에서 가장 오래된 금속 활자본은 《직지심체요절》이야."

"《직지심체요절》도 강화 역사 박물관에서 봤어요."

"그건 복제본이고 진본은 프랑스에 있어."

"《직지심체요절》은 누가 썼고 어떤 내용이에요?"

"고려의 승려 백운화상이 지은 책인데 깨달음을 얻기 위해 취해야 할 마음가짐과 행동에 관해 썼어. 작가와 내용도 중요하지만 《직지심체요절》은 우리나라의 인쇄 기술이 얼마나 앞섰는지 보여 준다는 데 의미가 크단다."

"우리나라의 인쇄 기술이 얼마나 앞섰는데요?"

"이 사진을 보렴. 《직지심체요절》은 1377년에 간행되었는데 서양 최초의 금속 활자본인 독일 구텐베르크의 성경보다 무려 70년이나 앞서 인쇄되었단다. 이 책은 그 가치를 인정받아 세계 기록 유산으로 등재되었지."

"그런데 책 제목 글자 옆에 낯선 외국어가 적혀 있어요."

"아, 그건 프랑스어야. 이 책을 수집한 사람이 프랑스인이었는데 자기 나라 모국어로 적어 놓은 거야. '1377년에 금속 활자로 인쇄된 가장 오래된 한국 인쇄본'이라고 적어 놓았어.

고려의 금속 활자
고려의 금속 활자는 서양 최초인 독일의 구텐베르크 금속 활자보다 훨씬 앞서 제작되었어. 고려의 활자 기술이 참 대단했지?

이 책을 처음으로 찾아내 세상에 알린 사람은 1972년 당시 프랑스 국립 도서

관에서 근무하던 박병선 선생님이야. 그분은 도서관에서 근무하던 중 우연히 서고 한구석에서 먼지를 뒤집어쓴 채 끼어 있던 한 권의 고색창연한 책을 발견했어. 그 책이 바로 《직지심체요절》이었던 거야. 그분은 유네스코가 후원한 국제 도서 전시회에 이 책을 소개해 세상을 깜짝 놀라게 했어.

고려의 비색은 천하제일이다

꿈틀 일행은 선원사 터에서 내려와 집으로 돌아가기 위해 차에 올랐다. 그런데 집으로 돌아가기에는 날이 너무 화창하고 하늘도 맑았다. 빡샘이 차에 올라 차창을 열어 하늘을 보며 말했다.

"오늘 바라보는 하늘은 고려청자의 은은한 색을 닮았구나!"

"어디요, 어디?"

아이들은 모두 차창을 열고 하늘을 바라보았다.

"송나라 사람이 고려청자를 두고 '고려의 비색은 천하제일'이라고 말했어."

"비색이 어떤 색이에요?"

"비색이란 고려청자의 은은한 푸른빛을 말해. 이렇게 송나라 사람이 감탄하고 칭찬할 만큼 고려청자는 무척이나 아름다운 예술품이야. 고려 시대 자기는 그릇 중 최고급품으로 인정받았단다. 또 실용적이고 아름다워 다양한 생활용품으로 만들어졌지. 일상생활에서 쓰이는

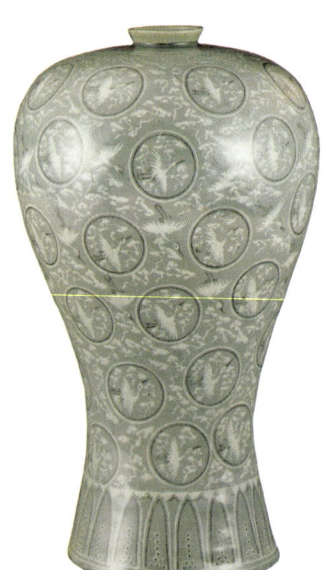

청자 상감운학문 매병
구름과 학 문양이 상감되어 있는 대표적인 고려청자 매병이야.

찻잔, 접시, 항아리, 주전자뿐 아니라 벼루, 연적 같은 문방구, 기와 같은 건축 자재도 만들어졌어."

"그깟 청자 기와를 만들 바에야 평상을 만들겠어요. 여름에 청자 평상에 누워서 자면 얼마나 시원하겠어요."

마토가 호기롭게 말했다.

"그깟 청자 기와라니? 청자 기와는 왕이나 귀족들이 만들어 쓰던 것으로 보통 사람이라면 꿈도 못 꾸는 거였어. 그런데 너는 한술 더 뜨는구나."

"정말요? 저는 그냥 먹는 것이 많을수록 좋은 것처럼 청자도 큰 게 좋을 것 같아서요."

마토의 말에 아이들이 웃음을 터뜨리자 빡쌤은 슬쩍 이야기를 전환했다.

"고려 사람은 독창적인 기법으로 상감 청자도 만들었어."

"상감 청자요? 상감마마만 쓰는 청자인가?"

"상감 청자란 청자의 표면에 그림을 그리고 모양대로 파낸 다음 다른 색 흙을 메우고 유약을 발라 구워 낸 청자를 말해. 이 주전자 사진을 보렴. 포도 넝쿨을 잡고 놀고 있는 아이의 모습이 그려져 있지? 잘 봐봐. 포도송이는 붉은색을, 아이와 포도나무 잎은 흰색을 채워 넣었지? 아무 무늬가 없

청자 상감 동화 포도 동자 무늬 조롱박 모양 주전자와 받침
조롱박 모양의 주전자에 포도 덩굴과 그 덩굴에 매달려 노는 동자들이 그려져 있어. 왼쪽에 있는 그릇은 주전자 받침이야.

는 청자가 은은하고 그윽한 아름다움을 지녔다면 이 주전자처럼 다양한 무늬와 색상이 들어간 상감 청자는 다채롭고 화려한 아름다움을 뽐내지."

"정말 그렇네요. 이런 청자 하나 가졌으면……."

"저는 이 포도송이의 포도 알을 따 먹고 싶어요."

"그래. 오늘 강화도에서 고려 역사를 열심히 공부했으니 꿈틀로 돌아가서 냉장고에 포도를 꺼내 먹자꾸나."

밑줄 쫙!  은지의 한국사 노트

1. 몽골이 쳐들어오자 무신 정권은 백성들을 내팽개치고 □□□로 떠났다. 백성들은 몽골군에 죽을 각오로 용감히 맞서 싸웠다. 만약 승려 □□□와 □□ □□ 사람들이 싸우는 모습을 지켜봤다면 무신들이 부끄러워했을 것이다.

   눈물 강화, 김윤후, 충주성

2. 무신 정권을 호위하는 군대인 □□□는 수도를 강화도로 옮겼을 때 최고 권력자였던 □□가 처음 만들었다. 도적을 잡는 부대인 좌별초와 우별초, 몽골에서 도망 온 사람들로 이루어진 신의군을 합쳐서 □□□라고 했다.

   삼별초, 최우, 삼별초

3. □□이 침입했을 때 고려는 몽골의 침략을 □□□의 힘으로 이겨 내기 위해서 팔만대장경을 만들었다. □□ □□을 새긴 □□의 수가 8만 장이 넘어 팔만대장경이라고 한다.

   몽골, 부처님, 팔만 대장경, 목판

4. 고려 사람들은 팔만대장경 같은 목판도 잘 만들었지만 □□ □□도 잘 만들었다. 오늘날 세계에서 가장 오래된 금속 활자본은 《□□□□□□》이다.

   직지심체요절, 금속 활자

5. 송나라 사람은 □□□□를 두고 '고려의 비색은 천하제일'이라고 감탄했다. 여기서 비색이란 □□□□의 은은한 □□□을 말한다.

   푸른빛, 상감청자, 상감청자

6. □□ □□란 청자의 표면에 그림을 그리고 모양대로 파낸 다음 □□ □의 흙을 메우고 □□을 발라 구워낸 청자를 말한다.

   유약, 흰 다른, 상감 청자

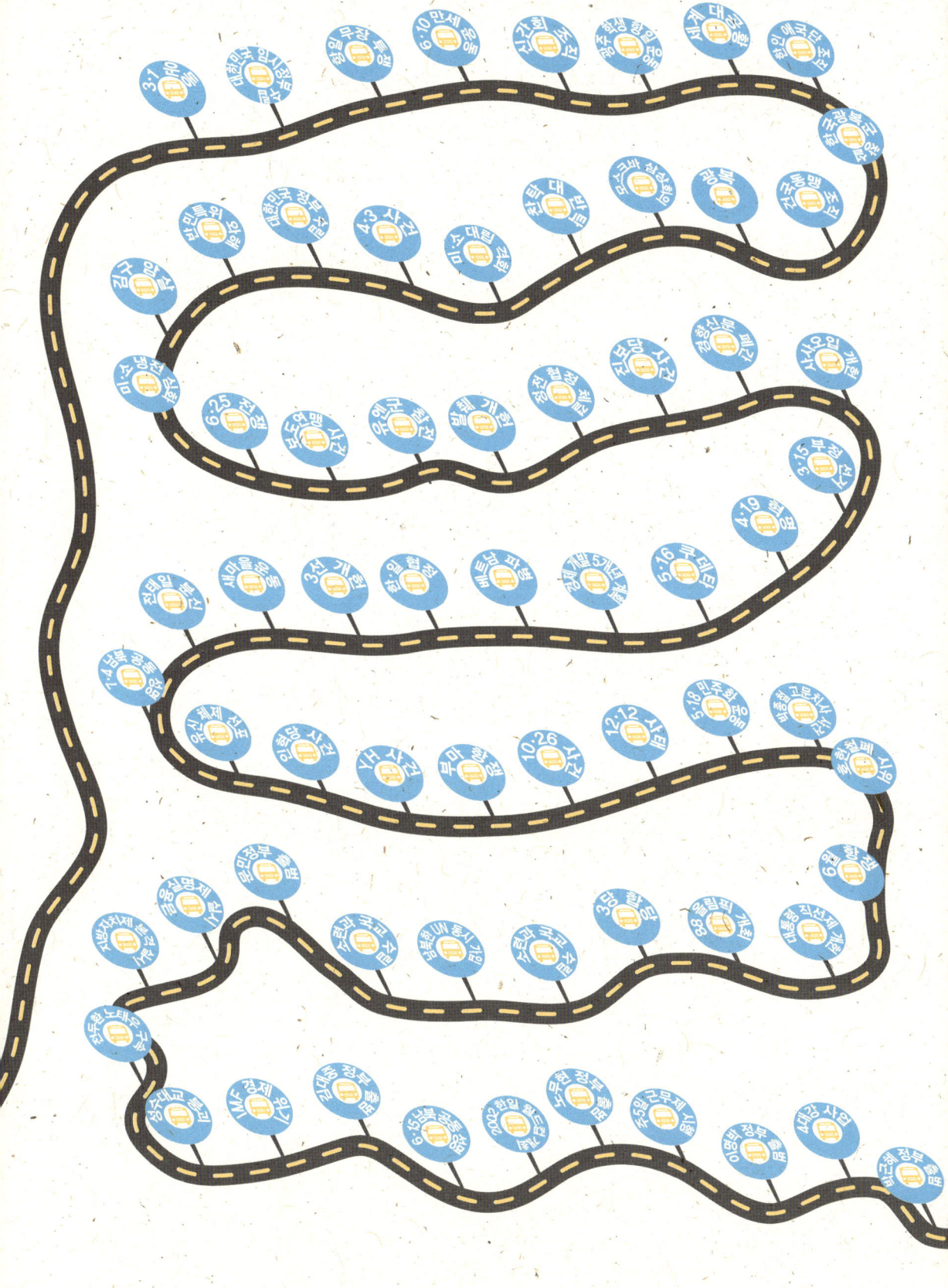

"시루야, 그러지 말고 내 왕비가 되어 줘."

"야, 징그럽게 왜 그래? 너 죽을래?"

고려의 역사 마지막 수업이 있는 날 오후, 파래는 시루를 졸졸 쫓아다니며 뭔가를 하소연하고 있었다. 시루는 질색하며 자리를 피했다. 아이들은 두 사람을 어이없다는 표정으로 구경하고 있었다.

"너 왕자의 프러포즈를 받는 게 쉬운 건지 아니? 그만 나 힘들게 하고 내 맘을 받아줘."

"왕자? 너 그렇게 망신을 당하고도 또 왕자 타령이냐? 너 자꾸 귀찮게 굴면 한 대 맞는다."

시루가 주먹을 들어 보이자 평소 같으면 냅다 달아났을 파래가 이번에는 아예 얼굴을 내밀었다.

"때려. 내 맘을 받아 줄 수 있다면 얼마든지 때리라고."

"아우, 미치겠다. 너 왜 이렇게 성가시게 해."

시루는 파래의 막무가내에 지친 듯 바닥에 털썩 주저앉아 이마에 흐르는 땀을 닦았다. 길지 않은 시루 인생에 이렇게 대책이 없기는 처음이었다. 파래는 시루 앞에 무릎을 꿇고 석고대죄*라도 할 태세였다.

*석고대죄
거적을 깔고 엎드려서 임금의 처분이나 명령을 기다리던 일을 말해.

꿈틀 안으로 들어선 빡쌤은 파래와 시루의 기묘한 자세와, 그들을 둘러싸고 구경하는 아이들의 모습을 보고 무슨 일이 터졌나 해서 가슴이 덜컥 내려앉았다. 잠깐만 그냥 두어도 무슨 일은 저지르는 녀석들이었으니까.

"오늘은 무슨 사건 사고로 그러고 있니?"

"시루는 싫다는데 파래가 결혼해 달라고 조르고 있어요. 파래는 시루와 자기 사이가 노국 대장 공주와 공민왕 같다며 결혼할 운명이래요. 시루가 얼어

터질 뻔한 파래를 구해 줬기 때문이라네요."

이번에도 똑똑이 은지가 자초지종을 간단히 정리해 보고했다.

"잠깐 정리 좀 해 보자. 노국 대장 공주가 위기에 몰린 공민왕을 구한 건 사실인데 아직 공부도 안 한 내용을 어떻게 알고 있지?"

"지난번 강화 체험 학습을 하고 한국사에 대해 알아야겠단 생각에 인터넷을 좀 뒤졌거든요. 그런데 공민왕과 노국 대장 공주의 관계가 저와 시루의 관계와 너무 비슷한 거예요."

파래가 벌떡 일어나더니 자랑스러운 얼굴로 말했다.

어리둥절해 하는 빡쌤에게 은지가 추가로 설명했다.

"며칠 전 파래네 학교에서 미세 먼지를 줄이려면 일상생활에서 어떻게 해야 할지 학급 회의가 있었대요. 파래가 태권 동자 삼총사라는 아이들이 교실에서 뛰는 걸 막으면 미세 먼지가 줄 거라고 했대요. 쉬는 시간마다 교실 뒤에서 걔네들이 태권도 연습을 하며 소란을 피웠나 봐요. 그런데 그 뒤 걔네 별명이 태권 동자 삼총사에서 중공 동자 삼총사가 되었대요."

"중공이라니 무슨 말이야?"

"중국 공장을 줄인 말이에요. 걔네들은 졸지에 미세 먼지의 주범이 된 거죠. 삼총사는 자기들의 명예를 훼손한 파래를 응징하겠다고 벼렀대요. 파래가 맞을 짓을 한 거죠. 그러다 어제 방과 후 골목길에서 마주쳤나 봐요. 그런데 파래는 사과는커녕 중동이 중동이 하며 깐족거렸다고 해요. 맞고 싶어 안달이 난 거죠. 화가 날 대로 난 아이들이 파래를 혼내 주려는 찰나……."

"오케이. 알겠어. 시루가 파래를 구해 줬단 거지? 그런데 삼총사란 그 아이들 매일 태권도복을 입고 다니는 애들 아니니?"

"맞아요. 시루랑 같은 태권도장에 다니는 아이들이에요."

"같은 도장에 다니는 아이들이면 서로 친할 텐데 파래 편을 들었다고, 시루야?"

"오해하지 마세요. 녀석들이 무도인답지 않게 행동해 혼내 준 거뿐이라고요. 힘을 믿고 과시하는 건 무술 하는 사람의 자세가 아니거든요."

시루가 아무것도 아니란 듯이 시큰둥하게 말했다.

"그러니까 네가 세 명을 때려눕힌 거니?"

"힘을 과시하는 건 무도인의 자세가 아니라니까요. 전 그저 자만한 사람들이 어떻게 최후를 맞이하는지 역사의 예를 들어 타일렀을 뿐이에요."

"그저 말만 했는데 잔뜩 화가 난 애들이 파래를 놔줬다고?"

빡쌤은 상황이 도저히 이해되지 않았다. 그때 마토가 코를 후비며 말했다.

"시루는 중학교 형들도 못 건드려요. 시루한테 까불 수 있는 건 파래가 유일할걸요?"

"그래? 너 진짜 노국 대장 공주인 거니? 파래는 공민왕이고?"

"어휴, 선생님까지 왜 그러세요? 선생님도 저랑 파래랑 뭔가 전생에 얽히고설킨 그런 게 있나 싶으신 거예요? 그럼 우리 공부방 애가 맞고 다니는 걸 그냥 보고 있어요? 제가 바보가 아닌 이상 저런 까불이랑 결혼하겠어요? 말도 안 돼."

시루는 파래를 도와주고 이상한 오해를 받자 억울해 펄쩍펄쩍 뛰었다. 그러나 파래는 여전히 다정한 눈빛으로 그윽하게 시루를 바라보았다. 파래와 눈이 마주친 시루는 닭살이 돋는지 팔을 막 문지르며 소리 질렀다.

"선생님, 그렇게 보고만 있으실 거예요?"

"흠흠, 아니다. 파래야, 넌 진심으로 시루를 좋아하는 거니?"

"좋아하는 게 아니라 사랑한다니까요. 전 꼭 시루를 왕비처럼 행복하게 만

들어 줄 거예요."

파래의 말에 시루는 어이가 없어 어쩔 줄 몰랐다.

"어이 참. 야, 네가 왜 날 행복하게 만들어 줘. 너나 잘 살아. 까불다 얻어터지지나 말고."

"그런 상황이 오면 네가 날 구해 줄 거잖아, 히히히."

"역시 파래는 역사 공부가 필요하구나."

"왜요?"

"일단 이야기를 시작하자. 그럼 공민왕과 노국 대장 공주처럼 되고 싶지 않을지도 모르니까."

파래는 불현듯 신라를 공부할 때 왕자라고 까불다 천하에 못된 놈이 된 것이 생각나 갑자기 불안해졌다. 그러나 시루에 대한 자신의 사랑을 믿고 고려의 역사를 공부하기로 했다. 파래는 접시에 남은 마지막 떡볶이 하나를 시루에게 양보할 수 있을 정도로 시루를 사랑하고 있었다.

"선생님, 어서 수업 시작해요. 이번에야말로 제 진심이 드러날 거니까요."

파래는 자기가 왕자냐 아니냐가 갈렸던 신라 수업과는 다르게 역사가 자기 편을 들 거라 믿었다. 마치 역사상 가장 중요한 사건의 선고를 내리듯 빡쌤이 말을 꺼냈다.

"몽골과 고려의 전쟁이 끝나고 몽골은 나라 이름을 원으로 바꾸었어."

아이들은 이번엔 파래가 어떤 창피를 당할지 궁금해 빡쌤의 이야기에 집중했다.

몽골의 지배를 받다

몽골과의 전쟁이 끝난 후 원나라는 일단, 고려의 독립을 인정해 주었어. 하지만 고려 정치에 대해선 그 반대였어. 고려 왕자들을 어려서부터 원나라에 가서 살게 했고, 왕자들이 왕위에 오르기 전에 원나라 공주와 무조건 결혼해야 했어. 또 고려 왕의 이름 앞에 '충성 충(忠)' 자를 붙이게 했어. 충렬왕, 충선왕, 충숙왕, 충혜왕, 충목왕, 충정왕. 이렇게 말이지.

원나라는 일본까지 정벌에 나섰어. 남의 나라 얘기라고? 천만에! 고려 백성들은 몽골의 일본 원정을 돕느라 등골이 휠 정도였지. 그뿐 아니었어. 원나라는 우리 땅을 빼앗아 직접 지배했고 고려의 젊은 여자들을 공녀로 뽑았어. 원나라가 고려의 처녀들을 뽑아 원나라로 강제로 데려갔는데 이때 끌려간 처녀들을 공녀라고 해.

원나라에 끌려갔던 공녀 중에는 기황후가 있었어. 기황후가 황후가 되자 고려에 사는 기황후의 아버지 기자오와 오빠 기철도 덩달아 하루아침에 권세가가 되었어. 그들은 원나라의 힘을 믿고 백성들에게 온갖 횡포를 부렸지.

원나라의 영향으로 고려에는 의, 식, 주는 물론 언어까지 '몽골풍'이 유행했어. 반대로 원나라에서는 고려의 풍속이 유행했는데 이를 '고려양'이라고 했지.

다음 중 몽골풍이 아닌 것은 무엇일까?
1. 족두리 2. 설렁탕 3. 아가씨. 4. 쌈채소
자 그럼, 그 정답을 알기 위해서 한 번 떠나볼까?

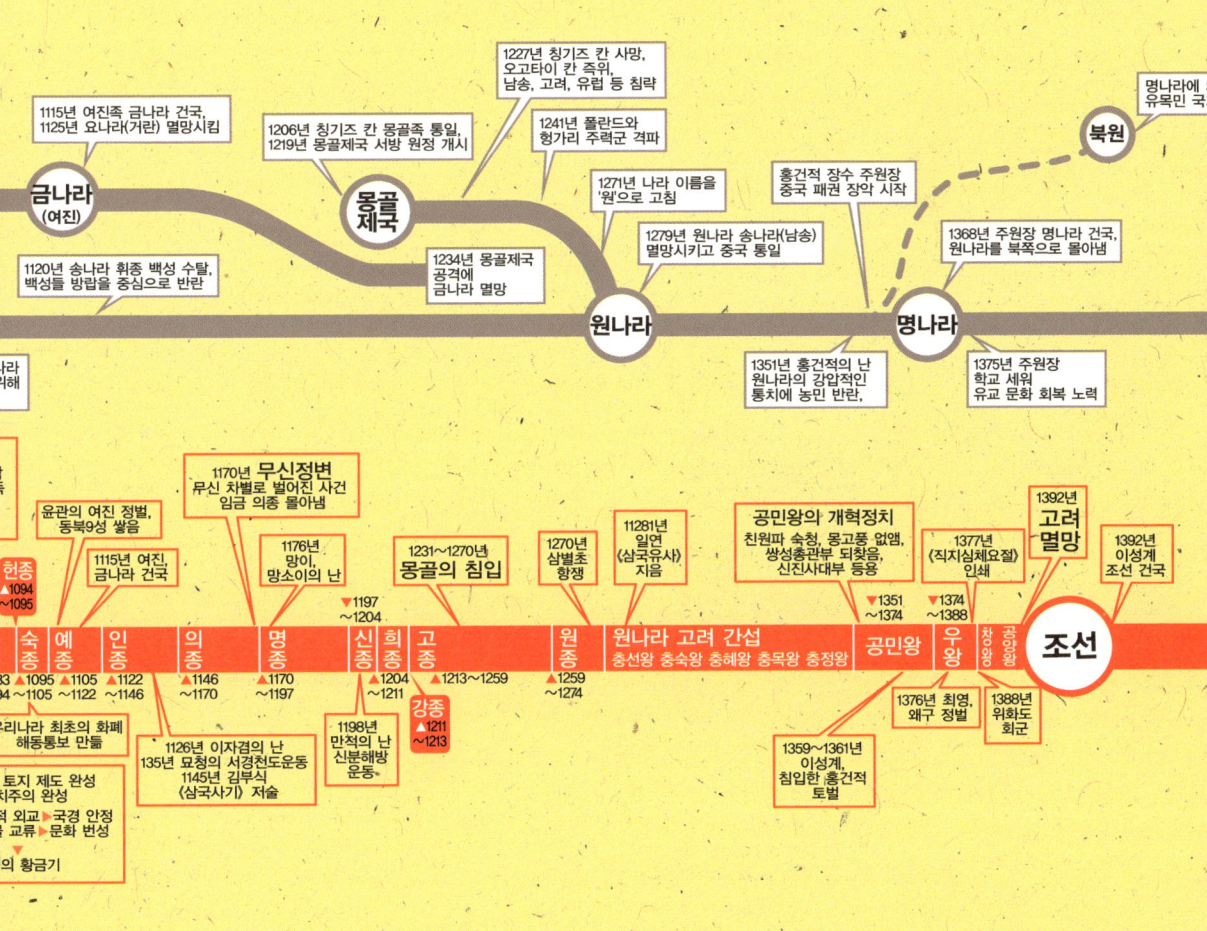

고려 왕자들, 원나라 공주와 결혼하다

"원나라는 고려의 독립을 인정해 주는 대신 고려 정치에 시시콜콜 간섭했어. 우선 원나라는 고려 왕자들을 어려서부터 원나라에 가서 살게 했지. 왜 그랬을까?"

"아, 생각나는 게 있어요. 태조 왕건이 호족들의 반란을 막기 위해 호족들의 자식을 개성에 머물게 해 인질로 삼았잖아요. 원나라도 비슷한 이유에서 그러지 않았을까요?"

"맞아. 원나라는 고려가 다른 마음을 먹지 못하도록 고려 왕자들을 인질로 삼은 거야. 고려 왕자들은 왕위에 오르기 전에 원나라 공주와 무조건 결혼해야 했어. 원하든 원하지 않든 상관없이 말이지.

원나라는 고려 왕의 이름 앞에 '충성 충(忠)' 자를 붙이게 했어. 딴 생각하지 말고 원나라에만 충성하라는 뜻이지. 충렬왕, 충선왕, 충숙왕, 충혜왕, 충목왕, 충정왕 이 여섯 왕은 그렇게 해서 붙여진 이름이야. 원나라는 고려 왕이 맘에 들지 않으면 제멋대로 갈아 치웠

경천사지 10층 석탑
고려 충목왕 4년(1348년)에 세워진 높이 13.5미터의 대리석탑이야. 원나라 황제와 고려 왕실의 안녕을 기원하며 세웠다는 데서 알 수 있듯이 당시 고려 왕실이 원나라의 영향 아래 있었다는 걸 보여 주고 있어. 황해도 경천사지에 세워져 있었는데 1909년경 일본으로 몰래 빼돌려졌지. 반환된 뒤엔 경복궁에 있었는데 지금은 국립중앙박물관으로 옮겨졌어.

어. 왕위에서 쫓겨나지 않으려면 원나라의 눈치를 보지 않을 수 없었지."

몽골의 일본 원정을 돕느라 고려 백성의 등골이 휘다

"원나라는 두 차례에 걸쳐 일본 원정에 나섰어. 그때마다 고려는 여러모로 원나라를 도와야 했지. 백성들은 출정에 필요한 배, 식량, 무기를 대야 했고, 몽골과 연합군이 되어 전쟁터에 나서야 했어. 고려 백성들은 몽골의 일본 원정을 돕느라 등골이 휠 정도였지."

"몽골과 전쟁을 간신히 끝냈는데 이젠 남의 나라 전쟁에 물건을 대고 사람을 보내야 하다니 고려 사람들이 너무 안쓰러워요."

"그런데 두 번의 일본 원정이 모두 실패로 돌아가면서 그 피해는 더욱 컸어. 고려는 전쟁이 아닌 때에도 매년 원나라에 수많은 물품을 바쳐야 했지. 원나라가 금, 은, 인삼, 청자, 매 등을 바치라고 요구해 왔기 때문이야."

"좋은 건 다 갖다 바치라고 했네요."

"또 원나라는 우리 땅을 빼앗아 직접 지배했어. 화주에 쌍성총관부, 서경에 동녕부, 제주에 탐라총관부를 설치한 건 그 때문이야. 그뿐만 아니라 고려의 젊은 여자들을 공녀로 뽑았어."

"공녀가 뭐예요?"

"원나라는 고려의 처녀들을 뽑아 원나라로 강제로 데려갔는데 이때 끌려간 처녀들을 공녀라고 해."

"힘이 없으니 죄 없는 백성만 끌려갔겠죠."

"아니. 고려에서 공녀로 뽑아 간 사람은 일반 백성에서부터 관리나 왕족에

이르기까지 다양했어. 예를 들면 수녕옹주의 외동딸도 공녀로 끌려갔지."

"고려 사람들은 딸 낳기가 무서웠겠어요."

"그래서 고려에서는 딸을 낳으면 숨겨 놓고 어른이 되기도 전에 일찍 결혼시키는 조혼 풍습이 생겼어."

고려에서는 몽골풍, 몽골에서는 고려양

"고려 왕자와 결혼한 원나라 공주가 고려로 들어오면서 많은 사람이 고려에 따라 들어왔어. 상인, 유학자, 승려 등 다양한 사람들이 고려로 들어왔지. 외국 사람들이 들어오면 그들의 문화도 함께 들어오는 법! 그래서 몽골의 문화도 함께 들어왔어. 가장 먼저 눈에 띄는 것은 변발하는 사람들이 늘어났다는 거야."

"변발이 뭐죠?"

"이 그림은 공민왕이 그린 〈천산대렵도〉인데 말을 타고 있는 사람의 머리를 잘 봐. 변발을 하고 있어. 이 그림처럼 변발이란 남자들이 앞머리는 완전히 깎고 머리의 뒷부분만 남긴 다음 하나로 땋아 늘어뜨리는 스타일을 말해. 남자가 변발을 했다면 여자는 머리에 족두리를 썼어."

"아, 그거 우리 이모가 결혼할 때 폐백실에서 봤어요."

"그래. 혼례식 때 쓰는 족두리도 몽골에서 들어온 풍습이야. 연지 곤지도 마찬가지고. 쌤이 귀에 귀고리를 단 것도 마찬가지야. 잘 봐. 귓불을 뚫어 귀고리를 했잖아?

머리 모양뿐 아니라 옷도 몽골식으로 입는 사람들이 늘어났어. 먹거리 역

공민왕의 〈천산대렵도〉
공민왕이 그린 〈천산대렵도〉야. 말을 탄 인물의 머리가 몽골 전통 형태인 변발이야.

시 원나라 음식이 유행했지. 지금 흔하게 먹는 설렁탕과 소주도 몽골에서 전해졌다고 해.

'수라'나 '마마', '무수리' 같은 몽골어도 들어와 널리 사용되었어. 지금 흔히 사용하는 '아가씨', '마누라', '장사치', '벼슬아치', '그 치' 등 끝에 '치'가 붙는 말도 몽골어야. 이처럼 원나라 풍속이 고려에 들어와 널리 유행한

것을 '몽골풍'이라고 해.

반대로 원나라에서도 고려의 풍속이 유행했는데 고려의 옷, 과자, 쌈채소 등 일상생활과 연관된 것이 많았어. 또 몽골에서 지위가 높은 집안에서는 살림살이를 고려 취향으로 꾸몄어. 이것은 '고려양'이라고 한단다."

하루아침에 권세가가 된 부원 세력, 횡포를 부리다

"원나라에 끌려갔던 공녀 중에는 기황후가 있었어. 공녀의 대부분은 원나라에 끌려가 하녀나 몸종이 되었는데 기황후는 달랐어. 원나라 황제인 순제의 눈에 띄어 황후가 되었단다.

기황후가 황후가 되자 고려에 사는 기황후의 아버지 기자오와 오빠 기철의 운명도 바뀌었어. 하루아침에 권세가가 된 거지. 원나라 황후가 내 딸이고 내 여동생이라고 생각하면 가만히 있어도 저절로 어깨에 힘이 들어갔을 거야.

이렇게 원나라에 기대어 권력을 거머쥔 무리를 부원 세력이라고 해. 부원 세력은 원나라의 힘을 믿고 온갖 횡포를 부렸어. 백성의 땅과 재물을 함부로 빼앗거나 백성을 노비로 만들어 버린 거야. 그러자 백성의 원성이 자자했단다."

  밑줄 쫙! 은지의 한국사 노트

1. 원나라가 자신에게 충성을 다하라고 고려 왕의 이름 앞에 붙이게 한 글자는 □이다.
충

2. 원나라가 고려에서 강제로 데려간 젊은 여자를 □□라고 불렀다.
공녀

3. 고려에서 유행한 몽골 풍습을 □□□이라 하고, 몽골에서 유행한 고려 풍습을 □□□이라고 한다.
몽골풍, 고려양

4. 앞머리는 밀고 뒷머리는 길게 땋아 늘어뜨리는 몽골 남성의 헤어 스타일을 □□이라고 한다.
변발

5. 원나라에 기대어 권력을 거머쥔 사람들을 □□ □□이라고 한다.
권문 세족

6. □□□는 몽골로 끌려간 공녀로 원나라 황후가 된 고려 여인이다.
기황후

　　　　　　고려의 왕자였던 공민왕은 원나라에서 노국 대장 공주와 결혼한 뒤 고려로 돌아왔어.
　공민왕이 왕위에 올랐을 즈음의 중국은 변화가 많고 혼란한 시기였어. 명나라가 원나라를 밀어내고 중국의 새로운 주인공이 되었지. 공민왕은 이 때다 싶어 원나라의 지배에서 벗어나기 위한 개혁 정치를 펼쳤어.
　공민왕이 가장 먼저 한 일은 무엇이었을까? 그것은 부원 세력을 내쫓은 일이었어. 부원 세력의 우두머리인 기왕후의 아버지와 오빠를 처벌하고 더 이상 원나라로 공녀를 보내지 않았어. 또 원나라가 설치했던 정동행성을 없애고 원나라가 빼앗았던 우리 땅을 되찾고 영토도 크게 넓혔지.
　그런데 노국 대장 공주가 죽자 공민왕은 점점 나랏일에서 마음이 멀어졌어. 노국 대장 공주는 사랑하는 사람이자 정치적인 동지였기에 그 상실감이 이루 말할 수 없을 정도로 컸었던 거야.
　그렇다고 개혁을 아예 팽개치진 않았지. 공민왕은 승려인 신돈을 등용해 신돈과 함께 새로운 관청인 전민변정도감을 세웠어. 부원 세력에게 억울하게 땅을 빼앗긴 사람들에게 땅을 되돌려 주고 노비가 된 사람들을 노비에서 풀어 주는 일을 했지. 백성들은 쌍수를 들고 환영하고 지지했어.
　하지만 남아있는 부원세력이 이것을 가만히 지켜보고만 있었을까? 과감한 공민왕의 개혁정처는 어떤 결과를 낳았을까?

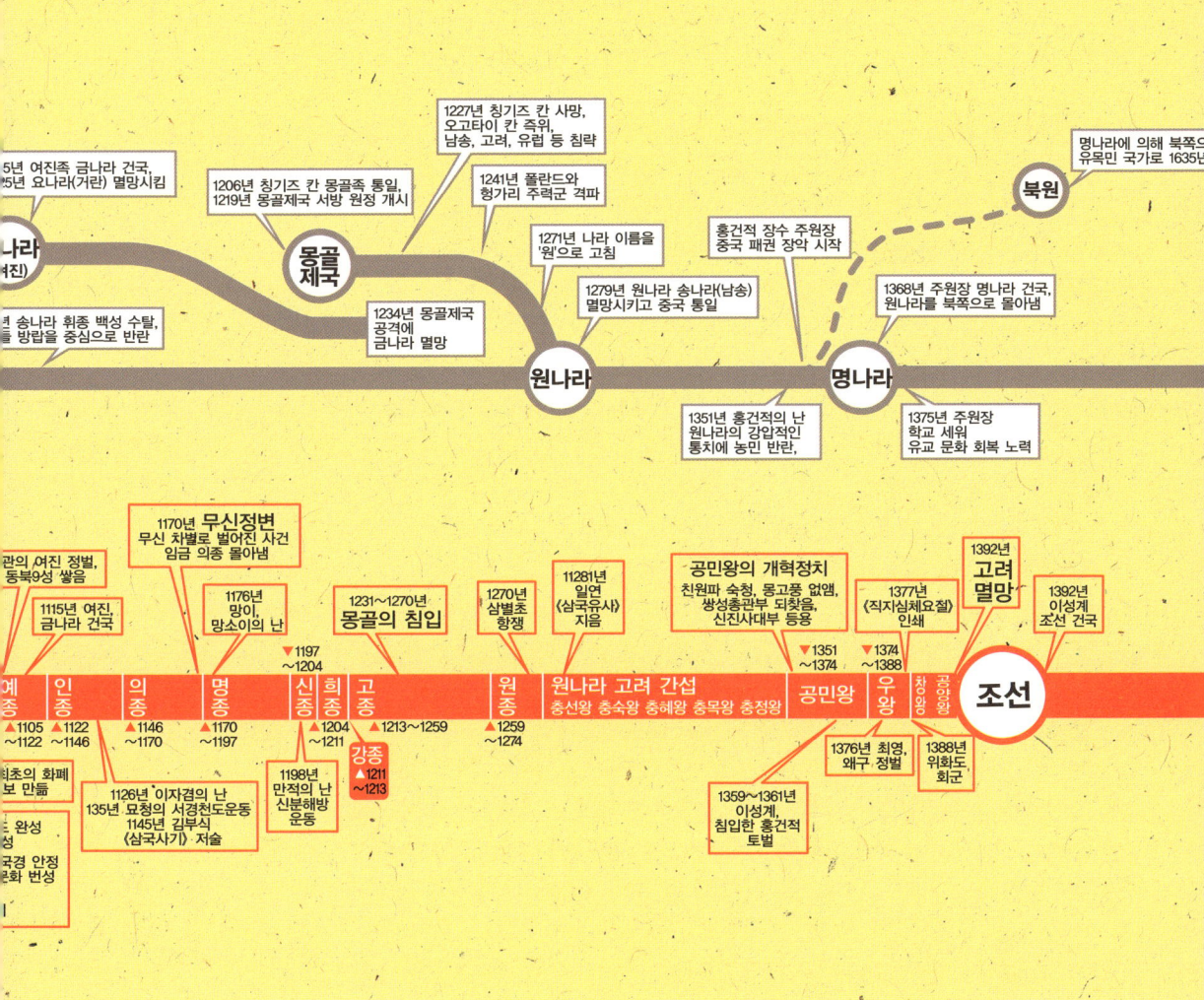

지금이야말로 원나라의 간섭에서 벗어날 때다

"고려의 왕자였던 공민왕은 원나라에서 노국 대장 공주와 결혼한 뒤 고려로 돌아왔어."

"우와, 드디어 공민왕 이야기가 나왔다!"

공민왕이 등장하자 파래는 마치 자기가 고려 역사 속에 나온 듯이 좋아했다. 파래는 시루를 지긋이 바라보았고, 시루는 도끼눈을 하고 주먹을 쥐어 흔들었다.

"공민왕이 왕위에 올라 고려를 다스리던 시기에 중국에는 명나라가 들어서면서 원나라는 몽골 본토로 밀려나게 돼. 공민왕은 어려서부터 원나라에 있으면서 중국 내 세력의 변화를 주시했고 원나라의 힘이 약해지고 있다는 걸 알고 있었어. 그래서 명나라에 몰린 원나라가 고려를 공격할 여력이 없다는 걸 잘 알았지.

'지금이야말로 원나라의 간섭에서 벗어날 때다.'

공민왕은 몽골식 머리 모양과 몽골식 옷부터 벗어 던졌어. 공민왕이 원나라에서 고려로 돌아올 때 몽골식 변발을 했고 몽골식 옷을 입었거든. 신하들과 백성들에게도 몽골식 머리 모양과 몽골식 옷을 금지했고 이를 본받지 말라고 상소를 올린 신하에게도 큰 상을 내렸지."

공민왕, 개혁 정치를 펼치다

"공민왕은 몽골식 풍습을 금지한 뒤 개혁 정치를 시작했어. 공민왕이 가장

먼저 한 일은 부원 세력을 내쫓은 일이었어. 원나라의 힘을 믿고 횡포를 부리던 부원 세력을 없애는 것이야말로 개혁을 위한 첫 번째 일이라고 생각한 거지. 그래서 부원 세력의 우두머리인 기황후의 아버지와 오빠를 처벌했어."

"제 속이 다 시원하네요. 그럼 기황후의 아버지와 오빠라는 괴물을 만들어 낸 공녀도 보내지 말아야죠."

"공민왕은 더 이상 원나라로 공녀를 보내지 않았어. 또 원나라가 설치했던 정동행성을 없애고 원나라가 빼앗았던 우리 땅을 되찾아 영토도 크게 넓혔지."

"만세, 공민왕 만만세."

파래가 신나서 펄쩍펄쩍 뛰자 아이들은 고개를 흔들었다. 전에는 신라 왕자라고 까불더니 이번에는 자기가 공민왕이나 된 듯 나대는 것이 눈에 거슬렸다. 그러나 고려가 지긋지긋한 원나라의 간섭에서 벗어나게 된 것이 정말 통쾌해 파래의 경거망동을 눈감아 주었다.

"그러나 남아 있는 부원 세력도 자기들의 기반이 하나둘 무너져 가는 걸 보고만 있지 않았어. 마침 홍건적의 침입으로 피난 갔던 공민왕은 엉망이 된 궁궐 대신 개성 근처에 있는 흥왕사에 머물고 있었어. 부원 세력과 손을 잡은 김용은 이때를 노려 공민왕을 죽이려 달려들었지.

공민왕을 지키던 군사들은 모두 죽고 아무도 없었어. 그때 노국 대장 공주가 목숨을 걸고 김용 패거리를 가로막았어. 부원배*들은 원나라 공주인 노국 대장 공주가 결사적으로 막아서자 어쩔 줄 몰랐어. 공주를 해쳤다간 자신들의 지원자인 원나라가 가만히 두지 않을 게 뻔했거든. 김용 패거리가 허둥지둥하고 있을 때 공민왕의 위급한 상황을 들은 최영 장군이 달려와 공민왕을 죽이려던 자들을 제압했어. 노국 대장 공주

*부원배
고려 시대에 원나라를 등에 업고 출세를 한 권문세족을 말해.

가 아니었으면 공민왕은 죽음을 면치 못했을 거야."

"노국 대장 공주 만세, 홍시루 만만세!"

파래는 시루 주위를 빙빙 돌며 만세를 불렀다. 시루는 얼굴이 시뻘게져서 어쩔 줄 몰랐다. 누굴 도와주고 이렇게 곤란한 상황이 된 건 처음이었다. 시루는 파래가 중공동자 삼총사에게 혼이 나게 그냥 둘 걸 하며 땅을 치고 후회했다.

"노국 대장 공주는 원나라 사람인데 왜 그렇게 공민왕을 감쌌을까요? 들어 보니 이전에 고려의 왕비가 된 원나라 공주들은 고려를 우습게 알고 행패를 일삼았다던데요?"

"자기 목숨보다도 사랑했기 때문이 아닐까?"

마리는 그렇게 말하고는 부끄러운지 몸을 배배 꼬았다.

"맞아. 노국 대장 공주는 공민왕을 깊이 사랑했고 공민왕의 나라인 고려도 사랑했지. 그래서 원나라를 밀어내고 고려를 바로 세우려는 공민왕에 힘을 보탰어."

파래는 시루를 보며 윙크를 했고 시루는 몸서리를 쳤다. 시루는 어서 빨리 공민왕 이야기가 끝나길 바랐다.

"쌤, 공민왕 다음엔 무슨 일이 있었나요?"

"음, 시루는 공민왕 이야기가 재미없나 보구나."

"그게 아니라……."

"자, 이제 시루를 위해서라도 슬픈 사랑 이야기를 해야겠다."

빡쌤의 말에 아이들이 잔뜩 긴장했다.

"오래도록 아기를 갖지 못했던 노국 대장 공주가 임신을 했어. 공민왕은 기뻐서 어쩔 줄 몰랐지. 공주의 출산 일이 가까워지자 공민왕은 죄인들을 풀어

공민왕과 노국 대장 공주의 초상
공민왕과 그의 왕비 노국 대장 공주가 함께 그려진 초상화야. 노국 대장 공주는 원나라 출신이지만 공민왕과 고려를 사랑했고 공민왕도 노국 대장 공주를 많이 아꼈다고 해.

주는 등 공주가 순조롭게 아기를 낳길 기원했어. 그러나 노국 대장 공주는 쉽게 아기를 낳지 못하고 괴로워하다가 그만 죽고 말았단다."

아이들은 노국 대장 공주의 갑작스러운 죽음에 충격을 받아 아무 말도 하지 못했다. 특히 파래의 충격은 누구보다 컸다. 파래는 고개를 푹 숙이고 무언가 생각했다. 잠시 뒤 고개를 든 파래는 큰 결심을 한 얼굴로 입을 열었다.

"시루야, 미안하지만 너와는 아무래도 안 될 것 같다. 괜히 너랑 결혼했다가 노국 대장 공주 같은 슬픈 일이 벌어지면 안 되잖아. 너랑 나랑은 인연이 아닌 것 같아. 미안해."

"야, 뭐가 미안하다는 거야. 너랑 나랑 대체 무슨 사이기에……. 정말 어이가 없어서, 헐."

시루는 머리를 절레절레 흔들었다. 그러면서도 찰거머리 같은 파래가 떨어져 나간 것이 속이 시원했다.

"야, 아까까지만 해도 당장 결혼할 것처럼 굴더니 금방 그렇게 마음을 바꾸냐? 나쁜 놈."

마리가 파래를 째려보자 파래도 한마디 했다.

"내가 뭘 어쨌다고! 난 시루의 행복을 위해 어려운 결단을 내린 거야. 알지도 못하면서."

파래의 말에 마리는 화가 나 주먹을 불끈 쥐었다. 로맨틱한 사랑을 꿈꾸는 마리에게 파래의 행동은 용서받지 못할 짓이었다. 그러자 시루가 마리를 달랬다.

"참아, 마리야. 푸들 꼬리털처럼 가벼운 놈인 걸 모르니?"

파래는 시루의 말에 입을 삐죽 내밀고는 돌아앉았다.

"자자, 그만들 하고. 이야기를 계속하자. 사랑하는 사람이자 정치적인 동지였던 노국 대장 공주를 잃은 공민왕은 점점 나랏일에서 마음이 멀어졌어. 그렇다고 개혁을 아예 팽개친 건 아니야. 공민왕은 승려인 신돈을 등용해 개혁을 맡겼어."

"신돈이라면 노비에게서 태어난 요망한 중이었다고 알고 있는데요?"

"똑똑하고 신중한 공민왕이 그런 사람에게 개혁 정치를 맡겼을 리가 있나.

공민왕과 노국 대장 공주의 능
노국 대장 공주와 공민왕은 죽어서도 서로의 옆자리를 지키고 있어. 왼쪽이 공민왕의 현릉이고, 오른쪽이 노국 공주의 정릉이야. 현재 북한 개성시에 위치해 있어.

신돈은 노비에게서 태어나지도 않았고 요망한 중도 아니었어."

"그런데 왜 신돈이 그렇게 나쁜 사람으로 알려졌어요?"

"이유는 끝에 가서 이야기해 줄게. 공민왕이 승려인 신돈을 등용한 데는 이유가 있어. 신돈은 부원 세력과는 전혀 상관없는 인물이라 개혁을 이끌어 가기에 가장 적합한 사람으로 생각했기 때문이야.

공민왕은 신돈과 함께 새로운 관청인 전민변정도감을 세웠어. 부원 세력에게 억울하게 땅을 빼앗긴 사람들에게 땅을 되돌려 주고 노비가 된 사람들을 노비에서 풀어 주는 일을 했지. 백성들은 신돈을 환영했지만 아직 남아 있는 부원 세력에게는 신돈이 눈엣가시 같은 존재였어. 그래서 그들은 신돈을 무

척 미워했지.

　급기야 부원 세력은 신돈에게 반역죄를 씌우고 신돈을 처벌했어. 얼마 뒤 공민왕도 암살했지. 결국 새 관청에서 주도한 일은 실패로 돌아가고 만 거야."

　"아무리 봐도 신돈은 개혁 정치를 열심히 한 죄밖에 없는 것 같은데 왜 좋지 못한 평가를 받았어요?"

　"그건 고려 시대의 역사가 조선 시대에 쓰였기 때문이야. 고려의 개혁 정치를 펼친 사람을 나쁘게 기록해야 조선 건국의 정당성을 얻을 수 있었을 테니까. 공민왕과 신돈이 개혁에 성공했다면 조선은 세워지지 않았을지도 모르거든."

　빡쌤은 이야기를 마치고 한숨을 푹 내쉬었다. 그러자 아이들도 일제히 한숨을 내쉬었다. 공민왕의 비극적 결말이 가슴에 아프게 남았다.

문익점의 목화솜으로 한겨울을 따뜻하게!!

　빡쌤은 분위기를 바꾸기 위해 짐짓 환한 표정으로 말했다.

　"자, 그럼 이제 좀 따뜻한 이야기를 해 볼까?"

　아이들은 슬픈 마음을 접고 다시 고려 이야기에 집중했다.

　"우리가 지금 입고 있는 면 옷은 언제부터 입었을까?"

　"문익점이 목화씨를 붓두껍에 몰래 숨겨서 가지고 온 다음부터요."

　"그 말은 맞기도 하고 틀리기도 해. 문익점이 목화씨를 원나라에서 가지고 온 것은 사실이지만 붓두껍에 몰래 숨겨서 가지고 온 것은 사실이 아니야. 길

쓰러지는 고려를 다시 세우려는 공민왕

요선철릭
고려 사람이 입던 옷이야.
모시, 삼베, 비단,
가죽 등으로 만들었는데
목화가 들어오면서 면으로
옷을 만들어 입었어.

가에 핀 목화를 보고 목화씨를 그냥 주머니에 넣어 온 거거든."

"아, 시시해라."

"쌤 얘기를 듣고 나면 절대 시시하다고 느끼지 않을걸? 문익점은 공민왕 때 과거에 급제해 원나라에 사신으로 갔어. 거기서 원나라 사람들이 목화로 지은 옷을 입고 겨울을 따뜻하게 지내는 모습을 보게 되었지. 문익점은 고향의 가족들과 고려 사람들을 떠올렸어. 고려 사람도 원나라 사람처럼 목화로 겨울을 따뜻하게 보냈으면 하는 생각이 든 거야. 귀족은 비

물레
물레로 목화솜에서 실을 뽑았단다.

단이나 가죽으로 옷을 지어 입었지만 일반 백성은 모시나 삼베로 옷을 지어 입었지. 귀족은 한겨울 추위에도 아무 걱정이 없었지만 일반 백성은 사정이 아주 달랐던 거야. 삼베나 모시는 여름에는 바람이 잘 통해서 시원하지만 겨울에는 추위를 막아 낼 수 없어 얼어 죽기 십상이었단다."

"모시옷은 우리 할아버지가 더운 여름에 입는 옷인데 그걸 추운 겨울에 입었다고요?"

"그러니 고려 사람은 겨울에 얼마나 추웠겠니? 그래서 문익점은 '아하! 일반 백성도 목화만 있으면 무명천을 만들어 면 옷을 지어 입고, 목화솜으로 속을 넣은 따뜻한 이불을 덮을 수 있겠다.' 하고 생각한 거야.

문익점은 길을 가다가 길가에 핀 목화를 발견했어. 무척 반가웠겠지. 그 자리에서 목화씨를 따서 주머니에 넣었다가 원나라에서 고려로 돌아오는 길에 가지고 왔단다. 고려로 돌아온 문익점은 장인 정천익과 목화씨를 나눠 심었어. 그런데 목화씨 여러 개 중에 목화꽃은 딱 한 송이만 피었어."

"그래서 어떻게 됐어요?"

"그 딱 한 송이에서 씨를 받아 이듬해에 심었지."

"설마 그 이듬해에도 딱 한 송이 핀 건 아니겠죠?"

"한 송이를 피웠어도 목화 재배법은 확실하게 터득했는데 그럴 리가 있나. 해가 갈수록 점점 더 많은 목화가 피어 전국으로 퍼져 나갔단다."

목화솜
문익점이 원나라에서 고려로 목화씨를 몰래 가져와 목화를 재배하기 시작했어. 고려 사람들은 목화솜으로 겨울을 따뜻하게 보낼 수 있었지.

밑줄 쫙!  은지의 한국사 노트

1. ☐☐☐는 원나라를 밀어내고 중국의 새로운 주인공이 되었다.
   명나라

2. ☐☐☐은 원나라의 지배에서 벗어나고자 개혁 정치를 펼쳤다.
   공민왕

3. 공민왕의 왕후인 ☐☐ ☐☐ ☐☐는 부부로서 그리고 동지로서 공민왕과 함께 하였다.
   노국 대장 공주

4. 공민왕이 개혁을 맡긴 승려의 이름은 ☐☐이다.
   신돈

5. ☐☐☐은 원나라에서 ☐☐를 들여와 많은 사람이 겨울을 따뜻하게 보낼 옷감을 만들 수 있게 하였다.
   문익점, 목화

6. ☐☐는 목화솜에서 실을 뽑는 도구이다.
   물레

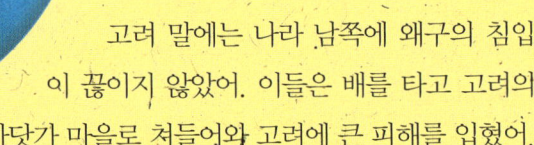

고려 말에는 나라 남쪽에 왜구의 침입이 끊이지 않았어. 이들은 배를 타고 고려의 바닷가 마을로 쳐들어와 고려에 큰 피해를 입혔어.

고려 말의 무관인 최무선은 왜구의 노략질을 막는 데는 화약만 한 것이 없다고 생각했지. 하지만 화약을 먼저 발명한 중국은 그 제조법을 비밀로 했어. 최무선은 화약제조법을 연구한 끝에 마침내 화약을 만드는데 성공했지.

또한 최무선의 건의로 화약 무기를 만드는 관청인 화통도감이 설치되었지. 화통도감에서는 화포, 불화살 등 여러 종류의 화약 무기를 만들었어. 이렇게 만들어진 화약 무기는 왜구를 소탕하는 데 맹활약을 했지.

남쪽에서 왜구가 기승을 부렸다면 북쪽에서는 홍건적의 침입이 잦았어. 홍건적은 원나라에 반란을 일으킨 중국인들이야. 홍건적은 원나라에 반란을 일으키고 원나라군에 쫓기자 고려로 쳐들어왔지. 다행히 용감한 정세운과 이성계 등의 활약으로 홍건적을 물리칠 수 있었어.

한편 중국에서는 주원장이 원나라를 북쪽으로 몰아내고 명나라를 세웠어. 명나라는 고려에 조공을 요구하면서 철령 이북 땅을 내놓으라고 으름장을 놓았어.

우왕과 최영은 명나라의 요구를 들어주면 안 된다고 생각했어. 요동을 아예 정벌해야 한다는 거지. 하지만 이성계는 이유를 조목조목 들면서 요동정벌에 반대했지.

이성계의 반대를 뒤로 하고 우왕과 최영은 요동 정벌을 실행에 옮기기로 했어. 이성계를 요동정벌의 선봉장인 우군도통사에 임명해 버렸어. 군사들을 이끌고 출정해 위화도라는 섬에 도착한 이성계는 요동 땅을 바로 앞에 두고 더 이상 진격하지 않았어. 오히려 군사를 돌려 개경으로 향했지.

서경에서 이 소식을 들은 우왕과 최영은 서둘러 개경으로 향했지. 위화도에서 군사를 돌린 이성계와 서경에서 달려간 우왕과 최영은 개경에서 어떻게 만났을까? 또 거기서 무슨 일이 벌어졌을까?

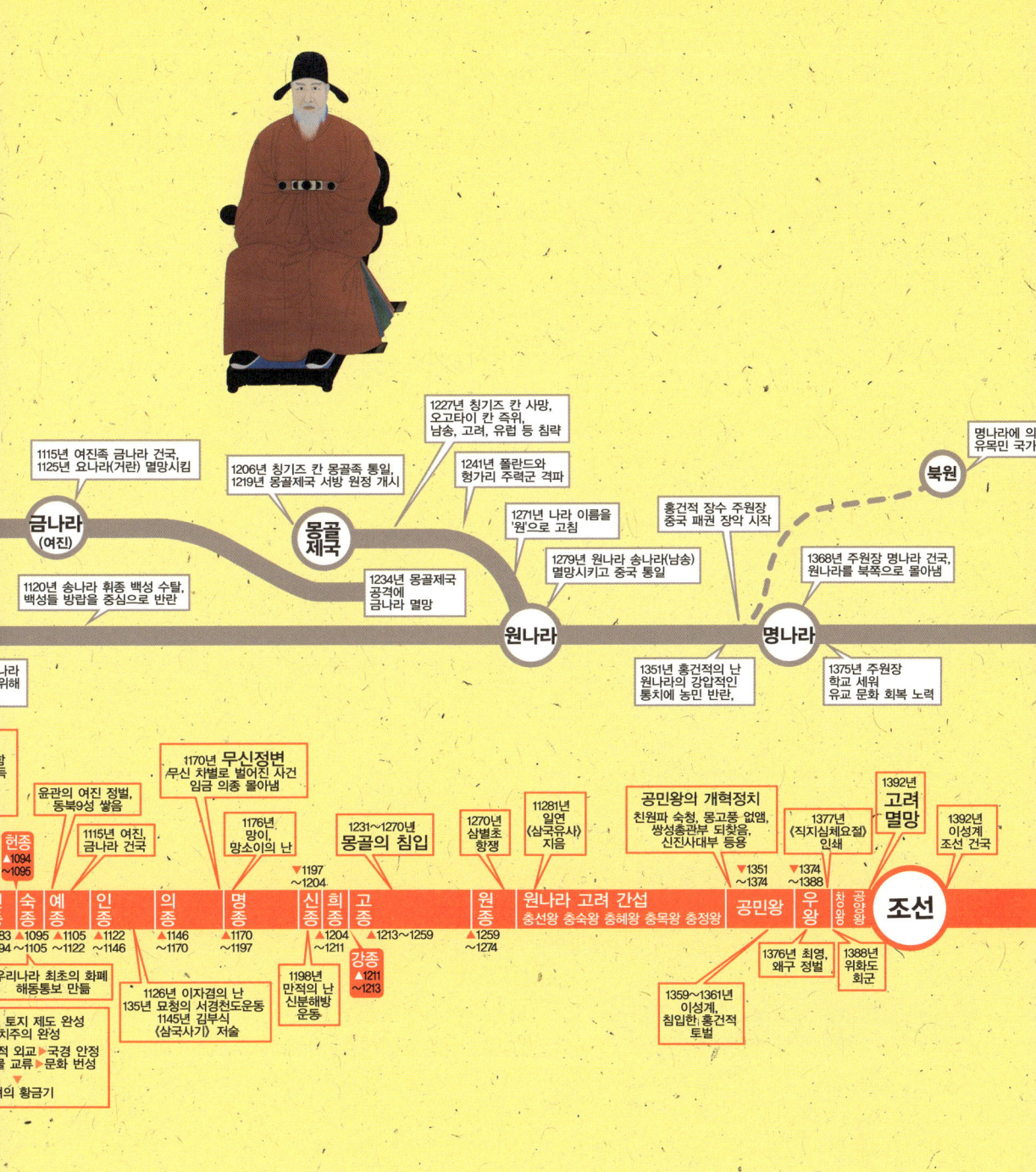

왜구를 막는 데는 화약만 한 게 없다

"고려 말에는 왜구가 끊이지 않고 연달아 쳐들어왔어."

"왜구요? 왜구가 누구예요?"

"왜구란 일본의 해적이야. 이들은 배를 타고 고려의 바닷가 마을로 쳐들어와 큰 피해를 입혔어. 곡식과 물건을 빼앗고 많은 사람을 마구 죽였지."

"만화에서 보면 해적은 다 멋있던데 왜구는 정반대네요?"

"맞아. 왜구는 잔인하기 이를 데 없는 놈들이었어. 고려 말의 무관인 최무선은 왜구의 노략질을 막는 데는 화약만 한 것이 없다고 생각했지."

"저도 알아요. 최무선은 화약을 발명한 사람이잖아요."

"정답! 화약은 하루아침에 만들어진 것이 아니야. 사실 화약을 먼저 발명한 나라는 중국이지만 중국은 그 제조법을 비밀로 했어. 화약 제조법을 어디 가서 배우고 싶어도 배울 데가 없었던 거지."

"알아내고 싶은데 아무도 안 가르쳐 줬으니 얼마나 답답했을까?"

"최무선은 할 수 없이 홀로 연구하고 실험했어. 그러던 어느 날 원나라 상인 이원을 만난 거야."

"드디어 도움을 받을 사람을 만난 거군요."

"이원의 도움을 받아 화약의 원료 중 하나인 염초를 만드는 데 성공했어. 마침내 최무선은 화약의 원료로 쓰이는 염초, 유황, 숯 이 세 가지의 비율을 알아냈지. 이제 화약을 만들 수 있게 된 거야!"

고려 시대 총통
최무선은 왜구를 물리치기 위해 화약을 발명했어. 총통은 화약을 이용하는 무기 중 하나야.

최무선은 화약 무기를 만들 관청을 설립하자고 나라에 건의했어. 이 건의가 받아들여져 화통도감이 설치되었지. 화통도감에서는 화포, 불화살 등 여러 종류의 화약 무기를 만들었어. 이렇게 만들어진 화약 무기는 왜구를 소탕하는 데 맹활약했단다. 최무선은 1380년 금강 어귀의 진포에 왜구가 쳐들어왔을 때 화약 무기로 왜구를 무찌르고 큰 승리를 거두었어."

최무선 장군 추모비(경상북도 영천)
최무선의 고향인 경상북도 영천에는 그를 기리는 추모비가 세워져 있단다. 특이하게 비석도 화약 무기인 총통 모양이구나!

남쪽에는 왜구! 북쪽에는 홍건적!

"최무선이 화약으로 진포에서 왜구를 소탕한 전후로 왜구의 침입이 잦았어. 자, 그럼 누가 어디에서 왜구를 소탕했는지 활약상을 볼까? 1376년 최영은 홍산에서 왜구를 소탕했고, 1380년 이성계는 황산에서 왜구를 소탕했어. 또 1389년 박위는 대마도를 공격해 왜구를 토벌하고 대마도에 잡혀 있던 고려 사람들을 데리고 왔지."

"남의 나라에 와서 해적질하는 놈들을 가만 놔두면 안 되죠."

"이렇게 고려 말 남쪽 해안에서 왜구와 싸움이 벌어졌다면 북쪽에서는 홍

〈왜구도권〉에 실린 그림
16세기 전반 명나라 화가 구영이 그린 〈왜구도권〉에 실린 그림이야. 노략질하기 위해 상륙하는 왜구의 모습이 그려져 있어.

황산대첩비
왜구를 토벌한 이성계의 황산대첩을 기념하여 세운 비석이야.

건적과 싸움이 벌어졌어."

"홍건적이요?"

"홍건적은 원나라에 반란을 일으킨 중국인들이야. 머리에 일제히 붉은 수건을 두른 모습을 보고 홍건적이라고 했지. 홍건적은 원나라에 반란을 일으키고 원나라군에 쫓기자 고려로 쳐들어왔어. 다행히 1361년 정세운과 이성계 등의 활약으로 홍건적을 물리칠 수 있었단다."

철령 이북의 원나라 땅을 내놓아라!

"중국에서는 주원장이 원나라를 북쪽으로 몰아내고 명나라를 세웠어. 중국의 새 주인이 된 명나라는 고려에 조공을 요구했지. 또 철령 이북 땅을 내놓으라고 으름장을 놓았어. 철령 이북 땅은 원래 원나라의 땅이었으니 명나라가 들어선 이상 이젠 명나라 땅이라는 거야.

철령 이북 땅은 원나라의 쌍성총관부가 있던 땅인 것은 맞아. 그러나 공민왕이 되찾아 고려의 땅이 되었으니 철령 이북 땅이 명나라의 땅이라는 것은 옳지 않은 말이야. 명나라가 옳지 않은 주장을 하고 있다는 것을 알고 있음에도 고려 정부는 명나라가 혹시나 쳐들어오지 않을까 걱정했어."

아예 요동을 정벌하자!

"고려는 명나라의 요구를 들어주면 안 된다고 생각했어. 게다가 아예 요동을 정벌해야 명나라의 철령 이북 땅에 관한 이야기가 쏙 들어갈 것이라 여겼지. 우왕과 최영은 이와 뜻을 같이했지만 반대하는 사람도 있었어. 그 사람은 철령 이북 땅을 찾는 데 큰 활약을 한 이성계였지.

이성계는 요동 정벌에 반대하는 이유를 네 가지로 들었어. 첫째, 작은 나라가 큰 나라를 치는 것은 잘못이다. 둘째, 그사이에 왜적이 쳐들어올 수 있다. 셋째, 여름철이므로 농사를 지어야 한다. 넷째, 장마철이라 활에 먹인 아교가 풀리고 군사들이 전염병에 걸릴 수 있다. 하지만 이성계의 주장은 받아들여지지 않았지. 우왕과 최영이 요동 정벌을 실행에 옮기기로 한 거야. 우왕은

이성계를 우군도통사에 임명했어. 이성계는 자신이 반대했던 일의 맨 앞에 서게 된 거지.

이성계는 울며 겨자 먹기로 군사들을 이끌고 출정해 위화도라는 섬에 도착했어. 압록강에 있는 위화도에서 강 하나만 건너면 바로 요동이었지. 이성계는 여전히 강을 건너 요동을 공격할 생각이 없었어. 그래서 우왕과 최영에게 군사를 돌리겠다고 했지. 하지만 우왕과 최영은 이를 허락하지 않았단다. 오히려 서둘러 진격하라는 명령을 내렸어. 그런데 이성계는 진격하라는 명령을 따르지 않았어.

이성계는 부하들을 모아 놓고 이렇게 설득했단다.

"지금 강을 건너 명나라 땅에 쳐들어가면 나라와 백성에게 좋지 않은 일이 생길 것이다. 그러니 내 청을 들어주지 않는 임금과 요동 땅을 정벌하라고 주장한 사람들을 제거해야 한다."

이 말을 들은 부하들은 이성계의 명령에 따르기로 했어.

최영 장군 영정
고려의 명장인 최영 장군은 요동 정벌을 강력하게 주장했어. 하지만 이에 반대하던 이성계에게 결국 처형당하고 말지.

이성계, 위화도에서 군사를 돌리다

"이성계는 위화도에서 군사를 돌려 개경으로 향했어. 서경에 있던 우왕과 최영은 이성계가 위화도에서 회군해 개경으로 향하고 있다는 소식을 들었어. 놀란 우왕과 최영은 황급히 개경으로 돌아갔지. 하지만 최영은 이성계를 막지 못했어. 결국, 이성계는 개경을 차지하고 반란에 성공했어. 최영은 이성계에게 처형되었는데 죽는 그 순간까지

위화도
이성계는 요동으로 들어가는 입구인 압록강의 위화도에서 군사를 돌려 개경으로 향했어. '위화도 회군'은 이성계가 고려 왕조에 맞서 정변을 일으킨 역사적 사건이야.

도 반역자인 이성계를 무섭게 나무랐어. 백성들은 최영이 죽었다는 소식을 듣고 매우 슬퍼했지.

이성계는 우왕을 내쫓고 이어 왕위에 오른 창왕도 쫓아낸 뒤 공양왕을 왕위에 앉혔어. 공양왕은 무신 정권 시대의 왕들처럼 이름만 왕일 뿐 실제 권력은 이성계에게 있었단다."

철령 이북 땅 이야기가 쏙 들어가다

"이성계의 위화도 회군 사건이 벌어진 뒤 명나라가 돌연 태도를 바꾸었다

는 소식이 사신으로부터 전달됐어. 철령 이북 땅을 내놓으라는 요구는 더 이상 하지 않겠다고 말이지.

요동 정벌은 이루어지지 않았지만 요동을 정벌하려던 일이 있었다는 사실 하나만으로 명나라는 움찔했던 거야. 결국 철령 이북 땅 이야기는 쏙 들어가고 깔끔하게 해결됐어."

신흥 무인 세력과 신진 사대부가 손을 잡다

"이성계의 위화도 회군이 성공했던 것은 신흥 무인 세력의 힘이 컸어. 신흥 무인 세력이란 이성계처럼 고려 말 홍건적과 왜구를 물리치고 공을 세운 무인들이야. 그들은 위화도 회군 전후로 이성계를 지지하고 힘을 보태 주었어. 또 정도전, 조준 등 신진 사대부*는 이성계와 함께 고려 사회를 개혁하려고 했지. 이들은 권문세족**과 큰 갈등을 겪었단다.

신진 사대부가 권문세족이 불법으로 가지고 있던 토지를 거두어들이고 토지 개혁을 단행했기 때문이야. 권문세족은 백성들의 땅을 강제로 빼앗는 등 수단과 방법을 가리지 않고 땅을 넓혀 커다란 농장을 독차지하고 있었어. 이처럼 토지 개혁을 단행하자 나라 살림이 넉넉해지고 농민의 세금 부담은 줄어들었지.

*신진 사대부
고려 말에 등장한 새로운 정치 세력이야. 이들은 성리학을 공부했고, 과거에 합격해 벼슬에 올랐으며, 원나라를 멀리하고 명과 가깝게 지낼 것을 주장했어. 또 자주적인 개혁 정책을 펼칠 것을 주장했단다.

**권문세족
고려 후기에 벼슬이 높고 권력이 강한 소수의 권세가를 말해. 앞에서 말한 부원 세력이야.

선죽교
이성계의 아들 이방원이 정몽주를 살해한 장소야. 정몽주는 고려를 그대로 유지하자고 주장하는 바람에 반대 세력에게 제거되고 말았어.

　토지 개혁이 끝날 무렵 신진 사대부 중 정도전, 조준 등은 고려를 무너뜨리고 새 왕조를 세워야 한다고 주장했어. 한편 신진 사대부 중 이색, 정몽주 등은 고려를 그대로 유지한 채 개혁해야 한다고 주장했지. 결국, 새 왕조를 세우자는 데 반대한 세력은 제거되고, 1392년 이성계를 새 왕으로 추대하는 새 왕조가 세워졌어."

밑줄 쫙! 은지의 한국사 노트

1. 고려 말 □□□은 화약을 만들어 왜구를 무찔렀다.
최무선

2. 남쪽에서 고려를 침략한 것은 왜구이고, 북쪽에서 고려를 침략한 것은 □□□이다.
홍건적

3. 고려 말 남쪽과 북쪽에서 쳐들어오는 외적을 물리친 대표적인 장군은 □□과 □□□다.
최영, 이성계

4. 원나라를 밀어내고 명나라를 세운 인물은 □□□이다.
주원장

5. 이성계가 요동을 정벌하라는 명령을 거부하고 군을 돌린 압록강의 섬은 □□□이다.
위화도

6. 유학을 공부하고 과거를 통해 조정에 들어온 새로운 관리들을 □□ □□□라고 한다.
신진 사대부